国家社科基金一般项目"重大突发公共事件的政府应急信息公开研究"(批号:11BTQ033)最终研究成果。
韩山师范学院学术专著出版基金资助。

法天下学术文库

政府应急信息公开研究
ZHENG FU YING JI XIN XI GONG KAI YAN JIU

向立文 著

中国政法大学出版社
2023·北京

声　明　　1. 版权所有，侵权必究。

　　　　　2. 如有缺页、倒装问题，由出版社负责退换。

图书在版编目（CIP）数据

政府应急信息公开研究/向立文著.—北京：中国政法大学出版社，2023.11
ISBN 978-7-5764-1286-4

Ⅰ.①政… Ⅱ.①向… Ⅲ.①国家行政机关－突发事件－信息管理－研究－中国 Ⅳ.①D630.1

中国国家版本馆 CIP 数据核字(2024)第 016117 号

出 版 者	中国政法大学出版社
地　　址	北京市海淀区西土城路 25 号
邮寄地址	北京 100088 信箱 8034 分箱　邮编 100088
网　　址	http://www.cuplpress.com（网络实名：中国政法大学出版社）
电　　话	010-58908586(编辑部) 58908334(邮购部)
编辑邮箱	zhengfadch@126.com
承　　印	固安华明印业有限公司
开　　本	720mm×960mm　1/16
印　　张	14
字　　数	240 千字
版　　次	2023 年 11 月第 1 版
印　　次	2023 年 11 月第 1 次印刷
定　　价	66.00 元

目录 CONTENTS

第一章 导论 ... 1
第一节 选题背景与研究意义 ... 1
一、为政府应急管理工作的开展提供智力支持 ... 2
二、是提升政府形象与公信力的内在要求 ... 3
三、是保障公众知情权、参与权、表达权和监督权的客观需要 ... 4
第二节 国内外研究现状分析 ... 4
一、国外研究综述 ... 4
二、国内研究综述 ... 8
三、研究述评 ... 14
第三节 研究内容 ... 16
第四节 研究思路与研究方法 ... 17
一、研究思路 ... 17
二、研究方法 ... 18

第二章 政府应急信息公开的基本认知 ... 19
第一节 概念界定 ... 19
一、重大突发事件 ... 19
二、应急信息 ... 25
三、应急信息公开 ... 29
第二节 政府应急信息公开的理论依据 ... 33
一、人民主权理论 ... 33
二、知情权理论 ... 35
三、危机沟通理论 ... 37

四、新公共服务理论 …………………………………………………… 38
　第三节　政府应急信息公开的价值取向与原则要求 ……………………… 39
　　一、政府应急信息公开的价值取向 …………………………………… 39
　　二、政府应急信息公开的原则要求 …………………………………… 49
　第四节　政府应急信息公开的现实意义 …………………………………… 56
　　一、应急信息公开对突发事件的现实意义 …………………………… 56
　　二、应急信息公开对公众的现实意义 ………………………………… 58
　　三、应急信息公开对政府的现实意义 ………………………………… 61

第三章　政府应急信息公开的现状分析 ………………………………………… 64
　第一节　典型案例分析——以上海"12·31"外滩拥挤踩踏事件为例 …… 64
　　一、上海"12·31"外滩拥挤踩踏事件回顾 ………………………… 65
　　二、上海"12·31"外滩拥挤踩踏事件中政府应急信息公开存在的主要问题 … 65
　　三、案例小结 …………………………………………………………… 69
　第二节　我国政府应急信息公开工作的现状分析 ………………………… 70
　　一、取得的主要成绩 …………………………………………………… 70
　　二、存在的主要不足 …………………………………………………… 75
　第三节　国外政府应急信息公开工作的成功经验 ………………………… 81
　　一、美国政府应急信息公开工作的成功经验 ………………………… 82
　　二、日本政府应急信息公开工作的成功经验 ………………………… 85
　　三、俄罗斯政府应急信息公开工作的成功经验 ……………………… 87
　第四节　国外政府应急信息公开工作对我国的启示 ……………………… 90
　　一、加强政府应急信息公开工作的组织管理体系建设 ……………… 90
　　二、建立健全政府应急信息公开工作的法律制度体系 ……………… 91
　　三、不断完善政府应急信息公开的范围 ……………………………… 93
　　四、高度重视现代信息技术在政府应急信息发布中的应用 ………… 96
　　五、进一步完善新闻发布会制度 ……………………………………… 97

第四章　政府应急信息公开的主体与方式 ……………………………………… 98
　第一节　政府应急信息公开的主体分析 …………………………………… 98

一、政府与突发事件应急信息公开 …………………………………… 98
二、媒体与突发事件应急信息公开 …………………………………… 100
第二节　以政府为主体的应急信息公开方式 ………………………… 101
一、政府通过召开新闻发布会公开突发事件应急信息 ……………… 101
二、通过政府门户网站公开突发事件应急信息 ……………………… 103
第三节　以媒体为主体的应急信息公开方式 ………………………… 104
一、传统媒体在突发事件应急信息公开中的应用 …………………… 104
二、新媒体在突发事件应急信息公开中的应用 ……………………… 107
第四节　突发事件应急信息公开中政府与媒体的沟通合作 ………… 110
一、突发事件应急信息公开中政府与媒体沟通存在的主要问题 …… 110
二、突发事件应急信息公开中政府与媒体沟通的基本原则 ………… 113
三、突发事件应急信息公开中政府与媒体沟通的基本思路 ………… 114

第五章　政府应急信息公开的平台建设 ……………………………… 118
第一节　政府应急信息公开平台建设概述 …………………………… 118
一、政府应急信息公开平台的内涵 …………………………………… 118
二、政府应急信息公开平台建设的原则 ……………………………… 121
三、政府应急信息公开平台建设的意义 ……………………………… 124
第二节　政府应急信息公开平台建设存在的主要问题 ……………… 127
一、缺乏顶层设计，建设标准不一 …………………………………… 128
二、资源建设滞后，信息共享不足 …………………………………… 129
三、重硬件轻软件，技术水平不高 …………………………………… 131
四、忽视实际需求，服务能力不强 …………………………………… 133
第三节　加强政府应急信息公开平台建设的基本对策 ……………… 135
一、加强统筹规划，做好顶层设计 …………………………………… 135
二、整合应急信息，实现资源共享 …………………………………… 137
三、强化技术应用，提供技术支撑 …………………………………… 140
四、健全工作机制，提高建设效率 …………………………………… 143

第六章　政府应急信息公开的绩效评估 ... 146
第一节　政府应急信息公开绩效评估的基本认知 ... 146
一、政府应急信息公开绩效评估的基本内涵 ... 146
二、政府应急信息公开绩效评估的特征 ... 148
三、政府应急信息公开绩效评估的意义 ... 150
第二节　政府应急信息公开绩效评估体系的构建 ... 153
一、绩效评估体系的构成要素 ... 154
二、明确评估主体 ... 157
三、界定评估对象 ... 160
四、设计评估指标 ... 163
五、选择评估方法 ... 173
六、规范评估流程 ... 175
第三节　加强政府应急信息公开绩效评估的几点思考 ... 180
一、加强配套制度建设，为政府应急信息公开绩效评估工作提供制度保障 ... 180
二、推进公众参与，夯实绩效评估群众基础 ... 184
三、吸纳各方力量，加大绩效评估支持力度 ... 187
四、加强技术运用，强化绩效评估技术支撑 ... 189

第七章　结论与展望 ... 191
第一节　基本研究结论 ... 191
第二节　主要对策建议 ... 193
第三节　成果的学术价值和应用价值 ... 195
第四节　研究的不足之处 ... 195
第五节　进一步研究的方向 ... 196

参考文献 ... 198

附录1　政府应急信息公开调查问卷 ... 204

附录2　政府应急信息公开绩效评估指标权重的调查问卷 ... 210

附录3　湖南省应急管理办公室访谈提纲 ... 214

后　记 ... 215

第一章 导论

第一节 选题背景与研究意义

如今，人类社会已进入一个高风险社会，各种突发事件此起彼伏，层出不穷，给经济社会发展以及人民群众生命财产安全带来严重危害。加强政府应急管理，是有效应对高风险社会背景下各种突发事件的客观需要，是维护社会正常秩序以及保障人民群众生命财产安全的内在要求。为了有效应对各种突发事件，需要做好政府应急信息公开工作。政府应急信息公开，是政府应急管理工作的重要任务之一，贯穿于政府应急管理工作全过程，可以说是政府应急管理工作的生命线，关系着政府应急管理工作的成与败。由于受各种因素的影响，一些政府有关部门对应急信息公开工作不够重视的现象还比较突出，应急信息不公开、迟公开、假公开、被动公开、选择性公开等现象依然存在，政府与媒体、公众之间存在着不同程度的供需矛盾及信息不对称现象，公众的知情权得不到充分满足，应急信息公开问题成为制约政府应急管理工作开展的一个瓶颈。

推进信息公开，保障人民群众的知情权、参与权、表达权和监督权，是党中央、国务院的一项重大决策。特别自党的十八大以来，习近平总书记从全局和战略高度，深刻阐述了新形势下信息公开与应急管理工作的一系列重大问题，提出了一系列新思想、新论断与新要求，这是做好新时代政府应急信息公开工作的根本遵循和行动指南。党的十八大报告提出要"推进信息公开"。党的十九大报告再次强调要"保障人民知情权、参与权、表达权、监督权"。2019年11月29日下午，十九届中共中央政治局就我国应急管理体系和能力建设进行第十九次集体学习，中共中央总书记习近平在主持学习时强调，

"要加强风险评估和监测预警，加强对危化品、矿山、道路交通、消防等重点行业领域的安全风险排查，提升多灾种和灾害链综合监测、风险早期识别和预报预警能力。……要实施精准治理，预警发布要精准"。[1]在高风险社会背景下，应急信息公开是政府应急管理工作的痛点与难点。瓶颈的突破呼唤理论的产生。加强政府应急信息公开研究，具有重要的理论价值与现实意义。

一、为政府应急管理工作的开展提供智力支持

SARS（传染性非典型肺炎）事件可以说是我国政府应急管理工作的分水岭。SARS事件过后，党和国家进一步加强政府应急管理工作，高度重视突发事件的应急信息公开工作。2006年1月8日，国务院发布的《国家突发公共事件总体应急预案》（简称《总体预案》）对突发公共事件的预测预警、信息发布、应急保障、监督管理等机制作了明确规定。2007年11月1日施行的《突发事件应对法》[2]，首次以法律的形式明确规定要建立健全全国统一的突发事件信息系统，加强突发事件信息的收集、储存、分析、报送等工作。2008年5月1日实施的《政府信息公开条例》首次以国家行政法规的形式确认了政府应急管理中需要公开的信息，确认了公民对政府信息的知情权。中共中央办公厅、国务院办公厅印发的《关于全面推进政务公开工作的意见》明确提出要"加强突发事件、公共安全、重大疫情等信息发布，负责处置的地方和部门是信息发布第一责任人，要快速反应、及时发声，根据处置进展动态发布信息"。[3]

这些有关突发事件应急信息公开的法规制度的出台，表明党和国家对政府应急信息公开工作的高度重视，也彰显出突发事件应急信息公开在政府应急管理工作中的重要地位。在突发事件防范和处置过程中，有效的政府应急信息公开往往能在引导舆论走向、安抚公众情绪、普及应急救援知识等方面发挥巨大作用。应急信息公开贯穿于突发事件的前期预警、中期管理、后期处置等整个生命周期，是政府应急管理的重要内容。在突发事件应急管理过程中，政府将真实、完整的信息及时、准确地告知公众，有利于促进突发事

---

[1] 习近平在中央政治局第十九次集体学习时强调，充分发挥我国应急管理体系特色和优势，积极推进我国应急管理体系和能力现代化。

[2]《突发事件应对法》即《中华人民共和国突发事件应对法》，为论述方便，全书涉及我国法律法规统一省略"中华人民共和国"字样，后不赘述。

[3] 中共中央办公厅、国务院办公厅印发《关于全面推进政务公开工作的意见》。

件的有效解决。相反，若应急信息的发布混乱无序，瞒报、谎报、漏报、错报等问题层出不穷，则有可能导致谣言滋生，负面舆论蔓延，极易引发次生危机。通过研究政府应急信息公开问题，包括政府应急信息公开方式、平台建设、绩效评估等，可以为政府应急信息公开实践提供智力支持与有益参考，从而有助于提升政府应急信息公开能力与水平。

二、是提升政府形象与公信力的内在要求

党的十七大报告明确提出要"加快行政管理体制改革，建设服务型政府"。"服务型政府"理念的提出，体现着我国政府从管理体制、运行机制、管理方式等各个方面开始实现由传统向现代的转型和变革。在服务型政府建设中，政府信息公开具有重要的基础性作用。政府信息公开与政府职能转变、社会治理相结合，以保障公民的知情权和参与权为价值目标，已经成为我国政治发展的重要内容。[1]各种突发事件应急信息公开中的不当行为，应急信息的虚报、瞒报、谎报、不报、迟报等现象，会损害到政府的形象与公信力，损害到国家和人民群众的根本利益，影响到社会的稳定与和谐。政府在应对突发事件过程中，只有及时、如实公开相关信息，才能得民心、顺民意。做好政府应急信息公开工作，既是我国政府创新管理机制的重要举措，也是打造服务型政府的内在要求；既是增强政府公信力的重要途径，也是提升国家形象的重要举措。

在"互联网+"时代，社会公众对话语权的需求日益增强。政府有关部门需要占据应急信息公开的制高点，实现应急信息的公开透明，而非封闭、隐瞒，才能在公众面前树立起一种亲民、负责的形象。政府在突发事件应急处置过程中需要改变传统的管理方式，创新管理机制，更加主动、及时、充分、准确地向公众和媒体公开突发事件发生的原因、性质、危害程度以及发展趋势等重要信息，还原事件真相，以获得公众对政府应急管理工作的支持与参与。通过系统研究政府应急信息公开问题，所取得的研究成果，不仅能进一步提高政府应急信息公开水平，为服务型政府建设添砖加瓦，而且也有助于推进政府管理体制机制的创新，帮助公众更好地树立起对政府依法行政的公共信仰，提升政府形象与公信力。

---

[1] 朱友刚："我国政府信息公开的思路与对策"，载《山东社会科学》2012年第3期。

三、是保障公众知情权、参与权、表达权和监督权的客观需要

第一，做好政府应急信息公开工作，可以满足公众在突发事件发生期间了解突发事件本身以及政府应急管理工作开展情况。不仅保障公众对事件及其处理过程的知情权，也使得有关公众在面临突发事件之时能第一时间实现自保自救，做到临危不乱，以减少人员伤亡与财产损失。第二，政府应急信息公开可以调动公众参与应急救援的积极性，为政府应急管理争取到更多的救援力量。公众可以根据政府应急管理工作开展的需要，响应政府的动员，积极参与到政府应急管理工作中去，成为突发事件紧急救援的重要力量，从而有利于提升突发事件紧急处置的效率与能力。第三，政府应急信息公开可以有效地阻止政府及其工作人员对应急信息的垄断，消除由于信息不对称带来的信息差现象，防止暗箱操作，让政府应急管理活动处于公开、透明之中，自觉接受公众的监督。知情权是公民的一项基本权利。对于各种突发事件的发生，相关公众有权了解和知悉事件的真相，以便更好地行使相应的参与权与表达权，维护自身的权益，更好地监督公共权力的行使，促进突发事件应急信息公开工作的开展。可见，加强政府应急信息公开研究，也是保障公众知情权、参与权、表达权与监督权的客观需要。

第二节 国内外研究现状分析

一、国外研究综述

笔者选取 EBSCO 综合学科学术文献数据库、Science Direct、Elsevier 全文期刊数据库、SpringerLink 电子期刊数据库以及 Emerald 电子期刊数据库，分别以"government information publicity""government information disclosure""emergency management""crisis management""disaster management"为检索词，并以"government information"分别结合"emergency""crisis""disaster"为检索词，以及"government information disclosure"分别结合"emergency management""disaster management"为检索词进行主题检索，检索时间为 2017 年 12 月，检索结果如下表 1-1 所示：

表 1-1　国外文献检索结果

检索词 \ 数据库	EBSCO 数据库	Science Direct 数据库	SpringerLink 数据库	Emerald 数据库
government information publicity	88	223	138	9
government information disclosure	14	172	68	8
emergency management	556	261	117	47
crisis management	862	309	10 348	74
disaster management	530	126	6663	80
emergency+government information publicity	26	12	15	28
crisis +government information publicity	21	9	11	38
disaster+government information publicity	54	23	23	6
emergency management + government informationdisclosure	31	17	18	24
disaster management + government information disclosure	15	1	2	16

笔者根据以上检索结果，经过对相关文献的筛选、整理与阅读，总结出国外学者对政府应急信息公开的研究成果，主要集中在以下几个方面：

（一）对政府应急信息公开重要性的研究

国外学者对政府应急信息公开重要性的研究，主要集中在其为政府提供决策依据、保障社会生活秩序等方面。金英敏（Geum-Young Min）和希姆英燮（Hyoung-Seop Shim）（2015 年）认为灾害信息是在灾害管理和紧急情况下协调和决策的主要依据，我们需要灾难信息来管理现状和制定决策。[1]2010 年冰岛火山喷发导致英国关闭领空，塞尔维尔·米勒（Servel A. Miller）（2011 年）经调查分析，显示有 90%的受访者强调了航空公司、旅行社和政府提供及时和有效信息的失败，降低了他们的幸福感。[2]弗兰茨·P.艾德华（French

---

[1] Geum-Young Min, Hyoung-Seop Shim, "Design & Implementation for Emergency Broadcasting Using Agencies' Disaster Information", *Advances in Computer Science and Ubiquitous Computing*, 2015（12）, pp. 693~697.

[2] Servel A. Miller, "April 2010 UK Airspace closure: Experience and impact on the UK's air-travelling public and implications for future travel", *Journal of Air Transport Management*, 2011（5）, pp. 296~301.

P. Edward)（2011年）使用美国卫生和人类服务部发布的指南对美国28个大城市的大流行性流感规划进行了评估，分析表明，通过更加广泛的政府信息透明度和公民参与度、在决策中有更多机会纳入所有利益相关者、模拟社区范围的演习和演练以及有更多的公众获取全面的应急规划信息，政府规划的合法性可有效地提高。[1]

（二）对政府应急信息公开渠道的研究

应急管理的挑战之一在于如何向公众传达及时、准确的应急信息。随着现代信息技术的发展，政府信息公开的渠道更加广泛和便捷。保罗·T. 耶格（Paul T. Jaeger），本·施奈德曼（Ben Shneiderman）（2007年）等在经过大量的调查分析之后发现：移动通信技术、多媒体技术以及因特网是政府在突发事件中公开信息的主要技术手段。[2]大卫·耶茨（Dave Yates）和斯克特·帕克特（Scott Paquette）（2011年）则进一步强调了媒体技术在突发事件应急信息发布中的重要作用。[3]Twitter等社交媒体的推广，给政府部门提供了一个迅速发布关键信息的机会，已成为政府应急信息收集、分析和公开的重要渠道。阿曼达·李·修斯（Amanda Lee Hughes）（2012年）探讨了公众通过社交媒体参与应急响应怎样改变公共信息官员（PIO）的作用。[4]库马尔·萨曼斯（Kumar Shamanth）（2015年）以推特为例研究在危机应对中使用社交媒体的四个关键问题。[5]帕诺斯·帕纳吉奥托（Panos Panagiotopoulos），朱莉·巴内特布（Julie Barnett）（2016年）分析了10 020个英国地方政府当局（议会）的官方推特账户在2010年12月的大雪和2011年8月的骚乱两个重大突发事件背景下发布的信息，认为推特可以多种形式来沟通和管理相关的风险，包括提供官方更新信息、鼓励防护行为、增强风险意识以及引导公众关注缓解措施。[6]

---

[1] French P. Edward, "Enhancing The Legitimacy Of Local Government Pandemic Influenza Planning Through Transparency And Public Engagement", *Public Administration Review*, 2011（2），pp. 253~264.

[2] Paul T. Jaeger, Ben Shneiderman, Kenneth, "R. Fleischmann. Communit Response Grids: E - government, Social Networks, and Effective Emergency Management", *Telecommunications Policy*, 2007（31），pp. 233~258.

[3] Dave Yates, Scott Paquette, "Emergency Knowledge Management and Social Media Technologies: A Case Study of the 2010 Haitian Earthquake", *International Journal of Information Management*, 2011（1），pp. 6~13.

[4] Amanda Lee Hughes, "Supporting the Social Media Needs of Emergency Public Information Officers with Human-Centered Design and Development", University of Colorado at Boulder, 2012.

[5] Kumar Shamanth, "Social Media Analytics for Crisis Response", Arizona State University, 2015.

[6] Panos Panagiotopoulos et al., "Social Media in Emergency Management: Twitter as a Tool for Communicating Risks to the Public", *Technological Forecasting and Social Change*, 2016, 111, pp. 86~96.

第一章 导　论

（三）对突发事件应急管理信息系统的研究

通过研发应急管理信息系统，提升突发事件应急信息发布效能，已成为信息时代政府应急信息管理工作的主要内容，也成为国外学界关注的焦点之一。譬如，向老年人有效地提供应急信息是一项具有挑战性的任务，未能提供适当的信息会对老年人的福利产生不利影响。阿西夫·库默·吉尔（Asif Qumer Gill）、内森·苏内尔（Nathan Phennel）和迪恩·莱恩（Dean Lane）等（2016年）提出了一种物联网功能的信息架构驱动的方法，即所谓的"resa-lert"，可以有效地向老年人提供应急信息。[1] W. B. Lee 和 Y. Wang 等（2012年）提出了应用于应急管理的非结构化的信息管理系统（UIMS），为组织和描绘应急知识建立了一个概念关系模型（CRM）和动态知识流模型（DKFM），该模型可以支持决策者更好地了解突发事件不同概念之间的依赖性和相关度，以作出适当的决定。[2] 查尔斯·W. 明尼斯（Charles W. Minnis）（2010年）通过调查、访谈、观察应急救援人员，研究移动应急救援人员能否与其他救援人员共享事件信息，以此来改善数据通信系统的互操作性和信息共享问题。[3] 保罗·韦伯斯特·卡泽（Paul Webster Katzer）（1994年）评估了应急信息系统（EIS）和PC ARC/INFO，确定哪一种系统能够更好地支持应急管理的缓解、准备、响应和恢复阶段。[4]

（四）对突发事件应急风险沟通的研究

应急风险沟通，是指在突发事件发生时进行信息沟通共享及必要的协调，使受影响的群体有能力作出决定并采取相应行动。它主要包括两个方面的沟通工作：第一，政府与媒体之间的沟通。如泰伦斯·A. 麦克斯维尔（Terrence A. Maxwel）（2003年）通过分析政府机构、媒体以及公众之间关系的应急通信模型，揭示了政府和媒体的关系，政府搜集和公开信息，对发展现状及其

---

[1] Asif Qumer Gill et al., "IoT-enabled Emergency Information Supply Chain Architecture for Elderly People: The Australian Context", *Information Systems*, 2016 (58), pp. 75~86.

[2] W. Lee et al., "An unstructured information management system (UIMS) for emergency management", *Expert Systems With Applications*, 2012, 39 (17), pp. 12743~12758.

[3] Charles W. Minnis, "Data Communications within the Emergency Services: A Mixed Methods Study of Attempts to Improve Data Communications Systems Interoperability and Information Sharing Issues", Capella University, 2010.

[4] Paul Webster Katzer, "Comparing Digital Spatial Database Systems for Local Government Emergency Management", State University of New York College of Environmental Science and Forestry, 1994.

危机的影响做出决策，媒体充当协调作用和替代解释作用，是沟通政府和公众之间的桥梁。[1]第二，政府与公众之间的沟通。如泰伦斯·A. 麦克斯维尔（Terrence A. Maxwell）（2003年）认为，在突发事件中与公众沟通是政府机构的一项重要职能，成功的沟通政策可以帮助公众迅速调整行为和对风险的看法，而不成功的政策会促使社会愤怒扩张，并阻碍威胁缓解的进展。[2]第三，政府机构之间的沟通。Kyujin Jung 和 Han Woo Park（2015年）认为机构之间充分的信息流对于通知机构、调动应急设施、规划具体的应急响应尤其在短期应急响应是很必要的。[3]凯瑟琳·G. 维多洛夫（Kathleen G. Vidoloff）（2011年）采用解释性的方法来了解在公共卫生紧急情况下，促进和限制应急风险沟通工作的组织结构，探讨公共信息官员（PIO）在突发公共卫生事件中的作用。[4]约瑟夫·V. 特雷利亚（Joseph V. Treglia）（2013年）探讨了怎样克服联邦、部落、州和当地的执法机构以及紧急救援人员之间信息共享的障碍。[5]

二、国内研究综述

笔者以"应急信息""应急信息公开""危机信息""危机信息公开"为检索词，并以"突发事件+信息公开""重大突发事件+信息公开""政府应急+信息公开""突发事件+信息发布/披露""政府应急+信息发布/披露""应急信息+沟通""危机信息+沟通"等相结合为检索词进行主题检索，检索了中国知网资源总库（CNKI）下的"中国博士学位论文全文数据库""中国优秀硕士学位论文数据库""中国学术期刊网络出版总库""国内外重要会议论文全文数据库"以及"中国重要报纸全文数据库"，检索时间为2017年12月，

---

〔1〕贺军、蒋新辉："'互联网+'时代突发事件中政府信息公开研究综述"，载《电子政务》2017年第7期。

〔2〕Terrence A. Maxwell, "The Public Need to Know: Emergencies, Government Organizations, and Public Information Policies", Government Information Quarterly, 2003（3）, pp. 233~258.

〔3〕Kyujin Jung, Han Woo Park, "Tracing Interorganizational Information Networks During Emergency Response Period: A Webometric Approach to the 2012 Gumi Chemical Spill in South Korea", Government Information Quarterly, 2015（1）, pp. 133~141.

〔4〕Kathleen G. Vidoloff, "Structures, Roles and Relationships within Public Health's Response to the 2009-2010 H1N1 Outbreak: The Ties that Bind Public Information Officers and Emergency Risk Communication Efforts", University of Kentucky, 2011.

〔5〕Joseph V. Treglia, "Three Essays on Law Enforcement and Emergency Response Information Sharing and Collaboration: An Insider Perspective", Syracuse University, 2013.

检索结果如下表1-2所示：

表1-2 国内文献检索结果

检索词 \ 数据库	中国博士学位论文全文数据库	中国优秀硕士学位论文数据库	中国学术期刊网络出版总库	国内外重要会议论文全文数据库	中国重要报纸全文数据库
应急信息	6	109	346	54	75
应急信息公开	0	17	8	2	1
危机信息	13	136	305	25	15
危机信息公开	0	28	30	0	1
突发事件+信息公开	0	112	246	9	14
重大突发事件+信息公开	0	5	12	2	4
政府应急+信息公开	0	17	14	3	0
突发事件+信息发布/披露	2	24	120	23	54
政府应急+信息发布/披露	0	6	14	3	0
应急信息+沟通	0	4	18	0	1
危机信息+沟通	0	31	65	5	1

　　为了更加直观地比较学界关于"信息公开"与"应急信息公开"的研究情况，笔者在中国知网以"信息公开"为检索词进行篇名检索，检索出的论文数量及所在年度见表1-3。从表1-3可以发现，学界关于"信息公开"主题的学术成果较为丰富。

表1-3 关于"信息公开"的论文研究数量（2004—2017年）

2004	2005	2006	2007	2008	2009	2010	2011	2012	2013	2014	2015	2016	2017
187	211	240	425	1106	912	859	844	817	906	1008	997	669	388

　　笔者以"应急信息公开"为检索词进行篇名检索，检索出的论文数量及所在年度见表1-4。从表1-4可以发现，学界关于"应急信息公开"主题的学术成果并不多，从2004年至2016年间，总共发表了37篇相关论文。

表1-4 关于"应急信息公开"的论文研究数量（2004—2016年）

2004	2006	2007	2008	2009	2010	2011	2012	2013	2014	2015	2016
1	2	1	5	5	4	5	1	4	5	2	2

为了扩大检索范围，笔者又分别以"公开"的三个近义词"披露""报道""发布"在中国知网进行篇名检索，结果显示，以"应急信息披露"为篇名进行检索，检索结果为0。以"应急信息报道"为篇名进行检索，结果为2，分别于2011和2015年发表。以"应急信息发布"为检索词进行篇名检索，其检索结果如表1-5所示：

表1-5 关于"应急信息发布"的论文研究数量（2003—2017年）

2003	2006	2007	2008	2009	2010	2011	2012	2013	2014	2015	2016	2017
1	2	3	4	6	4	13	8	9	11	13	2	3

为了更加直观地显示应急信息公开主题研究的各年度发文数量，笔者对上述检索到论文数量进行汇总，并用柱状图进行描述，如图1-1所示。

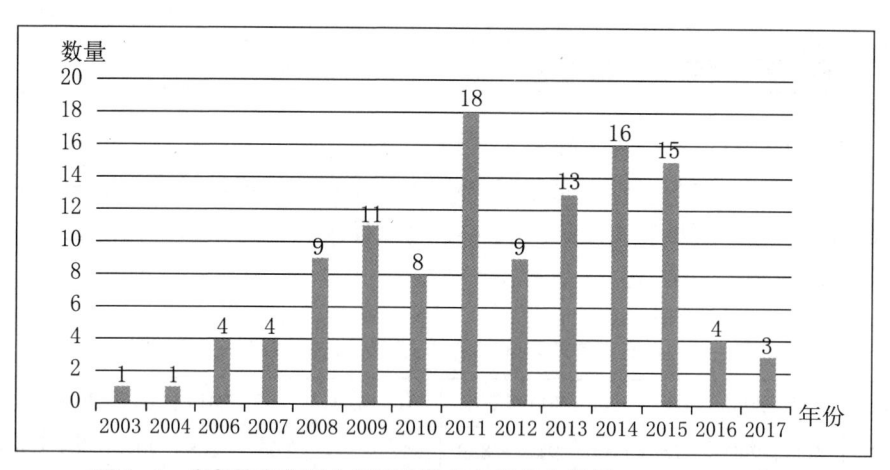

图1-1 应急信息公开主题研究的各年度发文数量（2003-2017年）

从图1-1可以看出，自2008年起研究成果逐渐增多，连续4年保持每年4篇以上。笔者推测这一现象与2008年发生的"5·12"汶川地震有关。"5·12"汶川地震给我国经济社会的发展造成严重损失，给我国政府应急管理工作带来严峻挑战,也凸显出应急信息公开对于抗震救灾工作的重要性。面对日益频繁的各种突发事件,随着政府应急管理工作的进一步加强,学界也越来越重视政府应急信息公开的研究。2008年至2015年,应急信息公开研究成果保持一个比较快的增长速度,但总体上看依然偏少。通过阅读文献内容,梳理研究成果,笔者发现,国内学者的研究主要集中在以下几个方面:

(一) 不同类型突发事件的政府信息公开研究

目前国内对突发事件应急信息公开的研究,基于不同类别的突发事件展开,主要分为自然灾害类、事故灾难类、公共卫生事件类和社会安全事件类。譬如:冯杭建等(2009年)提出了基于WebGIS的新一代突发性地质灾害预警信息网络发布框架(NEW),研制了浙江省滑坡地质灾害预报预警信息网络发布系统(LAPS_IMS)。[1]朱啸天(2012年)以"7·23"甬温线特别重大铁路交通事故个案的实践,将危机本质、政府传播策略等因素与修辞学放在一个研究框架内进行考察。[2]袁红(2010年)分析了突发公共卫生事件中,政府危机信息发布意识转变的表现、动因及现实影响。[3]王勇(2012年)[4]、梁成浩(2012年)[5]、张澍钰(2013年)[6]等对群体性事件中政府应急信息公开进行了专门研究。

(二) 政府应急信息公开制度的研究

学者们提出完善突发事件政府应急信息公开制度的具体措施主要有以下几个方面:第一,加强基于过程控制的制度建设。如张娟(2008年)认为在突发事件信息公开中,应该在制定和完善相关法律法规、处理突发事件所遵循的原则、政府新闻发言人的"发言"策略和新闻发言人、媒介、受众三者

---

[1] 冯杭建等:"地质灾害预警预报信息发布系统——基于ANN和GIS的新一代发布系统",载《自然灾害学报》2009年第1期,第187~193页。

[2] 朱啸天:"新媒体环境下突发公共事件中的政府信息发布修辞学研究——以'7·23'甬温线特别重大铁路交通事故为例",华东师范大学2012年硕士学位论文,第30页。

[3] 袁红:"政府危机信息发布意识的转变——以突发公共卫生事件为例",华中科技大学2010年硕士学位论文,第35页。

[4] 王勇:"群体性突发事件处理与信息公开",载《行政与法》2012年第11期,第6~9页。

[5] 梁成浩:"群体性事件和政府信息公开关联度分析",载《公安学刊(浙江警察学院学报)》2012年第3期,第69~70页、第91页。

[6] 张澍钰:"群体性突发事件政府信息公开的法律研究",华东师范大学2013年硕士学位论文,第12页。

互动构建和谐舆论方面努力，以推进突发事件信息公开制度的优化。[1]覃艳丽（2015年）从宏观上提出前端、中端、后端三阶段控制策略，并作出了翔实的解释，指出前端控制，即完善法律法规和制度建设；中端管理，即完善应急信息沟通机制；后端保障，即完善政府应急信息发布监督机制和行政问责制度。[2]第二，完善监督机制。徐滨滨（2009年）通过分析"三鹿奶粉事件"，评析我国当前突发事件中政府信息公开制度的不足，提出完善政府应急信息公开相关配套法律、建立信息审查委员会和保密审查制度、建立政府信息产权公共化的体制以及形成有效的司法监督体制等对策建议。[3]吴珮嘉（2011年）研究了我国现行政府应急信息公开制度的缺失，探索政府应急信息公开制度的创新性建设和完善化发展策略。[4]白丽（2014年）对公路应急管理中信息公开制度问题进行剖析，认为应从加快信息公开的理念转变、建立有效的信息沟通机制、建立多元化信息公开渠道等方面完善我国公路应急管理中信息公开制度。[5]第三，建立问责机制。譬如，朱艳（2015年）采取案例分析法，对天津港"8·12"瑞海公司危险品仓库特别重大火灾爆炸事故进行剖析，再次强调应制定并完善突发公共事件中政府信息公开的相关法律及政府信息公开问责机制。[6]

（三）国外政府应急信息公开经验的研究

学者们对国外政府应急信息公开经验的介绍，主要从以下几个方面展开：第一，政府对媒体的政策。譬如，黎慈（2008年）介绍了英国政府应对突发事件采取的媒体政策，并从政府、媒体、公众三方面给予了思考。[7]第二，应急培训策略。譬如，胥彦等（2009年）通过分析美、英、日等发达国家突发公共

---

[1] 张娟："论突发事件信息公开的制度创新"，湘潭大学2008年硕士学位论文，第16页。

[2] 覃艳丽："重大突发事件政府应急信息发布内容研究"，湘潭大学2015年硕士学位论文，第10~11页。

[3] 徐滨滨："我国突发事件中政府信息公开制度的构建——以'三鹿奶粉事件'为视角"，上海交通大学2009年硕士学位论文，第14页。

[4] 吴珮嘉："政府应急信息公开的制度缺失与制度创新研究"，湘潭大学2011年硕士学位论文，第30页。

[5] 白丽："公路应急管理中的信息公开制度研究"，长安大学2014年硕士学位论文，第30页。

[6] 朱艳："论我国突发公共事件中政府信息公开存在的问题及其完善的对策——以'8·12'天津爆炸事件为例"，南昌大学2015年硕士学位论文，第6~33页。

[7] 黎慈："英国政府应对突发事件采取的媒体政策及其启示"，载《福州党校学报》2008年第1期，第41~44页。

卫生事件应急培训策略，为我国进一步建设应急培训体系提供借鉴经验。[1]第三，应急管理模式及对策。譬如，杨安莲（2009年）介绍了国外档案部门应对突发事件所采取的应急措施、管理机构、灾害预防、灾后抢救、异地备份等方面提出了建议和思考。[2]陈成文、蒋勇、黄娟（2010年）探讨了美、加、澳、日、俄五国应急管理的实践模式，并提出了对我国推进应急管理体制改革、应急管理法律、应急管理模式、应急信息资源整合以及应急预警机制等方面提供的有益启示。[3]第四，中日应急管理比较研究。譬如，张俊等（2015年）以2008年我国"5·12"汶川地震和2011年东日本大地震为对象，探讨中日两国在应急管理方面的差异以及各自存在的优势和不足，以相互借鉴有效经验，提升大震巨灾的响应能力。[4]

（四）应急信息公开对策的研究

国内学者对不同类型突发事件应急信息公开中存在的问题及对策方面的研究相对集中，主要表现在：第一，加强沟通。譬如，夏识开（2012年）从政府内部沟通和外部沟通两个方面，结合具有代表性的、较大影响的群体性突发事件，揭示我国政府在处理群体性突发事件问题上存在的沟通问题及成因，提出改善群体性突发事件沟通现状的对策建议。[5]第二，基于案例分析提出对策。譬如，彭雅愉（2013年）以2012年12月31日发生的山西苯胺泄漏事件为例，深入分析了我国重大突发事件应急信息公开工作存在的主要问题，并从观念意识、法律法规、管理、技术等四个方面提出加强重大突发事件应急信息公开工作的基本对策。[6]第三，解决信息孤岛问题。譬如，向立文、欧阳华（2013年）在分析政府应急管理中信息孤岛问题具体表现及成因的

---

[1] 胥彦等："国外突发公共卫生事件应急培训策略选择及对我国的借鉴"，载《中国卫生经济》2009年第5期，第36~39页。

[2] 杨安莲："国外档案机构应对突发事件的主要做法及其借鉴意义"，载《档案学通讯》2009年第1期，第71~74期。

[3] 陈成文、蒋勇、黄娟："应急管理：国外模式及其启示"，载《甘肃社会科学》2010年第5期，第201~206页。

[4] 张俊等："大震巨灾信息公开报道的中日对比研究——以汶川特大地震与东日本大地震为例"，载《中国应急管理》2015年第3期，第52~56页。

[5] 夏识开："我国预防与应对群体性突发事件中存在的沟通问题及对策研究"，浙江财经学院2012年硕士学位论文，第51页。

[6] 彭雅愉："重大突发事件应急信息公开的问题及对策研究"，湘潭大学2013年硕士学位论文，第43页。

基础上，从应急信息管理机构、管理机制、信息平台、信息技术等方面提出了解决政府应急管理中信息孤岛问题的基本对策。[1]第四，加强网络环境下的信息公开能力建设。譬如，毛昊悦（2016年）分析了网络环境下政府应急信息公开遭遇的困境，认为应从政府应急管理网站建设、应急信息公开制度创新以及网络安全危机管理等方面加强政府应急信息公开能力建设。[2]第五，加强新媒体技术在信息公开中的应用。在"互联网+"时代，政府应急信息公开如何提高信息技术的运用成效？近年来已引起学者的关注。张远瑶（2013年）指出，政务微博的信息公开要专业化，文字及措辞要适合微博传播，信息发布要注重统筹规划，另外在满足信息公开的同时，发挥政务部门与公众互动的作用。[3]朱艳（2015年）认为要通过发挥政府网站的最大和最优的作用、优化政务微博和政务微信建设，以达到更好的信息公开效果。[4]张宇、王建成（2015年）也提出政府应当放低姿态，以平等的态度与网民进行交流和互动。[5]荣毅虹等（2016年）详细介绍了建立政务微博效用评估指标体系，指出在明确政务微博的角色和作用的基础上，从评估体系的效度、信度等方面进行效用评价。[6]周冰欣（2015年）主要从运行体制方面入手，指出政府应当建立健全"微信微博"等运行管理体制，保持与公众的良好互动。[7]

三、研究述评

通过以上对政府应急信息公开研究现状的分析，可以看出，尽管学界目前已经取得了比较丰硕的研究成果，但仍然存在一些不足，主要表现在：

---

[1] 向立文、欧阳华："政府应急管理中信息孤岛问题及对策研究"，载《现代情报》2013年第10期，第3~5页、第17页。

[2] 毛昊悦："网络环境下政府应急信息公开的困境与对策"，载《经营管理者》2016年第20期，第317页。

[3] 张远瑶："突发事件中政务微博客对信息公开的影响研究"，大连理工大学2013年硕士学位论文。

[4] 朱艳："论我国突发公共事件中政府信息公开存在的问题及其完善的对策——以8.12天津爆炸事件为例"，南昌大学2015年硕士学位论文。

[5] 张宇、王建成："突发事件中政府信息发布机制存在的问题及对策研究——基于2015年'上海外滩踩踏事件'的案例研究"，载《情报杂志》2015年第5期，第111~117页、第65页。

[6] 荣毅虹、刘乐、徐尔玉："面向'互联网+'的政务微博变革策略——基于北上广深政府官微的效用评估"，载《电子政务》2016年第8期，第53~63页。

[7] 周冰欣："微信公众平台在政府应急管理中的作用、存在的问题及应对策略——以18个政府应急办名义认证的微信公众平台为例"，载《秘书之友》2015年第5期，第4~5页。

(一) 研究内容不够深入

首先，目前学界关于政府应急信息公开主题的诸多研究，主要围绕政府应急信息公开的作用、问题及对策等方面展开，对应急主体与方式的确立、应急信息平台的构建、应急信息公开的绩效评估等核心问题的研究还比较缺乏。总体来说，学界对政府应急信息公开的研究还处于一个起步阶段，研究内容有待进一步拓展与深化。其次，突发事件种类众多，很多学者虽然对不同类别的突发事件应急信息公开进行了研究，但就其具体的研究内容而言，并未充分体现出此类突发事件的特殊性，应该进一步加强对不同类型突发事件的内在特点、演化机理以及具体应对策略的研究。因为不同突发事件，其应急管理过程不尽相同，应急信息公开的策略也各有所异，需要具体问题具体分析。此外，学界对政府应急信息公开法律制度体系的研究也有待进一步加强，现有的法律制度体系存在什么不足？哪些法律制度需要建立？哪些法律制度需要修改？在依法治国的大背景下，这些问题的解决尤为重要，只有在依法应急的轨道上，信息才能真正得以公开，公众的知情权才能得以保障，政府应急管理工作也才能得以健康有序推进。

(二) 研究视角比较狭窄

首先，目前学界对于政府应急信息公开的研究，主要集中于从突发事件生命周期的角度出发，基于应急管理角度的信息公开研究比较缺乏。其次，学界大多是基于管理学、法学、传播学等视角，对政府应急信息公开的问题、原因及应对策略等进行研究，基于社会学、心理学、信息资源管理学等视角的研究成果比较少，跨学科、跨行业、跨领域的综合研究也比较缺乏，研究视角较为单一，亟待拓展新的研究领域。此外，互联网已成为民意表达、舆论聚集之地，在网络舆论环境下，信息裂变式的传播方式使得公众的信息获取意识，以及对于知情权和表达权的渴望被进一步激发，公众参与应急管理的意识明显增强。但目前学界对于政府应急信息公开的探讨多从政府的角度出发，研究应急信息应该何时公开、以怎样的渠道公开以及取得怎样的公开效果，而基于公众参与角度的研究则相对比较薄弱。

(三) 研究方法略显单薄

目前学界对突发事件应急信息公开问题的研究，主要运用文献研究法、个案分析法、经验总结法和描述性研究法等加以研究。而政府应急信息公开的实践性较强，"学究式"研究针对性和操作性不强，对于政府应急信息公开在实践领域暴露出的制度执行失范、救济不力、问责不力等问题，难以从理论层面找到相对应的结合点。因此，应在政府应急信息公开的研究中加强实地调查研究方法的运用，做到理论与实际相结合，为政府应急信息公开提供扎实的数据支撑。同时，政府应急信息公开工作牵涉面广、综合性较强，应加强系统科学方法的运用，以综合思维方式研究应急信息公开的具体内容、社会环境以及与其他应急管理工作之间的联系。此外，从国内外研究成果的现状可看出，国外较为注重实证性研究，提出了一些运用于应急管理的模型、系统等。为此，需要加强比较研究，积极学习、借鉴和吸收国外应急管理信息系统以及应急管理实践的成功经验，以期为政府应急信息公开工作提供更多的理论支持与方法借鉴。

第三节　研究内容

本书共分7章，其研究框架和内容如下：

第一章　导论。从分析政府应急信息公开的选题背景与研究意义入手，对国内外关于这一主题的研究现状进行归纳梳理并评价。在此基础上，对本书的研究思路、研究方法等进行介绍。

第二章　政府应急信息公开的基本认知。首先，从分析重大突发事件、应急信息、应急信息公开等概念入手，对重大突发事件以及应急信息的特点、分类、等级等进行分析。其次，在阐述突发事件应急信息公开理论依据的基础上，分析政府应急信息公开的价值取向与原则要求。最后，阐述政府应急信息公开的现实意义。

第三章　政府应急信息公开的现状分析。首先，以上海"12·31"外滩拥挤踩踏事件为例，通过对这则典型案例进行分析，剖析其在应急信息公开过程中存在的问题，为我国政府应急信息公开工作的现状分析作铺垫。其次，对我国政府应急信息公开工作的现状进行分析，包括取得的基本成绩、存在的主要问题及成因。接着，选取美国、日本、俄罗斯等政府应急管理工作富有成效的国家进行个案分析，归纳总结出国外政府部门在突发事件应急信息公开方面取得的成功经验。最后，在比较分析的基础上，对我国政府应急信息公开工作进行反思，总结出国外政府应急信息公开工作对我国的启示。

第四章　政府应急信息公开的主体与方式。首先，对政府应急信息公开的主体进行深入分析，主要从政府和媒体两个维度展开，分别探讨以政府为主体的应急信息公开方式和以媒体为主体的应急信息公开方式。其次，探讨政府应急信息公开中如何处理好政府与媒体的关系。

第五章　政府应急信息公开的平台建设。在剖析政府应急信息公开平台内涵的基础上，指出我国政府应急信息公开平台建设中存在的主要问题，并提出加强政府应急信息公开平台建设的基本对策。

第六章　政府应急信息公开的绩效评估。首先，在分析政府应急信息公开绩效评估的内涵特征及意义的基础上，对政府应急信息公开绩效评估体系的构建进行分析。其次，探讨加强政府应急信息公开绩效评估的基本对策。

第七章　结论与展望。对本课题研究进行总结，归纳课题的研究结论，总结课题研究的对策建议，并对未来进一步研究的方向进行展望。

第四节　研究思路与研究方法

一、研究思路

本课题沿着以下思路展开研究：理论研究——现状分析——对策提出（如图1-2所示）。

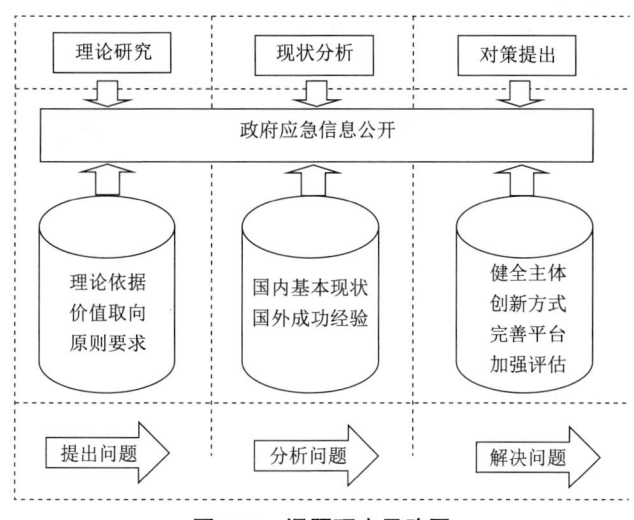

图1-2　课题研究思路图

（1）对政府应急信息公开的相关概念进行界定，分析重大突发事件的种类、特点及其危害，论述突发事件应急信息公开的理论依据、价值取向、原则要求与现实意义等内容，为政府应急信息公开的对策提出奠定理论基础。

（2）结合各种调研数据与案例分析，全面分析我国政府应急信息公开的基本现状，包括取得的成绩、存在的问题及成因，并归纳总结出美国、日本、俄罗斯等国在政府应急信息公开方面取得的成功经验。通过对国内外应急信息公开现状的总体把握，为政府应急信息公开对策的提出夯实坚实的数据基础。

（3）从政府应急信息公开的主体与方式、平台建设、绩效评估等方面展开专门研究，系统提出加强政府应急信息公开的基本对策。

二、研究方法

（1）调查研究法。①文献调查法。本课题研究基于对国内外相关文献进行比较全面、深入搜集与分析的基础上进行，通过文献搜集与阅读分析，了解学界对该主题的研究现状。②问卷调查法。课题组在问卷之星网页进行问卷调查，最终收回有效问卷749份，掌握了大量有关政府应急信息公开的调查数据。③实地调查法。课题组通过对湖南省人民政府应急管理办公室进行深度访谈，并在湖南省范围内选取长沙、湘潭、岳阳、永州等市县的政府有关部门进行实地访谈，历时三个多月，获得了大量第一手调研素材，有助于了解我国政府应急信息公开的基本现实状况。

（2）系统研究法。本课题研究时，不仅运用系统方法对国内外政府应急信息公开研究现状进行总体把握，还对国内外政府应急信息公开实践现状进行系统分析。在此基础上，对政府应急信息公开相关问题展开系统研究，力求从整体上把握政府应急信息公开工作主要内容的内在逻辑。

（3）比较研究法。本课题主要通过对国内外政府应急信息公开工作进行横向比较，剖析我国政府应急信息公开的不足，挖掘国外政府应急信息公开的成功经验，从而为我国政府应急信息公开工作提供启示与借鉴。

（4）跨学科移植法。本课题综合运用信息资源管理学、政治学、公共管理学、新闻传播学、法学等多学科研究方法，对政府应急信息公开进行多角度研究。

第二章
政府应急信息公开的基本认知

厘清突发事件与政府应急信息公开之间的关联机理，是政府应急信息公开研究的前提和基础。本章首先对重大突发事件、应急信息及其公开等基本概念予以界定。然后探究政府应急信息公开的理论依据，剖析政府应急信息公开的价值取向与原则要求。最后，基于突发事件、公众与政府三个视角分析政府应急信息公开工作的现实意义。

第一节 概念界定

概念是人类对事物的理解和解释，是事物本质属性的反映。概念界定，是进行理论研究的基础，是分析问题和解决问题的必要前提。鉴于本书研究对象的特殊性，为了与其他相关概念区别开来，笔者主要对"重大突发事件""应急信息""应急信息公开"三个核心概念予以界定。

一、重大突发事件

突发事件是 21 世纪以来的研究热点之一，也是政府应急管理工作的主要对象。在政府应急管理工作中，需要了解突发事件的定义、特点，并对其进行分类分级，以便开展有针对性的应急管理工作。由于作者已在《电子政务环境下政府应急管理机制研究》一书中专门对突发事件这一概念的内涵与外延进行过阐述，这里不再赘述，考虑到现实中重大突发事件的应急信息公开问题更加突出，公众对重大突发事件的应急信息公开工作关注度更高，笔者认为有必要对"重大突发事件"这一概念的内涵与外延进行简要阐释。

（一）重大突发事件的定义

国际上，突发事件所对应的词语通常是"紧急状态"（emergency 或 state of

emergency)、"（公共）危机"（crisis）、"灾害"（hazard）、"灾难"（disaster）。美国国土安全部对"突发事件"进行了专门的定义，即"一种自然发生的或人为原因引起的需要紧急事态应对以保护生命或财产的事或事件"。它可以包括重大灾难、紧急事态、恐怖主义袭击、荒野和城区火灾、洪水、危险物质泄漏、核事故、空难、地震、飓风、龙卷风、热带风暴、战争相关灾难、公共卫生与医疗紧急事态，以及其他发生的需要作为紧急事态应对的事件。[1]

根据《总体预案》规定，突发公共事件是指"突然发生，造成或者可能造成重大人员伤亡、财产损失、生态环境破坏和严重社会危害，危及公共安全的紧急事件"。[2]《突发事件应对法》第3条第1款规定："本法所称突发事件，是指突然发生，造成或者可能造成严重社会危害，需要采取应急处置措施予以应对的自然灾害、事故灾难、公共卫生事件和社会安全事件。"

可以看出，《总体预案》中关于"突发公共事件"的界定与《突发事件应对法》关于"突发事件"的界定，都是从广义的角度出发，都强调了事件的公共性，二者的内涵实际上是一致的。值得注意的是，自《突发事件应对法》出台之后，业界与学界较少地使用"突发公共事件""重大突发公共事件"等词语，较多地使用"突发事件""重大突发事件"等词语。笔者则主要使用"突发事件"一词替代"突发公共事件"进行表述，主要使用"重大突发事件"一词替代"重大突发公共事件"进行表述。笔者认为，重大突发事件是指突然发生的，造成或可能造成重大危害的各类紧急事件，包括自然灾害、事故灾难、公共卫生事件和社会安全事件等。

（二）重大突发事件的特点

重大突发事件除了具有一般突发事件的突发性、不确定性、危害性等特征之外，还具有影响范围的跨区域性、应急管理的巨成本性和事件应对的多主体性三大显著特征。

（1）影响范围的跨区域性。影响范围的跨区域性是重大突发事件区别于一般突发事件的显著特点之一，是指其在波及范围或危害影响方面的跨区域、跨层级性。根据《突发事件应对法》的规定，我国的突发事件应急管理实行

---

[1] 夏保成："西方应急管理学科内涵初探"，载《中国应急管理》2009年第10期，第16页。
[2] 参见《国家突发公共事件总体应急预案》。

"分级负责,属地管理"的体制,即事件发生在何地,就由当地人民政府负责突发事件应急管理。但重大突发事件一旦发生,事发所在地人民政府一般无法掌控事件发展态势或消除事件影响,波及范围已不局限于事发地行政区域,往往超出县域、市域或省域,即重大突发事件具有跨区域性或跨层级性。如"5·12"汶川地震波及范围之广,涉及川、陕、渝等10个省区市,417个县(市、区),受灾面积约50万平方公里,范围之广创历史之最。另外,有些重大突发事件虽然发生在地方某一特定区域,但影响力波及全国,对全国民众造成恐慌,如天津港"8·12"瑞海公司危险品仓库特别重大火灾爆炸事故、山东疫苗事件及上海"12·31"外滩拥挤踩踏事件等。

(2)应急管理的巨大成本性。伴随影响范围的跨区域性特征而来的是重大突发事件应急管理的巨大成本性。一方面,事件造成的巨大人员伤亡、财产损失成本巨大;另一方面则是事件应对的成本巨大。首先,若重大突发事件信息不公开,则会影响市场供求关系而加大应急管理成本,如"松花江水污染事件"引发市民"抢水囤水"风潮,增加了政府的应急管理成本。其次,重大突发事件发生后,政府需花费巨大的人力、财力及物力支出来控制事态、降低危害、恢复秩序。如天津港"8·12"瑞海公司危险品仓库特别重大火灾爆炸事故,政府部门需要巨额财政支出以解决受灾公众的房屋等财产损失。

(3)事件应对的多主体性。事件应对的多主体性是指重大突发事件应对主体的多元性和广泛性,不仅包括政府,还包括其他社会力量。首先,重大突发事件影响范围的跨区域性意味着其危害的巨大性,单靠事发所在地政府的力量无法掌控,需要联合上下级政府和其他受灾地政府共同参与,协同应对。其次,应急管理的巨大成本性意味着政府应急管理的大额支出,而政府力量有限,需要依赖外部力量的参与,形成应对合力。如"5·12"汶川地震中,正是因为来自四面八方的支援,众志成城,才取得抗震救灾的重大胜利。

(三)重大突发事件的分类

重大突发事件类型多样,纷繁复杂,根据不同的角度和标准可分为不同的种类。目前国际国内都有不少学者对突发事件的分类进行了探讨,笔者结合相关成果,参照突发事件的分类标准,将重大突发事件按以下几个角度进行分类:

(1)按照事件的发生过程、性质和机理分类。《总体预案》根据事件的发生过程、性质和机理这一分类标准将突发公共事件分为自然灾害、事故灾难、公共卫生事件、社会安全事件四类。[1]按照此标准，重大突发事件亦可分为以下四类：

第一，重大自然灾害类。主要包括各种重大气象灾害、重大旱涝灾害、重大地质灾害、重大海洋灾害、重大生物灾害和重大森林草原火灾等。

第二，重大事故灾难类。主要包括工矿商贸等企业的各类重大安全事故、重大交通运输事故、重大公共设施和设备事故、重大环境污染事故、重大生态破坏事件等。

第三，重大公共卫生事件类。主要包括重大传染病疫情、重大动物疫情、重大群体性不明原因疾病、重大食品安全和职业危害事故，以及其他严重影响公众健康和生命安全的事件。

第四，重大社会安全事件类。主要包括大规模的群众聚集对社会稳定以及公众的正常生活造成严重影响的恐怖袭击事件、经济安全事件和涉外事件等。

（2）按照事件的成因分类。按照重大突发事件形成原因的不同分类，可将其分为自然性重大突发事件和社会性重大突发事件。

第一，自然性重大突发事件。自然性重大突发事件实际上就是各种重大自然灾害，是指由自然环境因素引发的具有重大破坏性和危害性的紧急事件，也就是通常所说的"天灾"。自然性重大突发事件又可分为六个小类：①气象灾害，包括干旱、洪涝、冻害、雪灾、雹灾、高温热浪灾害、沙尘暴等；②地质灾害，包括火山、地震、山体滑坡、山体崩塌、地面塌陷、泥石流等；③海洋灾害，包括海啸、台风、风暴潮、赤潮等；④生态灾害，即森林火灾、草原火灾等；⑤生物灾害，包括各种农林病虫害；⑥其他自然灾害。我国地理环境复杂，气候多样，重大自然灾害频发，是世界上自然灾害最为严重的少数国家之一，给社会经济发展和人民生产生活造成严重影响。1976年的唐山大地震和2008年的"5·12"汶川地震就是典型的重大自然灾害。

第二，社会性重大突发事件。社会性重大突发事件通常具有人为特征，因此也可称为人为性重大突发事件，是指由于人的直接或间接原因所引起的重大突发事件，也就是通常所说的"人祸"。这类事件的发生常与安全意识淡

---

[1] 参见《国家突发公共事件总体应急预案》。

薄、决策失误、管理不当或者监管不严等人为因素密切相关。根据社会性重大突发事件动因的不同，又可将其分为人为失误因素造成的重大突发事件和人为故意因素造成的重大突发事件两类。人为失误因素造成的重大突发事件，即人的主观意志上并不希望其发生，却由于管理疏忽、工作疏漏、操作不当等因素导致其发生的重大突发事件。如"7·23"甬温线特别重大铁路交通事故发生的直接原因是信号灯显示错误，导致两车追尾相撞，暴露出部分工作人员安全意识不强、履责不力等严重问题，致使设备存在设计缺陷和重大安全隐患。

人为故意因素造成的重大突发事件，是指人主观上希望其发生，并采取某些手段致使其发生，以获得某种利益或达到某种目的的紧急事件。此类事故一般指战争、恐怖袭击等紧急事件，如美国"9·11"事件就是一起典型的人为策划的重大突发事件，死亡和失踪人数达2996人，是人类迄今为止发生的最为严重的恐怖袭击事件。在我国，突发事件占每年热点事件的比例达50%之多，而社会性突发事件又占突发事件的大部分，其危害不容小觑。

(3) 按照事件的可预测性分类。按照重大突发事件是否可预测分类，可以将其分为可预测的重大突发事件和不可预测的重大突发事件。

第一，可预测的重大突发事件。有些重大突发事件在爆发之前往往表现出一定的苗头或征兆，可以通过某种方式或手段对其是否发生的可能性做出预测和判断，此类事件就是可预测的重大突发事件。如干旱、洪涝、台风、地震等重大气象灾害，政府可通过气象观测来预测其能否发生。

第二，不可预测的重大突发事件。有些重大突发事件在发生之前很少出现征兆，或通过现有的科学技术手段还无法或很难预测和判断其是否发生的可能性，此类事件属于不可预测的重大突发事件。某些自然灾害如山体滑坡、泥石流、火山喷发等，基本很难被预测。某些社会性事件，如恐怖袭击、火灾事故等，也很难被预测。

(4) 按照事件的可控性分类。按照重大突发事件发生时是否可控分类，可将其分为可控性重大突发事件和不可控性重大突发事件。

第一，可控性重大突发事件。可控，即可以控制。有些重大突发事件的发生过程人力可以介入，并可通过采取某些措施来控制事态恶化和影响扩大，这类事件就是可控性重大突发事件。一般而言，某些自然灾害，如森林火灾、农林病虫害等是可控的，政府可以通过消防支援、喷洒药物等措施控制事态扩大；某些群体性事件、疫病疫情等，也是可以控制的。

第二，不可控性重大突发事件。有些重大突发事件的发生过程人力无法介入，不可防控，只能采取躲避、转移等方式来降低其危害性，这类事件就是不可控的重大突发事件。大部分的自然灾害，如地震、火山喷发、泥石流、海啸等的发生过程无法介入人力，即使预测到了，也无法阻止其发生，只能在其发生之后采取措施降低危害。此外，某些社会性重大突发事件，如道路交通事故，也是不可控的。

（四）重大突发事件的分级

重大突发事件的类型复杂多样，危害表现也不尽相同。对重大突发事件进行分级，目的是区分事件的严重程度、影响范围等，以便对不同级别的重大突发事件采取不同的应对措施，保证应急管理工作顺利开展。

《突发事件应对法》第3条第2款规定："按照社会危害程度、影响范围等因素，自然灾害、事故灾难、公共卫生事件分为特别重大、重大、较大和一般四级。法律、行政法规或者国务院另有规定的，从其规定。"以《突发事件应对法》第3条第2款为依据，本书所研究的重大突发事件包括特别重大和重大两个级别的突发事件。关于"重大突发事件"和"特别重大突发事件"的分级标准，我国已有明确统一的界定。《国家特别重大、重大突发公共事件分级标准（试行）》从事件性质、危害程度、影响范围、可控性四个角度入手，根据突发事件的分类，分别对自然灾害类、事故灾难类、公共卫生事件类、社会安全事件类四大类事件中的"特别重大"和"重大"进行了详细分级和界定，作为各地区、各部门对突发事件进行分级处置的依据。

根据《国家特别重大、重大突发公共事件分级标准（试行）》关于地质灾害的分级，明确规定了特别重大地质灾害包括："1. 因山体崩塌、滑坡、泥石流、地面塌陷、地裂缝等灾害造成30人以上死亡，或直接经济损失1000万元以上的地质灾害；2. 受地质灾害威胁，需转移人数在1000人以上，或潜在可能造成的经济损失在1亿元以上的灾害险情；3. 因地质灾害造成大江大河支流被阻断，严重影响群众生命财产安全。"重大地质灾害包括："1. 因山体崩塌、滑坡、泥石流、地面塌陷、地裂缝等灾害造成10人以上、30人以下死亡，或因灾害造成直接经济损失500万元以上、1000万元以下的地质灾害；2. 受地质灾害威胁，需转移人数在500人以上、1000人以下，或潜在经济损失5000万元以上、1亿元以下的灾害险情；3. 造成铁路繁忙干线、国家高速公路网线路、民航和航道中断,或严重威胁群众生命财产安全、有重大社会影响的地质灾害。"[1]

由于重大突发事件的危害表现各异,每一类事件关于"重大"和"特别重大"的界定标准都不相同。但不管是何种类型的突发事件,其中一条最重要的、共性的分级标准就是伤亡人数,如关于地震灾害的分级,死亡人数在50人~300人之间属于重大地震灾害,300人以上的属于特别重大地震灾害;而关于安全事故的分级,死亡人数在10人~30人之间的属于重大安全事故,30人以上则属于特别重大安全事故。由于重大突发事件分级标准并不局限于这一条,确定等级时需要结合重大突发事件的类别和其他标准(如经济损失、波及范围等)具体问题具体分析。

二、应急信息

"应急信息"是贯穿应急管理全过程的要素,是应急管理活动中极为重要的资源之一。在政府应急信息公开工作中,需要充分了解应急信息的内涵、内容构成和特点,形成对应急信息的正确认识。

(一)应急信息的定义

《现代汉语词典》将"应急"释为"应付迫切的需要"。"信息论之父"香农(Shannon)认为:"信息是用来消除随机不确定性的东西。"目前,学界关于应急信息的定义有很多,学者们在提及时大多以"与突发事件相关的信息"表示。也有一些学者试图寻找应急信息定义的理论解释。譬如,邱斌认为:"应急信息是指与应急管理相关的政治、经济、文化、军事等各方面的社会信息。"[2]金太军认为:"应急信息是在突发公共事件应对过程中,事件爆发、发展状态与后果呈现,主体认知、行为表现与行动支援等各方面的表征,是应急管理过程中极为重要的资源之一。"[3]吴建华提出独特见解:"公共危机信息是指在公共危机潜伏、爆发、缓解及消除的过程中形成的与在公共危机管理的预防阶段、监控阶段、应急阶段、恢复阶段产生的所有信息之和。它包括两个组成部分:①内生信息。即公共危机在其形成、发展过程中产生

---

[1]《国家特别重大、重大突发公共事件分级标准(试行)》。
[2] 邱斌:"上海世博会资源应急管理研究",上海交通大学2008年硕士学位论文,第19页。
[3] 金太军:"政府应急信息协调能力的提升:双重障碍与消解路径",载《晋阳学刊》2013年第6期,第86页。

的信息，如危机的征兆信息、危机爆发的标志信息、危机影响的数据信息等。②外生信息。即公共危机管理主体在其管理的各个阶段所形成的信息，如应急预案、调查报告、警报、命令、通告、评估结果、总结报告等。"[1]

综上所述，应急信息是指一切与突发事件应急管理有关的诸要素、物质和过程等各方面的信息之和，也就是与事件相关的各种文件、数据、情报资料的总称。

(二) 应急信息的内容构成

在各种突发事件应急管理过程中，会形成大量的应急信息，其内容构成也十分复杂。有学者按照突发事件发展的生命周期，将政府应急信息发布内容分为事前、事中和事后三个阶段。[2]笔者认为，应急信息内容的构成，可从两个方面去理解：一是关于突发事件本身的信息，二是突发事件应急处置的信息。

关于突发事件本身的信息。事件发生的征兆、时间、地点、性质、类别、原因、危害程度、波及范围等都属于事件本身的信息。按照突发事件的发展阶段，突发事件本身所包含的信息又可分为事前信息、事中信息和事后信息。

事前信息，也称风险或隐患，指突发事件发生之间所表现出的苗头和征兆。这些信息通常具有不确定性和隐蔽性，容易被忽视，但其是预测和判断事件发生发展趋势的主要依据。如"5·12"汶川地震爆发之前，曾出现大规模的蟾蜍迁徙现象，这就是事件发生的征兆，即事前信息。此外，气象灾害如台风、洪涝等发生之前，气象部门观测到的数据也属于事件本身所包含的事前信息。

事中信息，即突发事件发生发展过程之中，事件本身所包含的信息。某些信息只有在事件发生后才被人们所知悉与获取，如事件发生的时间、地点、性质、危害程度等。事中信息常随事件的发展而变化，具有不确定性和时效性。如"7·21"北京特大暴雨事故，发生时间为2012年7月21日，事件性质为自然灾害，这些都是在事件发生之后才能得知的信息，属于事件本身所包含的事中信息。

---

[1] 吴建华："试论公共危机信息收集的范围与渠道"，载《情报科学》2007年第3期，第377页。
[2] 覃艳丽："重大突发事件政府应急信息发布内容研究"，湘潭大学2015年硕士学位论文，第24页。

事后信息，即突发事件平息或结束之后，事件本身所包含的信息。事件发展过程中的信息处于不断变化的状态，只有待事件结束后才能固化与静止，这些最终形成的信息就是事后信息，如事件的影响范围、损失后果等。事后信息通常具有准确性等特点，是存档备查的信息资料。如2013年"11·22"青岛输油管道爆炸事件，造成62人遇难，136人受伤，直接经济损失达7.9亿元，这些信息都是事件结束之后政府统计的结果，是突发事件本身所包含的事后信息。

关于突发事件应急处置的信息。政府部门在应急管理过程中所采取的处置方案和措施、救援情况、外界捐款捐物、事件处理结果、恢复重建等信息都属于事件处理过程中所形成的信息。按照突发事件发生、发展的生命周期，突发事件应急处置的信息也可分为事前信息、事中信息和事后信息。

事前信息，即事件发生之前，政府对突发事件的先兆和风险隐患进行处理所形成的信息、政府为应对突发事件所做的准备工作等一切事发之前经过人为处理所形成的信息。如风险隐患的监测排查信息、灾情预测信息、预警预报信息、资源准备与调度信息，都属于事前信息。如2016年"7·21"北京特大暴雨事故发生之前，北京市气象局在7月20日曾两次发布专题预报，21日连发五个预警，并将预警级别调整为橙色，这些都是事前处理过程中所形成的信息。

事中信息，即事件发生之后，政府在应对过程中所采取的处置措施、应对方案等信息，也包括其他非政府力量在共同参与应对过程中所形成的信息。如2011年"7·23"甬温线特别重大铁路交通事故发生之后，温州市政府立即紧急调动市消防支队22个消防中队、51辆消防救援车和市区及周边县（市）消防部队官兵、公安民警3000多人及温州军分区官兵200多人迅速投入抢险救援。[1]这些都是事件发展过程中所形成的处理信息。

事后信息，即事件平息或结束之后，所形成的总结信息和恢复重建工作当中所形成的信息，包括事故认定、责任追究、补偿赔偿、生产生活恢复等方面的信息。如"11·22"青岛输油管道爆炸事件结束之后，对中石化集团

---

[1] "'7·23'甬温线特别重大铁路交通事故调查报告"，载http://www.chinasafety.gov.cn/newpage/Contents/Channel_21679/h2011/1228/244874/content_244874.htm，最后访问日期：2016年5月29日。

公司董事长傅成玉等48人给予党纪、政纪处分;"5·12"汶川地震恢复重建工作投入了近8000亿元的巨量资金,完成了2700多个项目,等等。这些信息都是典型的事后处理过程中所形成的信息。

(三) 应急信息的特点

应急信息贯穿于应急管理全过程,具有以下几个基本特点:

(1) 数据量大。应急信息在突发事件发生时可能会井喷式出现,数据量巨大。同时,突发事件应急管理与事件发生地的人口、社会经济状况、当地的警力、医疗等密切相关,即应急信息的范围覆盖到公安、消防、卫生、交通、环保、市政、安全生产、工商、气象、地质、防汛等众多部门和领域,形成海量的多层次、多元化的信息。

(2) 时效性。突发事件本身具有不断变化的特征,应急信息也动态变化,表现出很强的动态性和时效性。时效性往往决定了突发事件信息的价值。应急信息有其生命周期,超出周期范围,应急信息就可能会失效;反之,应急信息使用越及时,时效性就越强。由于突发事件的突然性和危害性,必须在第一时间迅速响应,才能降低突发事件的危害,防止事态恶化。可见,应急信息比其他信息资源具有更强的时效性。

(3) 不确定性。突发事件应急管理的不确定性决定着应急信息的不确定性。首先,应急信息自身的不确定性。突发事件类型多样、异常复杂,事件发生的原因也错综复杂、相互交织,使得突发事件发生的时间、地点、规模及其造成的后果等信息均具有不确定性。其次,应急信息传播过程中的不确定性。在突发事件发生发展过程中,由于受各种主客观因素的影响,个别媒体的故意夸大其词或歪曲报道,导致应急信息在传递过程中很容易出现失真或前后不一致等现象,从而使得应急信息表现出诸多不确定性或不稳定性。

(4) 不充分性。突发事件发生后,原有的信息渠道可能遭到破坏,再加上个别部门的可能迟报、谎报、瞒报或漏报,极易造成信息传递传播不充分,导致流言四起。如在"5·12"汶川地震中,强震摧毁了灾区与外界联系的一切信道,以至于在震后几天里重灾区一度与外界隔绝,受灾地区内部的信息交流、灾区与外界的信息沟通无法有效进行,灾情信息无法传递出去,使得掌握着关键救灾物资的外界很难了解受灾的准确情况,影响着救援行动的开展。

(5) 公共性。突发事件具有公共性,其一旦爆发,会对公共安全、公共秩序以及公众的生命、财产等构成不同程度的破坏或威胁,不仅影响公共利益,同时也影响公众的正常生活,扰乱社会秩序,需要足够的公共资源才能有效应对。一般而言,信息与信息基础设施可视为公共物品,应急信息更具有显著的非排他性,[1]是突发事件应急管理中重要的公共资源,具有公共属性,对有效应对突发事件至关重要。

三、应急信息公开

应急信息公开是应急管理工作的生命线。对政府应急信息公开的研究,离不开对应急信息公开定义、内容构成和目的的分析。

(一) 应急信息公开的定义

目前,学界已有不少学者对政府信息公开的概念和突发事件背景下政府信息公开的概念进行了探讨。有学者认为,政府信息公开的概念可从狭义和广义两个方面进行理解。狭义上的政府信息公开又称政务公开,意即政府行政机关通过电视、广播、报纸等各种适当方式,将其所掌控的反映政务活动情况的数据信息、情报资料等公之于众,并允许公众通过阅览、下载、复制等方式依法进行利用,属于日常办事制度层面的公开。[2]而广义的政府信息公开的概念则要广阔得多,包括政务公开和信息公开两方面的内容,不仅要求政府部门将反应政务活动的数据信息进行公开,还要求将其所拥有的其他信息进行公开,使得社会组织和公众能顺利获取上述信息。[3]

袁维海指出,突发事件背景下的政府信息公开,是政府依照法定程序将其在应急管理中拥有或获取的各类信息主动向公众发布的一系列活动过程,应急信息公开的主体是各级人民政府,对象是突发事件应急信息,客体则是广大社会公众。[4]

由此可见,政府应急信息公开,是指在突发事件将要发生或发生之后,

---

[1] 沙勇忠、高闯:"应急信息资源配置研究",载《信息资源配置理论与模型研究——2009信息化与信息资源管理学术研讨会专集》,武汉大学信息资源研究中心,2009年,第5页。

[2] 姜秀敏:"论突发事件管理中我国政府信息公开建设",载《东北大学学报(社会科学版)》2009年第1期,第56~60页。

[3] 马荔、李欲晓:"非常规突发事件中政府信息公开机制研究",载《生产力研究》2010年第6期,第6~8页。

[4] 袁维海:"突发事件管理中的政府信息公开",载《中国行政管理》2011年第1期,第66~68页。

政府依照法定程序，在事前准备、事中处置、事后恢复三个阶段，有计划地将突发事件本身的信息、事件处置过程中形成的信息对外发布的一系列活动过程。

（二）应急信息公开的内容

应急信息公开是紧急状态下政府开展的一项信息管理活动，主要目的是为了有效预防和紧急处置各种突发事件。一般而言，应急信息公开工作主要由主体、本体、客体和方式四个方面所组成，其中主体是指负责应急信息公开工作的部门及人员；本体是指公开的应急信息；客体是指接收应急信息的具体对象；方式是指公开应急信息的途径或工具。在本书中，笔者主要对应急信息公开的主体、本体以及方式进行重点探讨。

关于应急信息公开的主体。政府存在的目的是维护社会公共利益，进而维护每个公民的利益，保障每个公民的权益，即为人民服务，政府是公共服务的责任主体。从本质上来说，突发事件应急信息的收集整理、组织加工、公开发布等工作是政府在危机情境下履行的一项社会公共服务职能。政府作为公共信息的最大拥有者和管理者，一旦突发事件发生，就是权威的合法的应急信息公开主体。

我国应急管理坚持"统一指挥、综合协调、分类管理、分级负责、属地管理为主"的原则，应急信息公开的主体一般为履行统一领导职责和突发事件应对处置职责的人民政府，对事发所在地的突发事件进行属地管理。就重大突发事件而言，其影响范围广，非事发所在地政府所能掌握，需要政府职能部门间的联动协作。随着应急管理主体的多元化，应急信息公开也出现了多个主体，各主体都能在职责范围内公开突发事件应急信息，但公开的口径与内容须保持一致。

随着信息技术的日益发展和广泛应用，政府应急信息公开职能可能会逐渐交由一些媒体机构承担，但媒体机构的应急信息来源依然是政府，若不能很好地满足社会公众的需要，发挥应急信息应有的价值，最终承担责任的还是政府。

关于应急信息公开的本体。相对于主体而言，应急信息公开的本体是指公开的各种应急信息。突发事件发生发展的生命周期，一般可以分为事发前、事发中、事发后三个阶段。相应地，应急信息公开的本体也可分为：事前应急信息、事中应急信息和事后应急信息。

（1）事前应急信息。事前应急信息指的是突发事件发生之前的信息，这阶段是事件的前兆阶段。为防患于未然，政府有必要及时、全面、准确地将所掌握的信息向社会公众公开，包括事件发生的先兆现象、风险隐患的排查处理、可能发生的突发事件的类型、级别、性质、可能影响范围、可能导致的结果、起始时间、警示事项等，以引起公众的重视，便于公众做好充分的准备，在面对突发事件时临危不乱、从容不迫。政府还可利用各种信息公开渠道进行专题报道，将以往发生过的类似突发事件相关信息进行汇总整理、总结经验，将政府的应对计划、公众可采取的应急自救措施、相关注意事项等集中发布，供公众参考借鉴，作为公众应对突发事件的行动指南。公开事前应急信息是增强公众自信心、降低事件危害、提高突发事件处置效率的客观要求。

（2）事中应急信息。事中应急信息指的是突发事件发生之后的信息，也是指事件紧急处置过程中所形成的信息。一方面，政府应将事件处理的政策性信息进行公开，如是否成立事故调查小组、小组成员名单、事件的整体定性、政府针对此次事件制定的政策、相关领导人的讲话和指令等。如"7·23"甬温线特别重大铁路交通事故发生之后，政府组织召开现场会，指示成立事故救援和善后工作指挥部，并宣布成立事故调查小组，公布了成员名单。另一方面，政府应将事件处理过程中的事务性信息进行公开，如事故中的人员伤亡情况、政府应急措施的效果、救援情况进展、具体的幸存者人数、财产损失情况、社会力量参与情况、各方捐助情况、商品供应情况、应急通信情况等。事中应急信息的公开须同时注重这两点：坚持充分及时、坚持客观全面。不可厚此薄彼，避免避重就轻、避实就虚等问题出现。公开事中应急信息，是安抚公众情绪、引导社会舆论、稳定社会秩序、赢得公众信任的重要手段。

（3）事后应急信息。事后应急信息主要指突发事件平息或结束之后的信息。突发事件事态得到遏制，并不意味着应急信息公开工作的终结，恢复阶段的信息公开也需要引起政府的高度重视。概括而言，事后应急信息主要包括以下四个方面内容：第一，损失核对信息。突发事件结束之后，政府需组织人员对事件造成的损失进行统计估算，具体经济损失情况、受灾群众的救济赔偿情况等信息都属于评估信息，政府有必要将其公开。第二，恢复重建信息。政府需指导灾区开展恢复重建工作，政府提出的恢复重建建议和计划、恢复重建工作的具体执行情况、社会捐赠的具体去向等信息，都是公众渴望知悉的信息，政府有必要将其公开。第三，事件问责信息。政府应对事件处置不当或作为不力的部门及人员进行查处，其失责的具体表现、查处的人员名单和处理结果等信息，是公众评估政府态度和担当的依据，也应公开。第四，经验教训信息。此次事件应对过程中出现的问题及改进对策、积累的经验等信息是应急管理工作的宝贵财富，也可以向社会公开。

关于应急信息公开的方式。政府应急信息公开的方式可分为传统公开方式和新兴公开方式。每一种方式各有其优劣，政府在利用时应具体情况具体分析。

（1）传统公开方式。传统的应急信息公开方式主要包括报刊、电视、广播、新闻发布会等，在应急信息公开工作历史上扮演过重要角色。这些方式具有直接、清晰、传播范围广等特点，但又不可避免地存在一些缺陷。如报刊由于制作时间的限制，存在信息公开不够及时的弊端；电视、广播等方式公开应急信息通常是单向传递的，公众单方面接受应急信息，难以形成交流反馈，而且电视、广播等媒体往往依附于政府，存在着一定的行政干预现象，报道内容通常侧重于正面宣传；新闻发言人制度尚不完善，存在人选不当、素养不高、发布会更新不及时、协调不力等问题。2011年"7·23"甬温线特别重大铁路交通事故发生26小时之后，王勇平作为铁道部新闻发言人，在回答媒体提问时却显得稀松平常，面带微笑，语出惊人，"这只能说是生命的奇迹""至于你信不信，我反正信了"等话语脱口而出，成为当年的网络热词，从中也暴露出新闻发言人的不足。

（2）新兴公开方式。新媒体技术的发展日新月异，政府应急信息公开的方式也不再局限于报纸、电视、广播等传统方式，继门户网站成为各级政府应急信息公开的第一平台之后，官方微博、微信、手机短信等新兴方式逐渐成为应急信息公开的"新宠"。中国互联网络信息中心（CNNIC）第49次报告显示，截至2021年12月，我国网民规模达10.32亿，较2020年12月增长4296万，互联网普及率达73.0%；即时通信等应用基本实现普及；我国网民使用手机上网的比例达99.7%，手机仍是上网的最主要设备；网民中使用台式电脑、笔记本电脑、电视和平板电脑上网的比例分别为35.0%、33.0%、28.1%和27.4%；在网民中，即时通信、网络视频、短视频用户使用率分别为

97.5%、94.5%和90.5%,用户规模分别达10.07亿、9.75亿和9.34亿。[1]新兴应急信息公开方式具有传播速度快、影响范围广、可形成双向信息流等优势,但其开放性、对受众信息素养要求高、建设水平参差不齐等特点致使其存在整体利用率较低、管理困难等缺点。以2013年4月雅安地震为例,地震发生后,不明人士利用微博、微信等网络平台散布谣言,"航空公司坐地起价""救灾军车坠崖"等虚假消息充斥网络,导致公众情绪紧张,一定程度上影响了抗震救灾工作的开展。

第二节 政府应急信息公开的理论依据

政府应急信息公开是政府应急管理与信息公开交叉融合而成的一个全新的研究领域,不仅是政府应急管理工作的现实需要,而且有着充分的理论依据,如人民主权理论、知情权理论、危机沟通理论、新公共服务理论,等等。政府应急信息公开工作的开展,既离不开这些理论的支持,也需要基于这些理论的内在要求,寻求科学的价值取向与实现路径。

一、人民主权理论

人民主权论最早产生于17世纪的西方国家,英国资产阶级启蒙思想家洛克是当时人民主权论的代表和集大成者,分别以自然状态说、天赋人权论和社会契约论论证国家和政府的权力来源于人民并最终属于人民这一观点。洛克认为,在进入政治社会之前人人都是自由的,都处于自然状态中,依据"自然法"来维护自己的利益和社会秩序,每个人都是自己的法官。由于"自然法"显露出种种不便,人们便签署社会契约拿出自己的一部分权力成立国家和政府,以保护财产。国家和政府通过建立法律来达到这个目的,立法权是国家的最高权力,却要受人们意志的约束,立法机关是受人们的委托行使权力,当其违反人们订立社会契约的初衷时,人们有权反抗甚至将其推翻。[2]在洛克看来,国家和政府是人们为了更好地维护自身利益,签署社会契约转

---

[1] 中国互联网络信息中心(CNNIC):"第49次《中国互联网络发展状况统计报告》",载 http://jswx.gov.cn/chuanbo/wangluo/202202/t20220225_2953112.shtml,最后访问日期:2023年9月26日。

[2] [美]科恩:《论民主》,聂崇信、朱秀贤译,商务印书馆1988年版,第159页。

让权力而成立的集合体，是社会契约的产物，是在人民的同意之下建立的，其行为必须遵守社会契约，否则，人民可以反抗或撤换。

以洛克为代表的人民主权理论，主张的是个人权利，实际上是一种"权力分立"理论，它作为现代意义上的人民主权理论之一，在西方资产阶级革命当中发挥了重要作用，得到了现代国家的普遍应用和践行，纷纷以宪法形式确立了人民主权原则。

卢梭是人民主权理论的另一位代表人物，与洛克不同的是，卢梭强调实际的人民主权，他继承和发展了洛克的思想，系统提出了人民主权理论。卢梭在《社会契约论》中明确提出"公意"概念，这是他的人民主权理论的逻辑起点。卢梭人民主权理论的内容，概括而言，主要包括三个方面：①人民主权理论的基础：国家主权应当属于人民，并为人民的"公意"所指导。②人民主权的基本属性：人民主权既不可以转让，也不可以分割。③人民主权的核心：立法权必须属于人民，立法者必须无比公正。

总体看来，人民主权理论的兴起，不仅是当时资产阶级革命的重要理论依据，而且也可作为政府应急信息公开工作开展的理论依据。

首先，从行政权力的来源看，国家机关的权力不是其所固有的，而是人民所赋予的，国家和政府只是代为行使人民权力，正是有了人民的赋权，政府行使权力才具备正当性和合法性。如我国《宪法》第2条第1款、第2款规定："中华人民共和国的一切权力属于人民。人民行使国家权力的机关是全国人民代表大会和地方各级人民代表大会。"《宪法》第3条第2款、第3款规定："全国人民代表大会和地方各级人民代表大会都由民主选举产生，对人民负责，受人民监督。国家行政机关、监察机关、审判机关、检察机关都由人民代表大会产生，对它负责，受它监督。"政府有关部门在突发事件情境下必须公开应急信息，自觉接受人民的监督，以便人民对政府的应急管理行为作出准确的评价。突发事件应急信息的公开，是人民的意愿，是民心之所向，是公众之所需。如果信息不公开，有关部门故意隐瞒有关信息，必将造成人民利益的受损，从而违背了全体社会公众的共同利益和共同意志。

其次，从权力行使的目的来看，行政权力行使的唯一目的是维护人民的根本利益。《宪法》第27条第2款规定："一切国家机关和国家工作人员必须依靠人民的支持，经常保持同人民的密切联系，倾听人民的意见和建议，接受人民的监督，努力为人民服务。"突发事件应急管理过程中，政府有关部门应本着全心全意为人民服务的理念,将那些与公众有关的信息或者公众需要知道的信息进行公开,保障公众的知情权,从而也保障公众的参与权,防止政府权力的滥用。

可见,人民主权理论可以作为政府应急信息公开的理论依据。人民公共意志的体现,共同利益的维护,离不开信息的公开,公开才能赢得公众的信任;而公众对政府应急信息公开工作的满意度源自信息的透明公开。依据人民主权理论,政府作为人民主权的代理人,理应对权利的委托人——人民负责,即政府有义务、有责任向人民公开突发事件的政府应急信息,这是人民"公意"的体现,也是服务型政府、责任型政府的体现。

二、知情权理论

知情权,又称信息权、了解权,是公民最基本的人权之一,是公民作为独立主体行使权利的前提和基础。知情权的内容包括三个方面:①知悉和接受信息的权利;②获取信息的权利;③知悉和获取信息不受干预和阻碍的权利。知情权的概念由来已久,早在1945年,美国记者肯特·库柏就在一次演讲中首次提出了"知情权"概念。针对当时美国政府过分强调信息保密,任意扩大保密权限,消极对待政府信息公开的情况,库柏呼吁政府应扩大信息公开范围,公民应享有更广泛的知情权,并应得到政府的尊重。

第二次世界大战之后,知情权开始得到各国的广泛重视,从一项应然权利渐渐转变为一项法定权利。1948年12月10日,联合国大会通过第217A(Ⅱ)号决议并颁布《世界人权宣言》,将"信息权利"作为人权的一个方面写入了《世界人权宣言》第19条:"人人有权享有主张和发表意见的自由;此项权利包括持有主张而不受干涉的自由,和通过任何媒介和不论国界寻求、接受和传递信息和思想的自由。"[1]各国纷纷以法律形式确认了公民的知情权。如美国国会制定的《信息自由法》和《阳光下的政府法》,瑞典的《出版自由法》,日本更是直接将公民知情权写入《宪法》,各国虽在条文表达上有所差别,但都是对公民知情权的重视和肯定。虽然我国《宪法》中没有明确出现"知情权"字眼,但其条文精神却充分体现出国家对知情权的确认和

---

[1] 李昕:"论突发性事件应对中公众知情权的保障",载《忻州师范学院学报》2010年第1期,第96页。

保障。

知情权作为一项基本人权，是公民其他权利得以实现的基础和前提。众所周知，突发事件，尤其是重大突发事件，往往具有突发性、不确定性、资源严重缺乏性以及损害严重性等特点，其一旦发生，若政府有关部门未及时做好应急信息公开工作，没有将事件本身的信息以及处理过程中的有关信息及时、准确、全面地对外发布，有关公众特别是身处事发地的公众则会处于一种茫然不知所措的状态，并可能被小道消息所误导而无法正确地采取自救互救的措施，最终可能会导致生命财产安全得不到有效保障。也就是说，在突发事件情境下，如果公民的知情权得不到保障，很可能会损害公民的生命权、财产权等。

知情权作为一项基本的人权，也是一种信息权利。突发事件面前，人人都有知晓事件真相的权利，人人都有知情的自由。知情自由是指在法律规定的范围内，社会各主体、阶层，有权自由地获取信息。[1]这不仅是知情权理论的内容，也是法律的规定，更是人民公共意志的体现。各种突发事件，无不涉及公民的切身利益，亦需要社会公众的共同参与、献计献策。《政府信息公开条例》中明确规定，政府应当主动公开涉及公民、法人或者其他组织切身利益的、需要社会公众广泛知晓或者参与的信息。"5·12"汶川地震抗震救灾的胜利，离不开抗震救灾信息的及时公开，离不开四面八方的有效支援。这说明，知情权理论对政府应急信息公开具有重要的指导意义。突发事件发生后，政府有关部门必须及时、准确、全面地公开相关应急信息，保障公众的知情权与参与权等，才能使突发事件的防控工作具备坚实的群众基础，形成突发事件应对的合力，从而战胜各种突发事件。

知情权理论是政府应急信息公开最直接的理论依据。政府应急信息公开是"知"的权利的实现方式，公民有权利向政府获取突发事件相关信息，而政府有关部门有义务对此作出回应。在突发事件情境下，公民基于对未知的恐惧而导致知情权极度扩张，对政府产生一种强烈的导向需求，即对于突发事件的知悉并期待被指导的要求，以获得确切的信息保障自身权益。只有政府做到及时地公开应急信息，公众才能知悉政府在突发事件应急管理中做了什么事情，怎么做的，做得怎样，才能参与到应急管理过程中来，公民的知

---

[1] 卢梭：《社会契约论》，何兆武译，商务印书馆1980年版，第56页。

情权才能从法定权利真正转变为现实权利。

三、危机沟通理论

危机沟通理论来源于危机管理理论。学界认为，加强危机处理过程之中的信息公开与沟通，争取公众的理解与支持是危机管理的首要策略。学界很多关于危机管理的著作中常把危机管理称之为危机沟通管理。一般而言，危机沟通是双向的，包括两个方面的内容：一是政府向公众公开危机信息；二是公众关于危机信息给予政府的反馈。危机沟通的实质是在危机管理过程中，政府与公众进行危机信息的交换和交流，以满足公众对于危机信息的需求，赢得公众的理解和支持，使得双方在危机管理之中发挥最大的效用，达到有效管理和控制危机的目的。

危机沟通理论的代表人物主要有美国危机管理专家罗伯特·希斯、英国危机公关专家迈克尔·里杰斯特。罗伯特·希斯认为，危机管理最重要的内容就是对危机信息的管理，危机沟通是危机管理中的一项核心任务，是最重要的工具，如果危机管理者与陷入危机者之间缺乏有效的信息交流与沟通，就无法评估危机的危害程度，无法实施正确的危机管理措施。[1]可见，高效的危机管理要求政府掌握主动权，保持与公众之间的顺畅交流与沟通，以减少危机造成的不利影响，防止事态恶化，进而化解危机。迈克尔·里杰斯特则提出了著名的危机处理的"3T"原则，包括：①"Tell You Own Tale"（以我为主提供情况），强调组织应掌握危机信息公开的主动权，积极与公众和媒体进行沟通，表明态度，引导舆论；②"Tell It Fast"（尽快提供情况），强调组织应在第一时间做出反应，及时公开信息，并持续不断公开信息，以遏制流言，稳定民心；③"Tell It All"（提供全部情况），强调组织公开信息应全面、真实，毫无保留，充分显示诚意，以赢得公众的理解与支持。[2]

应急管理实践证明，如果突发事件发生后，政府有关部门之间未能很好地进行沟通，事件信息则无法如实上传，领导部门亦无法进行科学决策，即使作出了行动的决策，也是缺乏有效沟通的决策，使得决策信息难以得到贯

---

[1] ［澳］罗伯特·希斯：《危机管理》，王成、宋炳辉、金瑛译，中信出版社2001年版，第103~104页。

[2] ［英］迈克尔·里杰斯特：《危机公关》，陈向阳、陈宁译，复旦大学出版社1995年版，第96页。

彻执行，因而很有可能错失事件处理的最佳时机，不利于事件的有效解决。同理，政府有关部门如果不与媒体、公众进行有效沟通，政府权威的信息则无法通过各种媒体进行报道与传播，公众因而无法知晓事件的真相，谣言、小道消息就会四处蔓延，从而影响政府应急管理工作的开展。

危机沟通理论作为突发事件应急信息公开的理论依据之一，对政府应急信息公开工作具有重要的理论价值，它有助于促进政府与媒体、公众之间的有效沟通。依照危机沟通理论，政府必须坚持以人为本，执政为民，通过积极引导各种媒体对突发事件应急管理的报道与传播，科学引导舆论的关注，实现政府与公众之间的良性互动，争取公众的理解、支持与配合，充分调动公众的力量来化解危机，从而提高突发事件应急管理的效率。

四、新公共服务理论

新公共服务理论作为一种新的公共行政学理论，是在批判和反思新公共管理理论的基础上发展起来的。新公共管理理论强调效率，在组织结构上，其提倡小规模、扁平化的组织模式；在管理方式上，其提倡大量采用私营部门的管理方式和手段；在政府与市场的关系上，其提倡政府放松干预和管制，并在政府系统中引入竞争机制，提倡管理的市场化。新公共管理理论认为，私营部门的管理理论和方法要优于公共部门，公私之间并无本质的区别，私营部门的管理实践和技术也可用于公共部门。新公共管理理论在一定时期内顺应了时代发展的潮流，得到了提倡和推崇。但随着时代的进步和理论的发展，越来越多的学者对新公共管理理论提出了质疑，这也从不同程度上证明了新公共管理理论的局限性。在诸多批判性理论中，最具代表性的就是以美国公共行政学家罗伯特·登哈特为代表的一批学者所提出的新公共服务理论。

新公共服务理论强调以公民为中心，强调政府与公众之间互利合作的关系，认为政府不应像私营部门那样运作，而应作为一个民主政体进行运作，行政官员应该要通过倾听公众的声音而不是发号施令，要通过提供服务而不是掌舵来获取公众力量和反馈信息。概括而言，新公共服务的基本内涵包括：①服务于公民，而不是服务于顾客；②追求公共利益；③重视公民权胜过重视企业家精神；④思考要具有战略性，行动要具有民主性；⑤承认责任并不简单；⑥服务，而不是掌舵；⑦重视人，而不只是重视生产率。[1]

党的十六届六中全会首次提出要建设服务型政府，强化社会管理和公共服务职能。服务型政府的建设，要求政府全心全意为人民服务，追求公共意志与公共利益；要求政府应急信息公开工作也要坚持人民利益至上，政府有关部门需要为公众提供及时、准确、全面的信息服务，满足公众的信息需求。可见，新公共服务理论不仅有助于建立政府与公众的协商对话机制，也是突发事件应急信息公开工作开展的重要理论依据。

首先，新公共服务理论的服务理念实际上就是以人为本思想，这也正是应急信息公开所追求的终极目标。政府在突发事件应对中要树立以人为本、服务于民的观念，尊重并维护公众的权利。若没有信息公开，也就没有尊重公民权利，没有公众的参与，政府应急管理就失去了群众基础，失去了人民群众的支持，政府应急管理工作不可能成功。

其次，新公共服务理论以公共利益为基础，突发事件具有公共性、影响范围广、危害大等特点。政府要在应急管理中追求公共利益的最大化，需要重视信息公开工作，坚持一切从人民群众的根本利益出发，为广大公众提供优质、高效的信息服务，实现应急信息的公开、透明，保障公众的知情权，积极动员公众参与到应急管理工作中来，营造公众参与政府应急管理工作的氛围，完善有利于公众参与的制度，创造多样化的参与形式，众志成城，共同应对各种突发事件。

第三节　政府应急信息公开的价值取向与原则要求

政府应急信息公开的目标与使命就是要实现公众的知情权等权利，防止谣言四起，稳定社会秩序，助推政府应急管理工作有效开展，提升政府形象。而要实现这一目标与使命，政府应急信息公开工作需要找准自身定位和价值取向，遵循一定的原则要求。

一、政府应急信息公开的价值取向

在政府应急管理过程中，特别是重大生产事故与重大社会安全事件的应

---

[1] [美] 珍妮特·登哈特、罗伯特·登哈特：《新公共服务：服务，而不是掌舵》，丁煌译，中国人民大学出版社 2004 年版，第 40~41 页。

急管理过程中，往往存在信息瞒报、虚报、谎报、漏报、迟报、不报等现象。为了防止这些不良现象的发生，政府应急信息公开工作的开展需要秉承科学的价值取向。所谓价值取向是指一定的主体以某种价值观为指导，根据一定的价值标准，对价值目标进行价值选择和价值决策的行为倾向。价值取向使主体的行为指向一定的价值目标，即对主体行为在价值选择中具有定向功能和选择功能。[1]政府应急信息公开的价值取向是政府部门在政府应急管理过程中需要遵循的基本思想和行为准则，它决定了应急信息公开工作的成功与否。概括而言，在政府应急信息公开工作中，坚持科学的价值取向，对于突发事件的有效解决、公民知情权的保障、政府形象的确立等均具有重要的现实意义。

（一）坚持及时性价值取向，推进服务型政府建设

（1）坚持政府应急信息公开及时性价值取向的意义。当前我国正处于经济转轨、社会转型的特殊历史时期，自然灾害、事故灾难、突发公共卫生事件和社会安全事件等各种突发事件频繁发生，直接给国家经济和社会发展带来严重损失。面对各种突发事件的威胁，加强政府应急管理工作，增强应对突发事件的能力，已成为我国各级政府部门长期面临的重要课题。诸多应急管理实践证明，在政府应急管理过程中，信息公开对于政府应急管理工作的成败起到了至关重要的作用，可以说，政府应急管理的第一要务就是信息公开。突发事件发生后，政府部门在第一时间对外发布信息，抢占信息制高点、主动权，能够有效防止谣言的传播，减少公众的恐慌心理，抓住突发事件处理的最佳时机，广泛动员社会各界力量共同应对突发事件。2010年4月14日7时49分，青海玉树发生7.1级大地震，新华社于当日8时6分18秒就发出首条英文快讯，并通过新华新闻电视网进行电视播报。正是由于信息公开及时，第一时间通报地震的情况和采取的措施，有效缓解了公众的心理压力和恐慌情绪，增强了公众对政府应急管理工作的信心以及参与抗震救灾的热情。

（2）政府应急信息公开不及时的危害。信息具有时效性，政府应急信息公开工作必须坚持及时性价值取向。如果错失良机，时过境迁，信息就会失去时效性；并且不及时公开突发事件信息会导致有关部门或公众因不知情而

---

[1] 王协舟、盛志喜："政府信息资源公共获取的目的性价值取向——基于不同学科视角的分析"，载《情报理论与实践》2009年第9期，第23~26期。

错过应对事件的最佳时机，进一步加大事件处理的难度和加剧损失的严重程度。

（3）实现政府应急信息公开及时性价值取向的思考。信息的本质之一就是其时效性，缺乏时效性的信息是毫无价值的信息，这是信息学的基本原理。[1]突发事件发生后，公众需要第一时间获取应急信息。及时公开应急信息是保证政府应急管理工作有效开展的首要条件，也是真正实现公民知情权的内在要求。公众及时获取应急信息，不仅能有效地参与或配合政府应急管理工作，还能有效监督政府的应急管理行为，保证政府应急管理工作的客观性、科学性与有效性。相反，如果应急信息迟迟不公开，时过境迁，信息不仅会贬值，效用也将会降低。人民网舆情监测室主任分析师庞胡瑞指出，在面对大型危机事件时应该坚持信息的公开性和及时性，要让透明的信息成为官民的"粘合剂"，让及时的传播成为谣言的"稀释剂"。[2]

追求及时性价值取向，政府应急信息应在第一时间为最广泛的社会公众所获知，不错过处理问题的最佳时机。这是增强政府应急管理时效性的内在要求，是提高政府应急管理能力的必然要求，也是增强政府公信力和推进服务型政府建设的客观需要。政府部门应遵循"第一时间"公开原则，明确规定不同类型、不同级别突发事件信息发布的时限要求，追求应急信息公开的"时间第一、速度第一"，及时主动对外发布信息，第一时间抢占信息发布制高点，把握信息发布的主动权。事前，第一时间将事件征兆信息发布给有关部门及公众，使之做好防范准备；事中，第一时间将突发事件发生发展情况及采取的应对措施等向有关部门及公众披露，使之做好紧急应对准备；事后，第一时间通报事件造成的损失以及善后处理有关情况，使之做好恢复重建的准备。

（二）坚持准确性价值取向，推进责任型政府建设

（1）坚持政府应急信息公开准确性价值取向的意义。在当今信息社会，信息公开和传递的方式随着现代信息技术的迅速发展和广泛应用发生了很大的变化，使舆论的发生更具有突发性和随意性，舆论的传播也更具有开放性和互动性。隐瞒突发事件的存在几乎不可能，封锁消息只能适得其反，使政

---

[1] 王亚琴、王天星："论政府信息及时公开原则及其实现"，载《北京市政法管理干部学院学报》2003年第4期，第15页。

[2] "案例分析：广西镉污染事件折射政府信息公开'短板'"，载《中国有色金属》2012年第5期，第70~71页。

府丧失公信力，突发事件的应对也将很难有效地进行。因此，在政府应急信息公开过程中，必须坚持准确性价值取向，本着实事求是的态度，如实公开应急信息，保证信息的准确性，使社会公众知晓事件真相，从而减轻社会公众的心理压力，化解不必要的恐慌，维护社会稳定与秩序。

政府不仅要保障信息的及时公开，还要确保所公开信息的准确性。如果发布的信息不准确，势必引起公众对事件的误解猜疑与恐慌，不仅不能帮助政府有效处理突发事件，甚至还会加剧事件的处理难度。追求准确性价值取向，就是要保障信息的权威性与真实性，体现政府的公信力，以利于推进责任型政府建设。

（2）政府应急信息公开不准确的危害。准确性对政府应急信息来说至关重要。突发事件一旦发生，所造成的严重损失会给事发所在地的社会公众带来精神上的严重创伤，他们除了渴望在第一时间得到事件本身有关处置的应急信息以外，还会强烈要求真实地知道事件的原委，强烈要求有关信息是真实的、准确的。在紧急时刻，危急关头，如果没有准确的应急信息发布出来，安抚公众心灵上的创伤，公众的焦虑、恐惧情绪会进一步加剧，从而会影响公众的参与与配合，最终会影响突发事件的有效解决，甚至也有可能会衍生出一些新的社会安全事件。

以2005年松花江水污染事件为例，2005年11月13日下午1时40分左右，中国石油天然气股份有限公司吉林石化分公司双苯厂硝基苯精馏塔发生爆炸。在这起爆炸事故的处理过程中，有关企业负责人和有关环保部门没有及时发布准确信息，企图掩盖真相，结果导致了更为严重的社会安全事件，居民因恐慌而导致的抢购风潮等不断发生，严重影响了市民正常的社会生活秩序。可见，突发事件发生初期，公众对突发事件信息不甚了解但需求却十分迫切。政府若不把与突发事件本身及其处理有关的真实信息向公众发布，公众很有可能因为听信谣言而产生恐慌甚至做出不良行为，从而引发更大的危机。应急信息瞒报直接影响着信息的准确性，进而影响着公众对事件认知的正确性，结果导致所采取的措施不当性。

（3）实现政府应急信息公开准确性价值取向的思考。为了实现政府应急信息公开的准确性价值取向，政府部门需要建立健全应急信息公开机制。通过成立专门的应急信息管理机构，配备专业的应急信息管理人员，明确人员职责，科学设计应急信息公开的运作规则和基本流程，使应急信息公开工作实现制度化、常态化与长效化。在应急信息公开过程中，一项很重要的工作就是要建立健全新闻发言人制度。新闻发言人制度的建立是完善政府信息公开制度的突破口，要推进新闻发言人制度的职业化，赋予新闻发言人充足的信息收集加工、整合处理的权力，让新闻发言人通过新闻发布会真正在第一时间进入信息发布的第一线发布权威的信息，主导舆论导向，保障公众知情权，保证应急信息的准确性，树立全心全意为人民服务的良好形象，将公众利益放在第一位，切实保障公众的知情权，推进责任型政府建设。

（三）坚持全面性价值取向，推进阳光型政府建设

（1）坚持政府应急信息公开全面性价值取向的意义。"流言止于公开"，近年来，顺应全球信息公开的潮流和趋势，建设公正公开透明的阳光型政府已经成为我国各级政府改革的共识。在应急信息公开过程中，追求全面性价值取向，就是要使政府应急信息在法律法规允许的范围内尽可能全部公开，最大限度地为有关公众所知晓，以利于推进阳光型政府建设。国外政府信息公开的立法以及我国《政府信息公开条例》的制定均体现出"以公开为原则、以不公开为例外"的原则，除涉及国家秘密（或安全）、商业秘密和个人隐私的不能公开的信息外，其余能公开的都可以公开，也都应该公开，不公开的只是少数的一部分信息。只有这样，才能杜绝暗箱操作、信息垄断，提升政府工作的透明度，打造阳光政府，真正保障公众知情权。就应急信息公开而言，应急信息的全面公开，不但不会使突发事件应急管理变得更加困难，反而因为全面、完整的信息公开，为应急管理工作赢得更多的支持，激发社会各界参与应对突发事件的热情。

（2）政府应急信息公开不全面的危害。应急管理实践表明，当突发事件发生后，公众最不能容忍的事情并非事件本身，而是政府有关部门故意隐瞒事件真相，没有把事情的真相全面公开，致使公众无从知晓与事件有关的一切真相，公众的知情权缺失，势必引发公众不满。

各种应急管理实践也表明，隐瞒真相的危害是极其严重的，不仅造成公众人心惶惶，社会动荡不安，应急管理工作也因为得不到公众的支持而陷于更加复杂和困难的境地。在2003年初，我国政府有关部门在处理SARS危机的初期因为没有遵循信息公开的原则要求而出现被动局面，造成社会上谣言四起，人心惶惶，在重灾区北京甚至出现了民工和学生外逃，居民疯狂抢购商品等现象，使政府处于被动局面。值得庆幸的是，政府有关部门及时发现

了问题，采取了果断措施，纠正了错误，并建立了每天发布疫情公告的制度，这不仅使政府在 SARS 危机管理工作中由被动转为主动，而且也增强了政府的公信力，促进了社会的安定团结，使抗击 SARS 工作富有成效。[1]

（3）实现政府应急信息公开全面性价值取向的思考。政府应急信息公开要坚持全面性价值取向，推进阳光型政府建设，需要按照"以公开为原则，以不公开为例外"的原则要求，重点做好以下两个方面的工作：

第一，信息公开的内容要全面。它包括两个基本层面：第一个层面是突发事件本身的信息，即事件发生的时间、地点、原因、危害及其进展，等等；第二个层面是政府处理突发事件的相关信息，包括政府对事件的态度、所采取的措施，等等。为了增强应急管理的有效性，成功应对突发事件，这两个层面的信息要在第一时间得到全面公开，正如《总体预案》所强调的："事件发生的第一时间要向社会发布简要信息，随后发布初步核实情况、政府应对措施和公众防范措施等，并根据事件处置情况做好后续发布工作。"[2]概括而言，要规范政府应急信息的内容范围，明确规定哪些信息是必须无条件公开的，哪些信息是有条件公开的，哪些信息是暂时不能公开的。只要是属于公开范畴的，公开后不危及国家安全、公共安全、经济安全和社会稳定的，都应该完全公开，任何部门及个人不得忽视信息的真实性、时效性，践踏公众的知情权，故意封锁信息。

第二，信息公开的渠道要全面。不同的人有着不同的信息需求，获取信息的能力以及渠道也各不相同。在当今媒介化社会，政府有关部门需要与各大众媒介建立广泛的合作关系，建立起涵盖传统与现代信息传播手段在内的多层次的信息沟通渠道体系，充分利用广播、电视、互联网等多种渠道向社会全面公开应急信息，使社会公众可以结合自身情况通过一定途径了解突发事件发生、发展及处置的相关信息。2009 年 4 月 6 日 22 时 22 分，安徽省肥东县发生 3.5 级地震。地震发生后，安徽省首次启用了"安徽省突发公共事件预警信息发布系统"，向合肥市和肥东县的居民发放百万余条地震最新信息，稳定民心。[3]除了安徽省政府发布安心短信外，合肥市政府也通过电视、广播、手机

---

[1] 何海燕、张晓甦主编：《危机管理概论》，首都经济贸易大学出版社 2006 年版，第 39 页。
[2] 参见《国家突发公共事件总体应急预案》。
[3] 李涛："安徽省政府发送百万条短信通告震情民情稳定"，载 http://www.wjol.net.cn/news/system/2009/04/08/000318422.shtml，最后访问日期：2016 年 6 月 2 日。

短信、网络等多种手段发布震情信息,稳定市民情绪。[1]由于政府有关部门使用多种渠道及时公开应急信息,合肥市民情绪基本稳定,社会治安秩序良好。

(四) 坚持经济性价值取向,推进节约型政府建设

(1) 坚持政府应急信息公开经济性价值取向的意义。在一定时期内,国家投入政府信息公开的社会资源是有限的。保证政府应急信息公开的经济性,是构建节约型政府和现代"倡廉"政府发展的必然要求与核心价值。坚持经济性价值取向,就是要保障政府有关部门及人员以最小的成本获取与发布政府应急信息,以利于推进节约型政府建设。

突发事件是一种有破坏性的负面事件,一旦发生,势必给社会发展和人民群众生活带来各种危害。而作为社会的组织者,当公众受到突发事件的危害时,政府应果断决策,积极应对,担负起应对突发事件的职责。但是政府的力量毕竟是有限的,还需要广大社会公众的积极参与与配合,并且需要以最小的投入,获得信息公开的最佳效果。为此,政府有关部门需要坚持经济性价值取向,以有效为中心,以最小的成本,采用最经济有效的手段,将突发事件及其处理信息及时、主动、全面地向公众公开,加强与公众的信息沟通,积极组织和动员其参与到突发事件应急管理中来,将突发事件造成的损失降至最低。网络作为现代信息传播媒介,被称为"第四媒体",是信息社会最具有代表性的信息通道和话语空间,它具有经济性、高效性、便捷性等诸多优点,政府有关部门应借助这些先进的信息传播手段发布信息,提高应急信息发布的能力。例如,2013 年 8 月 14 日,最强台风"尤特"带来了狂风暴雨。为了提前做好应对准备,深圳市气象台首次启动台风高级别预警信号的预发布制度,即在正式发布台风黄色预警前 2 小时预发布相关信息,以便全社会有更充裕的时间采取预防措施,比如学校提前放学、单位提前下班等。[2]在市城管局的配合下,市民可以通过户外 LED 大屏幕,第一时间看到台风预警信息和防御指引。[3]黄色台风预警信号发布后,政府还新增了交通诱导屏,

---

[1] 李涛:"安徽省政府发送百万条短信通告震情民情稳定",载 http://www.wjol.net.cn/news/system/2009/04/08/000318422.shtml,最后访问日期:2016 年 6 月 2 日。

[2] "加强服务 启动高级别台风预警预发布制度",载 https://www.cma.gov.cn/2011xwzx/2011xgzdt/201308/t20130813_223046.html,最后访问日期:2016 年 6 月 8 日。

[3] "加强服务 启动高级别台风预警预发布制度",载 https://www.cma.gov.cn/2011xwzx/2011xgzdt/201308/t20130813_223046.html,最后访问日期:2016 年 6 月 8 日。

机场、港口、地铁、公交等电子显示屏、车载电视的发布渠道。此外，还通过和手机运营商建立的绿色通道，实现预警信息的准确快速无偿发布，收到了很好的应急效果。[1]

（2）政府应急信息公开不经济性的危害。政府应急信息公开工作是一项关乎政府各个部门、媒体及社会各界通力合作的系统工程，需要耗费大量的人力、物力和财力，公众获取政府应急信息同样也需要付出成本。为了降低信息公开成本，提高公开效率，在政府应急信息公开过程中，需要坚持经济性价值取向。如果忽视这一点，势必会付出不必要的信息公开成本。《政府信息公开条例》虽已经实施多年，但行政透明度和政府信息公开仍存在诸多不足。北京大学公众参与研究与支持中心的主任王锡锌教授指出，从信息公开制度实施效果上来讲，公开得还不够，申请人获得信息的成本高、难度大，信息公开的尺度还不够宽，法律保障还不够完善。[2]从目前的实际情况看，不仅公众获取信息的成本偏高，政府对应急信息加工处理的成本也偏高。为了贯彻落实《政府信息公开条例》，不少地方政府设立了专门的"信息公开办公室"或"信息综合处"，来处理和受理相关的政府信息主动公开和依申请公开工作，这种通过增设专门机构与人员来加强信息公开工作的做法，无疑有利于促进政府信息公开工作的开展，但也要根据实际情况的需要来定，不能不顾成本、不顾实际一哄而上。就应急信息系统建设而言，在当今电子政务环境下，各级地方政府部门为了充分利用现代信息技术提升政府应急信息公开工作的能力与水平，掀起了研发应急信息系统的高潮，但硬件先进，软件落后，数据缺乏的现象比较普遍。这种投入大、收效小的做法不利于政府应急信息公开工作的开展，并且还可能造成资源浪费。

（3）实现政府应急信息公开经济性价值取向的思考。政府应急信息公开过程中，必须坚持经济性价值取向，在充分发挥信息最大效用的同时，一定要注意成本控制，坚持"成本最小化，效益最大化"原则，以最小的成本，获得最大的效益，保证信息公开的经济性。为此，需要从以下几个方面加强

---

[1] "加强服务 启动高级别台风预警预发布制度"，载 https://www.cma.gov.cn/2011xwzx/2011xgzdt/201308/t20130813_223046.html，最后访问日期：2016年6月8日。

[2] 万静："申请人获取政府信息成本高难度大 专家称应通过信息公开制度改变行政运作机制"，载 http://www.legaldaily.com.cn/bm/content/2012-12/14/content_4053169.htm?node=20734，最后访问日期：2016年6月8日。

工作：

第一，要加强节约和道德文化意识建设。提高政府部门及有关人员的节约素质，明确规定政府部门及其工作人员在应急信息公开工作上的职责，防止相互推诿，强化公务员小成本、高效益的原则观念，形成良好的"反腐倡廉"意识，自觉对公众负责，为大众的利益服务。

第二，应急信息公开工作应具有经济性。政府有关部门在应急信息公开工作上要降低成本，减少不必要的开支与浪费，尽量做到少花钱、多办事，通过比较各种应急信息公开手段的优缺点以及使用的成本核算，找到既能节省开支又能达到公开效果的最佳手段。

第三，公众获取信息的成本具有经济性。公众获取信息的手段多种多样，可以通过看电视、收听广播、登录网站、阅读报纸、接收手机短信等不同途径获取应急信息。不同的人群，由于其个体差异，也影响着他们对获取信息的手段差异性，政府部门在发布应急信息时也应该要考虑公众获取信息的经济性，确保他们能够做到以最小的成本获取最充分的政府应急信息。

第四，要求政府信息公开制度在设计和运行上具备一定的经济合理性，符合投入最少而收益最大的效益规律，不能因为事件紧急便不加评估就使用昂贵的运行成本的制度，要设计出经济高效的应急信息公开机制。确保突发事件中应急信息公开的经济性。

（五）坚持高效性价值取向，推进效能型政府建设

（1）坚持政府应急信息公开高效性价值取向的意义。在当今信息化社会，公众获取信息的渠道呈多元化趋势。如果政府有关部门在应急信息公开过程中，不了解和掌握各渠道的传播规律，不积极利用恰当的渠道进行信息发布，小道消息或谣言可能会通过这些渠道在很短时间内蔓延开来，造成不必要的恐慌和混乱，进一步加剧突发事件造成的危害。信息具有很强的时效性，只有在特定或有限的时间内才能凸显其利用价值。因此，在紧急状态下，政府信息公开应该坚持高效性价值取向。高效性是指政府对社会公众要求的信息不仅要全面公开，而且还要保证信息在很短的时间内能被公众有效获取，最大限度地满足公民的知情权。

（2）政府应急信息公开不高效的危害。在这里，笔者仍以松花江水污染事件为例。中石油吉林石化公司双苯厂发生特大爆炸事故的具体时间为2005年11月13日下午1时40分左右，但直到11月23日，国家环境保护总局才

通过其网站发表声明："中国石油吉林石化公司爆炸事故发生后，监测发现苯类污染物流入松花江，造成水质污染。松花江污染超标108倍。"对于突发事件应急管理的信息发布来说，一般选择召开新闻发布会、通过电视讲话、报纸等大众媒体进行信息发布，而在这么重大的问题面前，国家环境保护总局只选择网站的方式发布信息，无论是从公众接受的广度，还是公众认可的可信度等方面都值得质疑。在防范和应对突发事件过程中，对政府部门而言，如果其采用的工具不被广大社会公众所熟知，那么信息获取的效果可想而知。对社会公众而言，如果公众不能很方便地获得与突发事件有关的信息，就会错过防范和应对突发事件的最佳时机，从而造成更大的损失。

（3）实现政府应急信息公开高效性价值取向的思考。信息通信技术作为人类社会科技进步发展的标志性技术，在应急信息公开的每一个环节都可以得到广泛应用并发挥无可替代的作用。国际电信联盟认为，信息通信技术可以在早期的灾害预警通知、向居民传达和发布有关灾害的信息以及保障灾害管理的应急通信需要方面发挥显著的作用。如在2004年印度尼西亚海啸事件中，印度沿海的一个小村庄的居民因为及时接到了将要发生海啸的电话通知，全村3600人全部得以安全撤离，避免了重大的人员伤亡。[1] 又如，2006年1月3日，北京市东三环京广桥发生塌陷事故，事故发生后，北京市政府立即启动事故应急预案，交通管理部门及时通过手机短信、交通广播等多种媒体手段，向全市公众通报事故简况及交通管理情况，有效避免了交通堵塞现象，方便了广大市民的出行。

追求高效性价值取向，就是要积极利用现代信息技术，保障政府部门能够高效发布信息，有关机构及人员能够高效接收信息，以利于推进效能型政府建设。政府部门应高度重视信息通信技术在应急信息公开工作中发挥的积极作用，并通过技术赋能，积极采取措施推进信息通信技术在应急信息公开各个环节中的应用，把以广播电视、固定电话为代表的传统的信息通信技术与以手机短信、互联网、卫星系统等为代表的现代信息通信技术有机结合起来，构建一个高效、敏捷、顺畅、全方位的通信体系，积极改进现有的通信网络，在完善有线通信系统的基础上，积极加强无线通信系统的开发和利用，

---

［1］ 姚国章：《应急管理信息化建设》，北京大学出版社2009年版，第16~17页。

通过建立健全应急通信技术标准和规范，促进应急通信系统的开发和利用，确保应急信息能够得到顺利传播和有效接收，全面提升应急信息公开的能力和水平。

二、政府应急信息公开的原则要求

政府应急信息沟通是一门艺术，也是一门科学，只有掌握一定的方法技巧和科学原则，才能取得良好的沟通效果。在学习借鉴"3T"原则的基础上，笔者提出政府应急信息沟通的"5T"原则：一是以政府为主导提供信息（Tell government-led information），二是及时提供信息（Tell information timely），三是多途径提供信息（Tell information through many ways），四是提供全面的信息（Tell all information），五是提供准确的信息（Tell true information）。其中，前三条原则主要是针对政府应急信息沟通活动提出，后两条原则是针对应急信息本身而言。

（一）以政府为主导提供信息（Tell government-led information）

在公共危机管理中，政府以其权威、资源的优越性和职能内容、职能属性理所当然成为公共危机管理主体。[1]也就是说，各级政府部门是政府应急管理的主导力量，也是政府应急信息沟通工作的核心。做好政府应急信息沟通工作，需要充分发挥政府机构的主导作用，以政府为主导进行信息沟通。政府是信息资源的最大掌握者，承担着向公众公开信息的责任与义务。政府作为人民权利的集中代行者，其工作职能就是全心全意为人民服务。在突发事件面前，政府对应急信息的公开程度，反映出政府行政透明程度，关系政府的形象与公信力，更关系人民的切身利益。

为何要以政府为主导提供信息？从理论角度而言，政府职能理论是指国家行政机关依法对国家和社会公共事务进行管理时应承担的职责和所具有的功能。[2]政府职能理论表明，在应急管理中，政府应承担其领导职能。而治理理论的创始人詹姆斯·罗西瑙（James N. Rosenau）提出，治理是一种目标导向的管理活动，但是这些管理的主体不一定是政府，不必依靠国家强制力的

---

〔1〕 邓云辙："NGO 参与公共危机管理的功能分析"，载《科协论坛（下半月）》2007 年第 6 期，第 48~49 页。

〔2〕 院芳："中国应急管理中政府的主体作用研究"，内蒙古大学 2013 年硕士学位论文，第 12 页。

保障也可能实现。[1]可见，应急管理的主体不单单只有政府，但政府在应急管理中占据主导地位。从法理角度来看，《突发事件应对法》第4条明确提出："国家建立统一领导、综合协调、分类管理、分级负责、属地管理为主的应急管理体制。"《突发事件应对法》第7条第1款规定："县级人民政府对本行政区域内突发事件的应对工作负责；涉及两个以上行政区域的，由有关行政区域共同的上一级人民政府负责，或者由各有关行政区域的上一级人民政府共同负责。"这条规定明确指出，政府是突发事件的指挥者、决策者及领导者，掌控突发事件的事态发展。这表明《突发事件应对法》给予了政府对突发事件的控制权，政府在应急管理工作中处于主导地位。

《左传·襄公》有云："居安思危，思则有备，有备无患。"在日常工作中，政府有关部门要防患于未然，加强组织管理，建立健全应急信息管理机构，完善应急信息沟通制度，推进应急信息沟通工作的制度化、规范化发展。同时要加强应急信息沟通工作人员的培训与教育，时刻做好应急信息沟通的准备。其次，为保证政府应急信息公开工作的统一性与权威性，政府有关部门需要成立专门的应急信息管理机构，配备专门的信息管理人员。另外，政府应急信息管理机构要通过专门的人员以及专门的渠道对外发布，以做好政府应急信息的各项管理工作。除此之外，社会公众也应通过合法、正规的渠道了解有关的应急信息，避免接收到虚假或误导性信息。如，2011年日本福岛核事故造成核泄漏，却引发了我国群众的"抢盐事件"。该事件反映了群众没有通过正规渠道去获取相关的应急信息。公众需要通过正规的途径去获取应急信息，坚持以政府为主导提供信息的原则。譬如，中央人民政府网站（图2-1）设有应急管理专栏。该专栏除了发布各类突发事件应急信息以外，还把有关应急预案、科普宣教等知识挂在网页上，供广大社会公众浏览学习。

---

[1] [美]詹姆斯·N. 罗西瑙主编：《没有政府统治的治理》，张胜军等译，江西人民出版社2001年版，第75页。

图 2-1　中华人民共和国中央人民政府门户网站

（二）及时提供信息（Tell information timely）

"黄金 72 小时"是地质灾害发生后的黄金救援期，这是救援（学）界的共识。对于政府应急管理工作而言，时间就是生命，应急管理工作的开展往往是和时间在"赛跑"，谁能赢得时间，谁就能赢得先机，贻误时机只会造成更大的灾难与损失。理论研究表明，如果预警时间为 3 秒，可使人员伤亡比减少 14%；如果为 10 秒，人员伤亡比减少 39%。可见，提前将灾害信息通过有效手段发布给有关公众，公众可以提前做一些防范准备，并有可能采取自救互救行动，从而将大大减少人员伤亡数量，将事件造成的损失降到最低；事件发生后，政府有关部门通过及时发布事件信息以及处理过程中的信息，及时回应公众的关切，能够有效消除公众的恐慌心理与信息稀缺现象，使公众知晓事情真相，保障公众的知情权，从而也有可能动员公众参与到应急管理工作中来。

信息不对称是市场经济活动中的概念，是指各类人员掌握信息是有差异的，掌握信息比较充分的人员，往往处于比较有利的地位，而信息贫乏的人员则处于比较不利的地位。[1]信息公开不及时可能造成信息不对称，而信息

---

[1] 廖伟、段明学："我国检务公开制度完善路径"，载《重庆理工大学学报（社会科学）》2022年第 5 期，第 164 页。

不对称会造成信息稀缺。为了解决应急信息公开问题,《突发事件应对法》第39条第2款规定:"有关单位和人员报送、报告突发事件信息,应当做到及时、客观、真实,不得迟报、谎报、瞒报、漏报。"第53条规定:"履行统一领导职责或者组织处置突发事件的人民政府,应当按照有关规定统一、准确、及时发布有关突发事件事态发展和应急处置工作的信息。"2016年11月10日,国务院办公厅印发《〈关于全面推进政务公开工作的意见〉实施细则》(以下简称《实施细则》)。《实施细则》明确提出:"对涉及群众切身利益、影响市场预期和突发公共事件等重点事项,要及时发布信息。对涉及特别重大、重大突发事件的政务舆情,要快速反应,最迟要在5小时内发布权威信息,在24小时内举行新闻发布会,并根据工作进展情况,持续发布权威信息,有关地方和部门主要负责人要带头主动发声。"〔1〕

法规文件对应急信息的处理时间进行了明确要求。原因在于:一是突发事件具有突发性与危害性等特征,需要在有限时间内紧急处置;二是突发事件信息具有强动态性与时效性。政府信息公开不及时会使公众听信谣言,最终因公众的不理智行为而造成事件处置难度加大。如,2011年日本福岛核事故发生时,因政府的信息公布不及时,而引发我国的"抢盐事件"。

突发事件发生后,不管是信息的上报还是对外公布,都要求及时进行。一方面,要第一时间上报突发事件信息,包括事件发生时间、地点、人员伤亡等情况,以便于上级机关及时掌握情况,紧急决策,部署指挥救援行动;另一方面,突发事件发生后,社会公众也希望能够及时获取相关事件信息。政府有关部门要在第一时间发布权威信息,使广大社会公众及时知晓事件真相,避免因谣言的产生、传播而导致社会恐慌或事态升级。

(三)多途径提供信息(Tell information through many ways)

沟通主要是人与人之间的信息交流,不同的人有着不同的信息需求,并且每个人的识别与处理信息的能力也各不相同。第十一届全国政协常委、外事委员会主任赵启正曾说过:"沟通首先不是为了获取对方的好感,而是自己真实观点的表达,并争取别人的理解、认同与尊重。这是原则。"〔2〕在应急管

---

〔1〕 参见国务院办公厅印发《〈关于全面推进政务公开工作的意见〉实施细则》。
〔2〕 钟振奋:"直面媒体的角色担当与沟通技巧——评《直面媒体20年:赵启正答中外记者问》",载《公共外交季刊》2015年第4期,第113~119页。

理工作中，政府有关部门要做好应急信息沟通工作，这是政府获取公众支持的重要原因。信息交流的途径也就是通常所说的渠道，为了实现有效的信息交流，需要建立起全方位的、多途径的沟通网络，既包括广播、电视等传统的沟通渠道，也包括微博、微信、网站等网络社交媒体沟通渠道，既包括新闻发布会等正式的沟通渠道，也包括口头通知等非正式的沟通渠道，等等。

危机管理专家罗伯特·希斯认为，危机管理最重要的内容就是对危机信息的管理，危机沟通是危机管理中的一项核心任务，是最重要的工具，如果危机管理者与陷入危机者之间缺乏有效的信息交流与沟通，就无法评估危机的危害程度，无法实施正确的危机管理措施。[1]危机管理理论要求在危机管理中，政府有关部门除了要及时公布应急信息外，还需做好危机沟通工作，以取得公众对应急管理工作的支持与理解。

《总体预案》明确规定，预警信息的发布、调整和解除可通过广播、电视、报刊、通信、信息网络、警报器、宣传车或组织人员逐户通知等方式进行。[2]《实施细则》指出："新闻媒体是政务公开的重要平台。各级政府及其部门要在立足政府网站、政务微博微信、政务客户端等政务公开自有平台的基础上，加强与宣传、网信等部门以及新闻媒体的沟通联系，充分运用新闻媒体资源，做好政务公开工作。要通过主动向媒体提供素材，召开媒体通气会，推荐掌握相关政策、熟悉相关领域业务的专家学者接受媒体访谈等方式，畅通媒体采访渠道，更好地发挥新闻媒体的公开平台作用。积极安排中央和地方主流媒体及其新媒体负责人列席有关会议，进一步扩大政务公开的覆盖面和影响力。"[3]这表明政府在应急管理工作中需要积极通过各种有效途径提供应急信息。2015年1月21日，上海公布"12·31"外滩拥挤踩踏事件的调查报告指出，要适时在全市重要场所设立显示屏和高音喇叭等安全提示设施，充分利用应急广播、新闻媒体、网络等平台发布预警信息和相关提示，规范引导市民游客采取合理避险措施。[4]

---

〔1〕[澳]罗伯特·希斯：《危机管理》，王成、宋炳辉、金瑛译，中信出版社2001年版，第103~104页。

〔2〕参见《国家突发公共事件总体应急预案》。

〔3〕国务院办公厅印发《〈关于全面推进政务公开工作的意见〉实施细则》。

〔4〕外滩踩踏事件联合调查组："上海12.31外滩踩踏事件调查报告"，载http://news.xinhuanet.com/politics/2015-01/21/c_1114075965.htm，最后访问日期：2016年6月5日。

政府应急信息公开过程中,政府有关部门应秉承"以人为本"的理念,充分尊重不同类型人群的信息需求,以信息需求为导向,充分考虑广大利益相关者对应急信息的需求及接受能力,以能够普遍理解、接受的方式或途径,向公众发布最为关注的信息,保障其知情权。政府作为最权威和最具影响力的应急信息沟通主体,在应急信息沟通过程中,为了保证应急信息在第一时间被利益相关者所接受,需要拓展各种沟通渠道,多途径提供信息。一方面,政府有关部门需要与各大新闻媒体建立广泛的合作关系,畅通各种新闻传媒公布信息的路径;另一方面,政府有关部门需要建立起涵盖传统与现代信息传播手段在内的多层次的信息沟通渠道体系。

(四) 提供全面的信息 (Tell all information)

信息是否全面或完整,往往影响着事件的成败。残缺不全的信息,其价值必将大打折扣。应急信息的全面完整是信息具有可用性或有效性的基础,也是其发挥应有价值的重要保证。对于政府应急信息公开工作而言,应急信息的全面性主要体现在两个方面:一是要保证事件本身信息的全面性。事件发生后,政府有关部门要及时对外发布事件爆发的时间、地点、成因、类型、特征、危害、伤亡情况、经济损失等信息,以便让公众最大限度地了解事件的真相。二是要保证事件处理信息的全面性。突发事件发生后,政府有关部门需要第一时间反应并采取有效应对措施,在应对过程中,需要紧急决策,调动各种应对力量,整合各种应急资源,动员各种社会力量参与。在突发事件紧急处置过程中,会产生大量应急信息,这些信息中如果不是涉及国家安全与国家利益的,也应需要公众知晓,才能更好地指导公众采取各种自救与互救行动,才能更好地赢得公众的支持、配合与参与,从而才能成功应对各种突发事件。

知情权作为一项基本人权,是公民其他权利得以实现的前提和基础。知情权理论也是突发事件应急信息公开最直接的理论依据。政府应当为公民提供全面的应急信息,保障公民的知情权。从《突发事件应对法》的第39条和第53条可以看出,政府应急信息沟通不仅要求及时,不得迟报,也要求不得谎报、瞒报与漏报。在政府应急信息沟通过程中,如果信息发布不全面,谎报、瞒报、漏报现象严重,不仅信息的本身价值丧失殆尽,还会导致决策的失误,引发公众心理恐慌,无法判断风险的存在以及采取有效的应对措施,从而直接影响着应急管理工作的成败。政府在突发事件发生时,如未为公众提供全面的信息,则会引发次生危机。譬如,2002年11月16日,广东佛山发现了第一例 SARS 病例，因地方政府缺乏危机意识而未为公众提供全面的信息，最终使得 SARS 危机在全国蔓延。[1]

总之，政府有关部门及人员应按照国家有关规定，充分保障应急信息的全面性，实事求是地全面公开突发事件及其处置信息，为政府应急管理提供完整的信息服务，让公众全面知晓事件真相。

（五）提供真实的信息（Tell true information）

应急信息的真实性，主要表现在信息中所涉及的突发事件及其处理措施是客观存在的，突发事件本身的各信息要素以及其处理过程中各信息要素是准确无误的。真实性是信息的生命，只有真实的信息才具有生命力。灾难面前，公众都十分渴望知道事件真相，真实准确的应急信息是突发事件应急管理制胜的法宝，有利于突发事件的成功解决，有利于公众了解事件的真相，有利于政府形象的维护。而不可信的谣言对于应急管理来说则是雪上加霜，不利于救灾减灾工作的开展与成功，也不利于社会秩序的稳定与维护。

信息不对称理论指的是市场经济活动中各类人员对有关信息的了解具有差异性。信息的不对称使造谣者有机可乘，为造谣与传谣提供了基础。谣言止于智者，但谣言更止于公开。基于信息的不对称理论，有关部门在应对突发事件过程中应及时对公众公开事情的真相，防止造谣传谣，维护公民的知情权。《突发事件应对法》第 39 条规定："地方各级人民政府应当按照国家有关规定向上级人民政府报送突发事件信息。县级以上人民政府有关主管部门应当向本级人民政府相关部门通报突发事件信息。专业机构、监测网点和信息报告员应当及时向所在地人民政府及其有关主管部门报告突发事件信息。有关单位和人员报送、报告突发事件信息，应当做到及时、客观、真实，不得迟报、谎报、瞒报、漏报。"第 53 条规定："履行统一领导职责或者组织处置突发事件的人民政府，应当按照有关规定统一、准确、及时发布有关突发事件事态发展和应急处置工作的信息。"第 54 条规定："任何单位和个人不得编造、传播有关突发事件事态发展或者应急处置工作的虚假信息。"可见，《突发事件应对法》要求政府在处理应急工作时要确保信息的真实性。在处置突发事件信息时，政府如果没有坚持真实性原则，只公开正面的信息或对政

---

[1] 黄晓军："从非典事件看我国政府的危机管理制度创新"，载《中国农村卫生事业管理》2003 年第 7 期，第 47 页。

府有利的信息,则会遭到公众的质疑甚至引发公众的不满情绪。譬如,贵州瓮安"6·28"事件的初期处理时,政府有关部门对事件的解释仅仅描述了群众围攻和冲击政府的行为,导致公众不满。最后,政府有关部门在政府网站以滚动的方式将真实的情况公布。

如何让有关部门及公众获得真实的应急信息?笔者认为,政府有关部门要与媒体广泛开展合作,建立健全应急信息沟通渠道,向公众提供权威、一致、准确的信息,充分保障应急信息本身的真实准确性,实事求是反映突发事件的事实真相,发布完整准确的信息或数据,坚决打击为了一己私利而瞒报、漏报、错报等行为。此外,政府有关部门及新闻传播者对应急信息的认识和评价也要客观、正确,不能随意歪曲事实真相。

第四节 政府应急信息公开的现实意义

应急信息公开是政府应急管理工作的重要内容,是有效应对突发事件的法宝之一。应急信息公开的成功与否,不仅关系突发事件的有效应对,也关乎公众的切身利益与政府的公信力。

一、应急信息公开对突发事件的现实意义

不少突发事件之所以事态恶化,很大程度上与应急信息公开有关。应急信息公开是防范和处置突发事件的关键,对突发事件应急管理工作而言具有重要的现实意义。突发事件发生之前,应急信息公开有利于有关部门与人员及时做好准备,降低事件的危害;事件发生之后,应急信息公开可以充分调动社会资源广泛参与,提高应急管理效率,避免事态恶化。

(一)有利于做好预防准备,降低事件危害

突发事件一般要经历孕育期、爆发期、扩散期和消退期四个阶段。事件危害也随其发展阶段呈现出非线性爆炸式增长的特点,越早发现并迅速应对,越有助于控制事态发展,降低危害性。突发事件预防准备是指在突发事件发生之前,以风险隐患分析与评估为基础,以政府为主导,采取各种措施减少或消除风险隐患,同时做好各项充分准备,以达到避免事件发生或防止事态升级,降低危害程度的目的。预防准备是突发事件应急管理的首要环节和基础性工作,也是应对突发事件的最佳措施。

在突发事件发生之前，政府及时全面地公开事件发生的先兆现象、风险隐患的排查处理、可能发生的突发事件的类型、级别、性质、可能影响的范围、可能导致的结果、起始时间等应急信息，可使公众全面了解即将发生的突发事件的具体情况，做好充足的心理准备。同时，政府发出警报预报，将政府的预防措施和应急方案、公众可采取的避险自救措施进行及时公开，有利于公众提前制定应对计划，进而理解和配合政府的应急管理行动，有效预防突发事件，最大程度地降低其危害性，减少损失。一般来说，突发事件的发生与演变具有高度不确定性和严重的危害性。如果政府在突发事件发生前，没有通过有效的方式告知公众可能面临的危险，那么公众对即将到来的突发事件一无所知；面对危险时，公众也会不知所措，无法采取科学的措施自救互救，很难有效配合政府开展应急管理工作，可能直接导致突发事件影响的扩大，其后果非常严重。可见，事前的应急信息公开，有利于有关部门及人员做好相应的预防准备工作。

（二）有利于提高应急处置效率，避免事态升级

突发事件的高度不确定性和极强的扩散性决定了应急管理必须果断、迅速、及时，一旦放松警惕，就极有可能导致事件升级、事态恶化。应急信息是突发事件应急管理的重中之重，应急信息公开在突发事件应急管理中有着不可替代的重要作用，政府能否全面及时、实事求是地公开应急信息，直接关系着突发事件应急处置的成败。

（1）应急信息公开有利于提高应急管理效率。政府是突发事件应急管理的主体，掌握着最多最全面的应急信息。政府若想瞒天过海，企图封锁消息控制舆论，不及时主动地将突发事件相关信息告知公众，公众就会产生不被尊重的心理，并因信息匮乏而无法理解或配合政府实施的各项应急管理措施，甚至会产生抵触或对抗情绪，使得政府的应对之策无法顺利开展，效果将大打折扣，从而加大突发事件应对的难度。政府应在事件发生后第一时间通过权威渠道公开相关信息，这不仅能抢占信息制高点，掌握应急管理的主动权，还能赢得公众的理解和支持，提高应急管理效率，为顺利实施应急管理打下坚实的群众基础。

（2）应急信息公开有利于避免事态升级。紧急状态下，任何决策失误所付出的代价都是极其巨大的。一方面，突发事件态势发展具有极大的不确定性，甚至会衍生出大量次生灾害，事件随时有可能升级或恶化；另一方面，

突发事件情境下，社会关系敏感脆弱，公众处于焦虑与不安情绪之中，急需宽慰与安抚。政府若选择沉默或隐瞒，不仅无法安抚公众的焦躁情绪，还有可能激化群众与政府之间的矛盾，出现严重的暴力事件。应急信息不公开致使公众难以了解事件具体进展，更难以躲避次生灾害，将直接扩大事件影响。应急管理实践表明，政府积极主动地公开应急信息，公布事件真相及进展，告知公众可能继续存在的危险，不仅有助于安抚公众情绪，还能有效减少二次灾害造成的损失，是避免突发事件事态升级的必要条件。

二、应急信息公开对公众的现实意义

政府信息公开从根本上说是现代民主制度的根基，没有信息公开，也就无所谓民主和自由。应急信息公开对于社会公众来说，不仅是保障其自身权利的基本途径，也是其参与应急管理、形成应急合力的客观要求，更是公众获取应急知识、提升自救能力的重要手段。

（一）有利于保障公众权利，消除信息误导

突发事件信息公开是现代社会公民知情权的重要内容，是公民享有的一项基本权利，公民表达权、参与权和监督权的实现都以公民知情权为基础。公民有权利向政府获取突发事件相关信息，而政府必须对此作出回应。突发事件应急信息公开不仅有助于保障公众知情权、参与权等权利的实现，也具有引导社会舆论的重要作用。

（1）应急信息公开有利于保障公民权利。突发事件一旦爆发，很有可能会造成一定的人员伤亡、经济损失。有关公民不仅需要获取救助，也迫切需要了解事件的真相、危害、原因以及造成破坏的具体情况等信息，并且也会关注政府有关部门会采取什么样的救援措施。这种对应急信息的需求，本身就是公民行使知情权的一种体现，他们有权利知道这些有关信息。政府应该以需求为导向，公开突发事件相关信息，满足公众的应急信息需求，保障知情权的实现，进而促进公众参与权、监督权的实现。

（2）应急信息公开有利于消除信息误导。突发事件发生后，在不明真相的情况下，一些小道消息与谣言会借助一些非主流媒体平台，迅速引发讨论热潮，在极短的时间内可能成为社会舆论关注的焦点。公众若无法从权威渠道获得其渴望知悉的信息，处于信息稀缺状态，往往会听信各种未被证实的网络谣言与小道消息，导致产生恐慌情绪，甚至做出非理智行为。政府有关部门若在应急信息公开中遮遮掩掩,"犹抱琵琶半遮面",只会堵塞公众的信息获取渠道,造成各种小道消息与谣言满天飞,激化社会矛盾。政府只有及时通过正规、权威的渠道公开应急信息,始终保持应急信息的高度透明,大方回应公众质疑,澄清事实,使公众对当前的事件情况形成准确清晰的认识,才能积极引导舆论,引导公众行为,防止谣言对公众的误导,减少认知偏差,保证公众接受真实客观的应急信息。

(二)有利于动员社会力量,形成应急合力

现代政府是一个有限责任政府,它并不是万能的,无法包揽一切社会事务,也没有足够的力量解决一切社会问题。但这并不意味着政府可以不尽全力,因为一切权力来源于人民,政府所行使的只是公民让渡的一部分权力,政府仍然需要公众的参与和帮助。人民群众是突发事件最直接的利益相关者,也是巨大的社会力量。通过推进应急信息公开,有助于人民群众参与到事件应急管理过程中来,充分发挥人民群众的智慧与作用。

(1)应急信息公开有助于为社会参与突发事件应急管理创造条件。在突发事件应对中,政府不能唱独角戏,在强调政府应急管理的快速反应性、责任性和合法性等原则的同时,也应强调参与主体的多元性,创造"一方有难,八方支援"的局面,而这必须以应急信息公开为前提。政府承担的责任之一是及时向社会提供客观全面的应急信息,为社会力量的参与创造条件,而不是非要等到把事件处理得圆满了之后再告知公众。[1]一个合格的负责任的政府应及时公开应急信息,告知公众。政府在事件应对中为维护人民利益做了哪些工作,还存在哪些问题与困难,希望公众提供哪些帮助等,从而为社会各界充分参与提供必要的信息,指明参与的方向,促进参与的有效性和针对性。

(2)应急信息公开有助于形成应急合力。一般来说,政府应急管理工作的有效开展,有时需要广泛动员与积极吸纳各种社会力量,以及整合企业、各种社会组织与公众等各种社会资源,从而形成应对突发事件的合力,以有效解决各种突发事件。政府加强与社会公众的交流沟通,与之共享应急信息,将事件情况如实地告知公众,真心实意邀请公众参与,能够有效调动各方参

---

[1] 贺文发、李烨辉:《突发事件与信息公开——危机传播中的政府、媒体与公众》,中国传媒大学出版社2010年版,第37页。

与的积极性，充分发挥应急管理主导作用，广泛寻求社会的帮助与合作，并对各方参与力量进行充分整合与合理配置，上下一心，团结一致，形成应急合力。同时，只有始终保持信息公开，加强各方力量之间的信息交流，充分共享应急信息资源，应急合力才能高效运转，最大限度发挥作用。

（三）有利于获取应急知识，提升自救能力

现代信息社会，信息资源已成为重要的生产要素，如同空气一般成为人们生活的必需品，渗透到社会生活的方方面面。面对突发事件，应急信息和知识就是公众的"必需品"，公众需掌握一定的应急知识和自救互救技能，才能在灾害中自救和救助他人。政府应急信息公开，正是公众获取应急知识，提升自救互救能力的重要途径和前提条件。

（1）应急信息公开有助于公众获取应急知识。在突发事件应急管理中，政府处于主导地位，最了解事件的实际情况，最清楚事件的性质及其造成的危害，如果政府不公开真实可靠的应急信息，不普及应急知识，社会公众面对突发事件时就会变得无措无助，无法获取到正确的应急知识来避免自身遭受损害。比如在重大疫情事件中，病因、疾病的传播传染方式、对人体和社会的危害、预防的药物和方法等知识，这些都无法依靠个人的经验积累来解决，因为疾病可能是新型的，之前从未出现过，如SARS、新冠，公众在日常生活中所积累的应急知识无法派上用场。这就需要政府组织相关人员对事件进行研究，编制应对手册，畅通应急信息公开与获取渠道，宣传和普及突发事件本身的知识和事件应对知识，及时提供权威可靠的应急信息来帮助和指导公众。

（2）应急信息公开有助于公众提升自救互救技能。作为突发事件的直接影响者，公众越来越倾向于依靠权威的声音做出判断和获取帮助，从中捕捉有效的生存方法和途径。一个没有信息公开的政府，犹如一个聋哑人，既无法自救，也无法救助他人。应急信息公开就是政府的"声音"，不仅会告诉公众突发事件"是什么"，还会告诉公众应该"怎么做"。应急信息公开的内容不仅包括基本的突发事件知识和应急知识，还包括应急技能，通过应急演练、现场模拟等方式组织公众参与和观摩，将自救互救的技能传授给公众，从而有效增强公众的安全意识，提升公众对突发事件的安全防范与应对能力。

三、应急信息公开对政府的现实意义

突发事件应急信息公开是现代社会对政府应急管理工作的基本要求，是现代服务型政府建设的题中之义。突发事件应急信息公开不仅有助于改善政府形象，增强政府公信力；还能监督政府权力，防止紧急状态下权力滥用；更能促进应急信息的有效整合，辅助政府进行应急决策。

（一）有利于塑造政府形象，增强政府公信力

政府形象，简言之，就是政府在公众心目当中的印象，是公民、法人和其他社会组织基于知悉和体验，对政府在行政过程中所表现出来的行为特征和精神状态的整体印象和总体评价。政府形象是政府公信力的基本组成要素之一，直接影响着公众的心理和行为，并对政府目标的实现起着至关重要的作用。

突发事件发生往往伴随相当严重的危害，表现为生命损失或财产损失，甚至可能破坏社会秩序，影响社会安定。政府能否及时客观、全面准确地提供应急信息，往往成为社会公众和新闻媒体评价政府的重要尺度。突发事件情境下，社会状态失常，公众利益遭到威胁，会基于渴望被保护的心理而寄希望于政府，视政府为突发事件应对的"主心骨"，期待政府可以展示出强大的力量来维护自己的利益。在这种情况下，政府秉承"以人为本"的理念，精准把握公众的应急信息需求，加强与公众之间的交流沟通，在第一时间主动公开突发事件基本情况，果断采取措施积极应对，及时通报事件进展情况，倾听公众心声，密切关注受灾群众，关心民生疾苦，全力救助伤亡人员，全程保持应急信息的公开透明，这些行为都是政府高度责任感的体现，是现代服务型政府建设的题中之义。

政府通过应急信息公开，积极带领群众应对突发事件，责任政府、阳光政府的良好形象也就随之树立，就能增强公众对政府的信任度，提高政府的公信力和凝聚力。应急信息公开越是深入彻底，越是及时真实，就越容易得到公众的认可，政府的形象就越正面，政府公信力就越能得到增强。"5·12"汶川地震发生后，四川政府坚持信息公开，源源不断地向媒体和公众提供大量信息，保持信息公开与抗震救灾进展状况同步，传达了一个能有效处理危机、掌控全局的责任政府和透明政府形象，极大地安抚了公众情绪，增强了人民群众对政府的信任，使得全国上下抗震救灾的信心倍增。

（二）有利于整合应急信息，辅助政府决策

突发事件应急决策，是指政府在事件发生之前和事件发生之后，在极其紧迫的状态下和极短的时间内，通过各种方式和渠道迅速收集、处理应急信息，发现并分析问题，运用知识经验和科学方法，明确应急管理目标，提出、选择、确定应急管理方案，并根据事件发展阶段和态势不断调整、完善方案，直至突发事件得到有效控制的动态过程。应急决策是突发事件应急管理的核心，直接关系着整个应急管理工作的成败。

突发事件应急管理离不开应急决策，而应急决策则离不开应急信息公开，离不开应急信息整合。突发事件应急决策是一个具有高度风险性和不确定性的动态过程，面临着十分复杂和艰难的局面，若无法收集到及时准确、全面客观的应急信息，应急决策就会缺乏信息依据，难以保证决策的科学性和合理性。全面充分的应急信息是政府进行应急决策的前提和基础，而公民充分知悉应急信息，充分参与到应急管理和应急决策过程中来，则是政府科学合理地进行应急决策的重要保证。

突发事件发生后，一些社会公众往往身临其中或牵涉其中，或为事件当事人即受灾群众，或为当事人的亲朋好友，或为目击者，掌握着大量政府部门未获取到的信息，若政府公开应急信息，告知公众政府已获得哪些信息，还有哪些信息未获得，政府应急决策需要哪些信息，鼓励公众积极与政府沟通，将自己所掌握的应急信息与政府充分共享，克服政府职能部门内部应急信息资源的不足，为政府进行应急决策提供必要的信息支撑。同时，政府将应急决策的具体情况告知给公众，有利于激发公众的主人翁意识，激发公众的参政议政欲望，从而积极建言献策，从不同的角度审视重大突发事件应急管理，为应急决策提供合理化建议，辅助政府科学决策。[1] 2008年"5·12"汶川地震发生后，灾区交通受阻，通信系统瘫痪，与外界失联，附近地区的民间组织克服万难前往灾区收集第一手资料，并将其全数上报给政府，为政府应急决策提供了重要情报。

（三）有利于监督紧急权力，防止权力滥用

紧急权力，是指政府针对影响国计民生的突发事件等紧急情况，根据《宪法》《突发事件应对法》等相关法律法规采取措施做出紧急处置的权力。

---

[1] 吕冰玉："地方政府应对突发事件的信息公开研究"，湘潭大学2014年硕士学位论文，第3页。

突发事件的应急管理，是一项特殊状态下的工作，出于应对突发事件的需要，政府部门可以行使比常规状态下更多、更具有强制性的权力，这种紧急权力的行使对于实施应急管理，阻止事态恶化的作用无疑是极为重大的，是顺利度过危机的行之有效的手段。

为了有效开展应急管理工作，紧急权力的行使过程往往伴随着对公民权利的限制，包括人身自由、财产权、通信自由等，这是突发事件状态下紧急权力扩张的结果。政府运用紧急权力，依靠现代科学技术通过各种方式大量收集处理应急信息，实施应急管理，而公众则由于诸多条件的限制无法获取到与政府等量的信息资源，从而在突发事件应对中处于被动地位，并因不了解政府的应急管理活动而逐渐丧失了对公共权力的参与。可见，应急管理活动的不透明为紧急权力腐败提供了条件。

要防止权力滥用，就必须加强对权力的制约和监督，让紧急权力在阳光下运行。在紧急状态下，阳光就是最好的防腐剂，信息透明就是阳光，信息公开就是普照，"阳光普照"能够将权力运行的许多漏洞和猫腻控制到最小化、最低值。[1]凡是涉及紧急权力运行的信息，除法律规定要保密的之外，其余的应及时客观地公开，成绩要公开，问题也要公开，将监督权交给人民，那么权力滥用或权力腐败行为都将无所遁形。

---

〔1〕 贺文发、李烨辉：《突发事件与信息公开——危机传播中的政府、媒体与公众》，中国传媒大学出版社2010年版，第37页。

第三章
政府应急信息公开的现状分析

"风险社会"这一概念由德国著名社会学家乌尔里希·贝克于1986年首次提出。但风险自古就有，风险社会也不是某一时代的专有名词，当今社会更是一个突发事件此起彼伏的高风险社会。在长期的应急管理实践中，国外政府有关部门在信息公开领域积累了不少成功经验，值得学习与借鉴。我国自2003年SARS事件以来，政府应急信息公开工作虽然取得了长足发展，但仍存在着一些不尽如人意的地方，需要积极借鉴国外成功经验，攻难克坚，提升政府应急信息公开能力与水平。

第一节　典型案例分析
——以上海"12·31"外滩拥挤踩踏事件为例

城市的发展从来都是双刃剑，随着越来越多的人群涌入城市工作、生活和旅游，在我国各大城市中，具有"城市名片"效应的各种大型群众性活动数量的迅速增长、规模不断扩大，其公共安全风险问题也日益突出，安全事件呈多发、频发态势，群体性踩踏事件案就是其一。[1]上海走在国际化大都市的前列，理应具备较强的应急管理能力与水平。然而在2014年跨年夜却发生了惨痛的踩踏事件，在国内外产生了不良影响。笔者通过对上海"12·31"外滩拥挤踩踏事件的政府应急信息公开工作进行剖析，分析拥挤踩踏事件中信息公开问题的具体表征，总结其问题的成因，为我国政府应急信息公开工作现状的分析作铺垫。

---

[1] 卢文刚、舒迪远："城市快速公交系统风险分析及安全管理——基于系统脆弱性的视角"，载《城市发展研究》2014年第6期，第106~112页。

一、上海"12·31"外滩拥挤踩踏事件回顾

自 2011 年开始,上海市黄浦区政府、上海市旅游局和上海市广播电视台在上海外滩举办了连续三年的"新年倒计时活动"。但是关于 2015 年"新年倒计时活动",黄浦区政府于 2014 年 12 月 9 日同意由黄浦区旅游局承办并改在外滩源举行。令人意外的是,黄浦区政府于 2014 年 12 月 31 日才对外发布信息称将"新年倒计时活动"地点更改在"外滩源"。虽然 2015 年的"新年倒计时活动"地点有所更改,在 2015 年元旦前夕,即 2014 年 12 月 31 日,大量市民群众仍然按照往年习惯一如既往地前往外滩风景区参加"新年倒计时"活动。从事发当晚的 20 时起,外滩风景区人员逐渐增多,呈现逐步聚集的趋势。事后,根据上海市通信管理局、上海市公安局、地铁运营企业等部门提供的数据进行综合分析获知,事发当晚的外滩风景区的人员流量——20 时至 21 时人员数量约为 12 万人,21 时至 22 时人员数量约为 16 万人,22 时至 23 时人员数量约为 24 万人,23 时至事发时约为 31 万人。[1]

事发当晚的 22 时 37 分,现场的大量游客、市民冲破了人行通道阶梯处的单向通行警戒带,并逆行涌上观景平台。在当晚的 23 时左右,人流的不断对冲形成"浪涌",致使人流僵持向下的状态,造成阶梯底部有人失衡跌倒,继而引发多人摔倒、叠压,最终导致拥挤踩踏事件的上演。[2]

二、上海"12·31"外滩拥挤踩踏事件中政府应急信息公开存在的主要问题

政府应急信息公开工作不仅贯穿于应急管理工作全过程,也是政府应急管理工作的首要任务。换句话说,政府应急信息公开是政府应急管理工作的生命线,事关政府应急管理工作的成败。在各种突发事件应急管理过程中,将形成大量的应急信息,其内容构成也十分复杂。有学者按照突发事件发展的生命周期,将重大突发事件政府应急信息发布内容由事前、事中和事后三个

---

[1] 外滩踩踏事件联合调查组:"上海 12·31 外滩踩踏事件调查报告",载 http://news.xinhuanet.com/politics/2015-01/21/c_1114075965.htm,最后访问日期:2017 年 10 月 2 日。

[2] 外滩踩踏事件联合调查组:"上海 12·31 外滩踩踏事件调查报告",载 http://news.xinhuanet.com/politics/2015-01/21/c_1114075965.htm,最后访问日期:2017 年 10 月 2 日。

阶段的内容构成。[1]上海"12·31"外滩拥挤踩踏事件作为一起突发公共安全事件,由事前、事中、事后三阶段构成,其信息公开也可以分为事前、事中、事后三个阶段。上海"12·31"外滩拥挤踩踏事件本可避免,之所以上演这一悲剧,主要是因为政府的应急管理工作没有做到位。

(一)事前阶段应急信息公开存在的主要问题

(1)信息公开不及时。在此次事件中,政府信息公开工作不及时。据上海"12·31"外滩拥挤踩踏事件调查报告显示,踩踏事件发生的主要原因是绝大部分游客不知往年的外滩灯光秀移师外滩源。为何大部分游客不知倒计时活动的易址?原因就在于:作为主办方的黄浦区旅游局于2014年12月30日才对外正式公布新年倒计时活动信息。而在此之前,关于外滩停办灯光秀的消息,除了内部的工作人员,外部却少有人知悉。当地政府部门没有及时公开活动地点更改信息,是造成这次拥挤踩踏事件的直接原因之一。

(2)信息公开不全面。在上海"12·31"外滩拥挤踩踏事件中,政府尚未做好全面的信息公开工作。从2011年起,上海黄浦区政府已在外滩连续三年成功举办"新年倒计时活动"。但是关于2015年的"新年倒计时活动",政府部门却在2014年12月30日才发布活动的地点从往年的"外滩"更改到"外滩源"。然而,"外滩"与"外滩源"之区别何在?事实上,土生土长的上海人也未必能清楚地区别"外滩"与"外滩源"。这是因为"外滩"与"外滩源"是"面与点"之分——"外滩"实为"面",容量大;而"外滩源"则为"点",仅仅是外滩的一个点,容量极小。《政府信息公开条例》第6条规定:"行政机关应当及时、准确地公开政府信息。行政机关发现影响或者可能影响社会稳定、扰乱社会和经济管理秩序的虚假或者不完整信息的,应当发布准确的政府信息予以澄清。"黄浦区政府将活动地点从原先的"外滩"改到"外滩源",却未对仅是一字之差的活动地点作出特别的提醒与解释。也就是说,当地政府部门尚未明显意识到要对模糊的信息进行解释与说明,以至于对地点的变更未作出充分的宣传以及特别的提醒,从而导致人流形成"浪涌",最终致使拥挤踩踏的悲剧发生。

(3)风险评估不足。黄浦区政府未充分认识到市民游客对新年倒计时活

---

[1] 覃艳丽:"重大突发事件政府应急信息发布内容研究",湘潭大学2015年硕士学位论文,第24页。

动的热情,以致风险评估失误酿成悲剧。首先,在警力方面,黄浦公安分局于 12 月 25 日已制定新年倒计时活动安全保卫工作方案。其中,外滩、南京路沿线秩序维护警力 350 名(陈毅广场 60 名,阶梯处 7 名)。[1]事发地仅几百安保人员在维护秩序、控制十几万群众,力量比较单薄。其次,在人流监测方面,根据上海市通信管理局、上海市公安局、地铁运营企业(即申通集团)等部门单位提供的数据综合分析,事发当晚外滩风景区的人员流量,20时至 21 时约 12 万人,21 时至 22 时约 16 万人,22 时至 23 时约 24 万人,23时至事件发生时约 31 万人。[2]黄浦公安分局没有根据人员流量进行风险评估而造成悲剧。此外,在警力调配方面,黄浦公安分局迟迟未因人员流量的增多而提出警力需求,即当地政府部门未对人员流量作出正确的评估而造成事故的发生。事实上,外滩作为上海的标志性景点及节假日人流的聚集场所,不论外滩是否举行"新年倒计时活动",当地政府部门也应当在节假日加强应急管理工作。

(4)信息公开不高效。上海"12·31"外滩拥挤踩踏事件表明,当地政府部门的应急信息公开工作效率并不高。据统计,外滩停办灯光秀的消息最早由新民网于 2014 年 12 月 23 日发出,随后《新闻晨报》于 12 月 25 日报道称,外滩的跨年庆祝活动目前市、区的相关部门还在商议中,是否取消、是否还有"灯光秀",尚未确定。《东方早报》在 2014 年 12 月 25 日首个报道称,外滩灯光秀将移师外滩源。至于官方信息,则是在 2014 年 12 月 30 日上海市政府的官方微博"上海发布"所发的讯息——外滩源明晚将上演 5D 灯光秀,东方卫视全球直播。而对于外滩是否还有往常的灯光秀,以及外滩源与外滩的区别,并未作出明示。[3]可见,在新媒体时代,当地政府部门对于所主办的灯光秀活动信息的公开并不高效,没有充分地利用新闻媒体、政务微博、报纸等形式进行广泛宣传,从而导致上海"12·31"外滩拥挤踩踏事件的发生。

---

[1] 外滩踩踏事件联合调查组:"上海 12·31 外滩踩踏事件调查报告",载 http://news.xinhuanet.com/politics/2015-01/21/c_1114075965.htm,最后访问日期:2017 年 10 月 4 日。

[2] 外滩踩踏事件联合调查组:"上海 12·31 外滩踩踏事件调查报告",载 http://news.xinhuanet.com/politics/2015-01/21/c_1114075965.htm,最后访问日期:2017 年 10 月 4 日。

[3] "致命的跨年灯光秀",载 http://www.ncwbw.cn/html/2015-01/06/content_205148.htm?div=-1,最后访问日期:2017 年 10 月 2 日。

(二) 事中阶段应急信息公开存在的主要问题

事中信息，系指事件发生之后，政府在应对过程中所采取的处置措施、应对方案等信息，同时也包括其他非政府力量在共同参与应对过程中所形成的信息。上海"12·31"外滩拥挤踩踏事件应急处置过程中，其信息公开也存在一些不足，主要表现在：

(1) 应急预警信息缺乏。在上海"12·31"外滩拥挤踩踏事件发生之时，当地政府部门未借助微博、新闻媒体、手机短信等渠道发布与通报现场的相关情况信息，没有做好充分的应急预警信息的发布工作，在踩踏事件发生之时，起初是几名年轻人站在高处的观景平台向还在涌向观景平台的人大声地喊"往后退"，最后，在几位"后退哥"的带动下，现场的人员才渐渐地加入呼喊的队伍行列。[1]"后退"队伍充分地显示了当地政府部门在事发之时并未利用广播等设备，对现场的情况进行及时的警示与警告，甚至是及时地发布官方信息。此外，当地政府部门未实施交通临时管制措施，而造成私家车、出租车和公交车等陷入人海中，使得人群挤压、失去自由而随波逐流，最终都涌向观景平台动弹不得，酿成上海"12·31"外滩拥挤踩踏事件的悲剧。

(2) 信息公开落实不到位。在上海"12·31"外滩拥挤踩踏事件发生之际，当地政府部门未及时、正确地发布现场情况的信息。警民直通车—上海微博平台于2014年12月31日23时32分发布："外滩迎新场面壮观，虽然人多，但秩序还算有序，希望在现场的童鞋们配合民警和武警蜀黍的指挥，平安跨新年，外滩已近饱和，蜀黍建议择地前往跨年。"然而，在2014年12月31日23时48分，警民直通车—上海微博平台再次发布一则微博，该微博并非发出外滩已上演"拥挤踩踏事件"，而是："目前外滩情况良好，晚上游客可能会比较多，难免造成拥挤，在此提醒大家伙，请配合现场蜀黍的工作，有序行进！准备前往的童鞋可以改地方啦……一会儿蜀黍将会发布其他跨年热门地点的实时情况，欢迎大家关注！"这则微博明显地表明在事发之时，警民直通车—上海微博平台尚未知悉踩踏事件之事。这也说明在"上海拥挤踩踏事件"发生之际，当地政府部门并未认真地落实应急信息公开工作，而导

---

〔1〕 李欣："上海踩踏事件现场：十多个高喊后退的人素不相识"，载 http://www.chinanews.com/sh/2015/01-02/6930158.shtml，最后访问日期：2017年10月2日。

致有影响力与代表性的微博平台发布与事实差距很大的信息。

(三) 事后阶段应急信息公开存在的主要问题

事后应急信息主要是指在突发事件平息或者结束后的信息。在上海"12·31"外滩拥挤踩踏事件善后处理阶段,其信息公开也存在一些问题,主要表现在事后信息公开不全面。上海"12·31"外滩拥挤踩踏事件发生后,当地政府部门及时对受伤人员进行清查,并及时地发布遇难者名单,避免因信息差而产生次生危机。在事件发生后,当地政府部门通过多种途径确认伤亡人员身份,在2015年1月2日及时向社会公布遇难者名单[1],使得公众及时知晓遇难者,确保了外界及时地获取遇难者信息,避免谣言的滋生、散播;在安抚家属的工作上,政府部门启动了心理援助工作,上海市精神卫生中心组成了8个人的专家组,并召集了6家区县的精神卫生中心,近40位人员组成了应急后备队伍[2];另外,上海市黄浦区政府会同有关社会组织共同研究制定了遇难人员家属救助方案,确定此次事件遇难人员家属的救助抚慰金为人民币80万元。[3]由此可见,当地政府部门及时做好遇难者家属的安抚工作,避免了人心的不稳。此外,在事件发生后,政府部门迅速启动对事件的调查与追究问责工作,要求对此事件进行深刻的反思,并且对上海"12·31"外滩拥挤踩踏事件作出了重要的指示。

三、案例小结

随着全球化的发展,我国早已踏入德国著名社会学家乌尔里希·贝克所说的"风险社会"。风险自古有之,既有"人为",也有"天为"。古人云:"天有不测风云,人有旦夕祸福。"人类要做的是预防,做到"未雨绸缪、防患于未然"。上海"12·31"外滩拥挤踩踏事件"作为一起突发公共安全事件,在实际上是能够避免的,但最终因"人祸"而上演悲剧。

随着经济社会的发展以及人口的增多,凡是重大节假日,公共场所总是

---

[1] "上海外滩踩踏事件首批32位遇难者名单布",载http://news.xinhuanet.com/local/2015-01/02/c_1113850778.htm,最后访问日期:2017年10月2日。

[2] "上海踩踏事故近40人队伍参与心理干预",载http://news.youth.cn/gn/201501/t20150103_6379614.htm,最后访问日期:2017年10月2日。

[3] "上海外滩踩踏事件遇难者家属将获80万抚慰金",载http://www.chinanews.com/gn/2015/01-21/6992534.shtml,最后访问日期:2017年10月3日。

人满为患，极易发生群体性拥挤踩踏事件。所谓群体性拥挤踩踏事件，系指在人员密集的场所中，因现场秩序失去控制而发生拥挤、混乱，从而导致大量人员的挤伤、窒息或是踩踏而死亡的事件或事故。[1]人口愈密集的地方，其风险指数愈高。上海作为国际化大都市，在跨年之夜不免人口上涨，风险系数亦随之而上升。但是，在2015年的跨年之夜，上海市政府部门却未意识到风险之大，也未做到"未雨绸缪""防患于未然"。在事发之前，不仅忽略了游客、市民对"新年倒计时"活动的热忱，也忽视了人流量大的节假日做好应急管理工作的重要性；在事发之前，缺乏必要的应急预警信息，事发后应急信息公开落实亦不到位。总而言之，诸多因素导致上海"12·31"外滩拥挤踩踏事件最终在本应欢乐的跨年之夜发生。

通过对上海"12·31"外滩拥挤踩踏事件的具体分析，可以看出，政府应急信息公开工作的好与坏，关乎民众的生命财产安全与社会的安定，亦关乎政府的形象与公信力。上海"12·31"外滩拥挤踩踏事件表明，我国的政府应急管理工作仍需加强，政府应急信息公开工作还有许多问题需要解决。

第二节　我国政府应急信息公开工作的现状分析

我国历来高度重视信息公开工作，力求打造阳光透明的服务型政府，提高政府公信力，特别是自SARS事件以来，进一步加强了政府应急信息公开工作，在应急信息公开的法律体系、组织体系、预警机制、问责制度等方面取得了长足进步。在肯定成绩的同时，我们也应清醒地认识到，我国政府的应急信息公开工作还存在一些不足之处，亟待进一步完善。

一、取得的主要成绩

近年来，我国政府对突发事件应急信息公开工作极为重视，积极推动应急信息公开工作的发展和完善，取得的成绩主要如下：

（一）应急信息公开法规体系初步建立

目前我国尚未出台专门针对突发事件应急信息公开的法律法规，相关的

---

[1] 寇丽平："群体性挤踏事件原因分析与预防研究"，载《中国人民公安大学学报（社会科学版）》2005年第4期，第16~22页。

法律法规主要有《突发事件应对法》和《政府信息公开条例》。

《突发事件应对法》于2007年8月30日第十届全国人民代表大会常务委员会第二十九次会议通过，自2007年11月1日起施行。该法要求对于突发事件信息要早发现、早报告、早预警，政府须统一、准确、及时、主动公开应急信息，不得迟报、谎报、瞒报、漏报突发事件信息，编造传播有关突发事件事态发展或应急处置工作虚假信息将被处罚。

《政府信息公开条例》于2007年1月17日国务院第165次常务会议通过，自2008年5月1日起施行。该条例确立了政府信息"公开为原则，不公开为例外"的重要理念，是我国目前唯一的一部规定政府信息公开的行政法规。它主要对政府信息公开的范围、公开的方式和程序、监督和保障作了相关规定，并在第10条第10项中明确规定"突发公共事件的应急预案、预警信息及应对情况"为县级以上各级人民政府及其部门应当重点公开的政府信息。

我国颁布的其他法律法规中，也有一些内容或多或少地涉及应急信息公开内容，主要分为四个大类：一是自然灾害类，如《水法》《森林法》《防震减灾法》《草原防火条例》等；二是事故灾难类，如《大气污染防治法》《水污染防治法》《建设工程质量管理条例》等；三是公共卫生事件类，如《突发公共卫生事件应急条例》《传染病防治法》《食品卫生法》等；四是社会安全事件类，如《民族区域自治法》《野生动物保护法》《民用爆炸物品管理条例》等。总体而言，以"一事一法"为主，基本做到了各方面有法可依，其中大部分法律法规规定了发生灾害时政府要及时向公众公布应急信息，这些法律法规共同组成了突发事件应急信息公开的法规体系。

此外，在一些位阶较低的一般性规范文件中对突发事件应急信息公开也作了相应规定。如《总体预案》中对于重大突发公共事件发生后信息的发布，要求要及时、准确、客观、全面，要积极主动，在第一时间向社会发布简要信息，信息发布的形式视情况灵活采用，主要包括授权发布、新闻发布会、媒体通气会等发布形式。并且要及时续报有关情况，保证在整个事件处置过程中始终有权威、正面、准确的舆论引导。2016年中共中央办公厅、国务院办公厅印发的《关于全面推进政务公开工作的意见》强调，要加强突发事件、公共安全、重大疫情等信息发布，负责处置的地方和部门是信息发布第一责任人，要快速反应、及时发声，根据处置进展动态发布信息，进一步推动我国应急信息公开的制度化、标准化建设。

笔者在湖南省人民政府应急管理办公室调研时获知,"十二五"期间,湖南省认真贯彻落实《突发事件应对法》《湖南省实施〈突发事件应对法〉办法》,制定发布《湖南省实施〈突发公共卫生事件应急条例〉办法》等地方性法规和政府规章5部,下发《湖南省人民政府关于切实加强应急管理工作的通知》等政策性文件40余件。[1]可见,从中央至地方,从《突发事件应对法》到各专项法律法规,我国已经初步建立起应急信息公开的法律法规体系。

(二) 应急管理工作组织体系逐渐健全

在我国应急管理实践中,应急管理组织体系遵循"统一领导、分级负责、快速反应、协同应对"的原则,以高效应对突发事件,切实保障人民群众的生命财产安全。目前,我国应急管理工作组织体系由领导机构、办事机构、工作机构、地方机构和专家组组成。其中,国务院是我国突发事件应急管理工作的最高行政领导机构,隶属于国务院办公厅的应急管理办公室,发挥着运转枢纽、综合协调的作用,是我国应急管理工作的主要办事机构。笔者在湖南省人民政府应急管理办公室调研中了解到,"十二五"期间,湖南省人民政府及时调整突发事件应急委员会和部分专业应急指挥机构,对应急管理工作的领导和指挥更加有力。全省95%的省直和中央在湘单位成立或明确了应急管理办事机构,14个市州政府以及绝大部分县市区政府成立了应急管理领导机构和办事机构,部分乡镇、街道、乡村、社区,以及大部分企业、学校明确了应急管理专兼职人员,"分类管理、分级负责、条块结合、属地为主"的应急管理体制进一步加强和理顺。[2]

近年来,由于各地方政府对于突发事件信息公开工作重视度的提高,基本上已设立起专门的政府应急管理办公室,组建应急队伍,负责本行政区域突发事件应急管理工作,推动我国应急管理组织体系逐渐健全。譬如,湖南省常德市就构建了包括以市长为首的常德市政府为领导机构,以市政府办公室为该市应急管理办事机构、以市直相关单位相关部门来承担相关类别突发事件的应急工作机构、以各区县政府为该行政领域的应急领导机构等四大机

---

[1] 湖南省应急办:"提升应急水平 突显治理成效 为湖南经济社会又好又快发展提供有力保障",载《中国应急管理》2017年第12期,第45页。

[2] 湖南省应急办:"提升应急水平 突显治理成效 为湖南经济社会又好又快发展提供有力保障",载《中国应急管理》2017年第12期,第45页。

构在内的应对突发公共事件的组织管理机构[1]。在突发事件现场的救援处置工作中,一般会成立专项应急指挥部,以统一领导、部署、指挥和协调各部门开展应急救援工作。譬如,2013年11月22日青岛中石化输油管线爆炸事故中,救援现场迅速成立了由省消防总队、市公安局、市消防支队组成的现场灭火指挥部,实现了科学指挥、全面联动、多线作战。2016年10月31日重庆市永川区金山沟煤矿发生瓦斯爆炸事故,国家安全生产监管总局相关领导率工作组赶赴事故现场,查看救援进展情况,并会同事故抢险救援指挥部,指导、部署救援处置工作。

(三)应急预警机制初步建立

凡事预则立,不预则废。突发事件的预警是一种前端控制,在突发事件爆发之前告知公众,赢得处理时间,未雨绸缪,有备无患,最大程度地减轻事件所造成的损失。我国高度重视突发事件应急预警体系的建设,2004年初,疾病预防控制中心建成疫情网络直报系统,该系统可实现对传染病病例个案信息的实时、在线报告和监测,能够及时掌握疾病流行的情况。目前,全国100%的县级及以上疾病预防控制机构、98%的县级以上医疗机构、94%的基层医疗卫生机构实现了法定传染病实时网络报告[2],为我国疫情的预防和控制提供可靠的信息支撑,也使得我国公共卫生事件疫情信息公开的及时性、准确性大幅度提高。

在"十一五"期间,国务院办公厅发布《"十一五"期间国家突发公共事件应急体系建设规划》,明确提出"依托中国气象局业务系统和气象预报信息发布系统,扩建信息收集、传输渠道及与之配套的业务系统,增加信息发布内容,形成我国突发公共事件预警信息综合发布系统"。

2011年国家突发公共事件预警信息发布系统项目建设启动,2015年5月全面启动业务运行工作,它主要依托中国气象局现有的业务系统和信息发布渠道,建设国家、省、地(市)三级预警信息发布管理平台,形成国家、省、地(市)、县四级相互衔接、规范统一的预警信息发布体系,目前我国形成了1个国家级发布中心、31个省级发布中心、343个地市级发布中心、2015个

---

[1] 吕冰玉:"地方政府应对突发事件的信息公开研究",湘潭大学2014年硕士学位论文,第23页。
[2] "中国建成全球最大疫情网络直报系统 每天监测数据2万例",载http://gb.cri.cn/42071/2014/03/27/7211s4481869.htm,最后访问日期:2016年10月10日。

县级发布机构的预警信息发布规模[1]。突发公共事件预警信息发布系统项目还建立了国家突发事件预警信息12379发布网站、微博及微信预警发布群，开通了"12379"免费短信服务号。通过电视、广播电台、网站、手机短信、微信微博、城市RDS系统、农村大喇叭等多种信息发布手段，能够让公众在系统发出灾害预警信息后10分钟之内接收到预警信息，真正建立起了多渠道、权威、畅通的突发事件应急信息发布渠道。

（四）应急问责制度开始建立

近年来，我国应急公开问责的力度不断加强，被问责的人数也不断地增加，做到失责必问、问责必严。譬如，2012年6月18日，河南省周口市淮阳县（今淮阳区，下同）鲁台镇东屯花炮厂发生爆炸事故，当地政府谎报事故伤亡人数，称死亡7人、受伤14人，后经调查核实，确认事故共死亡28人，受伤20人。周口市政府对淮阳县县长、副县长、安监局局长、鲁台镇党委书记、镇长等相关责任人进行了严肃问责处理[2]。2012年12月15日南吕梁山隧道发生爆炸事故后，事故单位没有按规定上报事故，而是自行组织抢救，谎称只有2人受伤，并私自处理8名遇难者的遗体，山西省政府经调查后对参与事故瞒报的40余人进行了问责处理[3]。

在政府应急信息公开问责制度的建设中，除了在《政府信息公开条例》和《突发事件应对法》中对问责制度进行规定以外，不少地方政府积极探索本地区问责制度的建设，如2005年深圳市出台了《深圳市人民政府部门行政首长问责暂行办法》，2008年贵州省石阡县出台了《行政首长问责暂行办法》，2011年江苏省发布了《江苏省实施〈中华人民共和国突发事件应对法〉办法》，2016年4月湖北省实施的《湖北省行政问责办法》，等等，都规定对重大突发事件、事故中瞒报、谎报、漏报应急信息、未及时履职采取应急措施造成不良影响及后果的，应当追究其行政责任。河南省人民政府办公厅2016年4月印发的《河南省突发事件预警信息发布运行管理办法（试行）》明确规

---

[1] 张慧媛："国家突发事件预警信息发布系统介绍"，载http://www.weather.com.cn/zt/qxfwzt/2518418.shtml，最后访问日期：2016年6月11日。

[2] 龚砚庆："淮阳爆炸事故瞒报被查处 已问责相关责任人"，载http://hn.ifeng.com/zixun/yaowen/detail_2012_08/30/313022_0.shtml，最后访问日期：2016年6月11日。

[3] "山西严惩南吕梁山隧道事故瞒报责任人40人被问责"，载http://news.xinhuanet.com/politics/2013-02/05/c_124327494.htm，最后访问日期：2016年4月16日。

定，玩忽职守，导致预警信息发布出现重大失误，造成严重；未经授权擅自向社会发布预警信息；擅自更改或者不按规定发布预警信息；编造并传播虚假预警信息，或者明知是虚假预警信息而传播；收到预警信息未及时向社会传播等都将被依法追责。[1]

二、存在的主要不足

近年来，尽管我国政府应急信息公开工作取得了长足进步，但仍存在诸多不足之处，主要表现在以下几个方面：

（一）应急信息公开法律制度不完善

我国目前还没有制定专门的关于突发事件应急信息公开的法律法规，相关的规定散见于其他法律法规中，这也致使我国应急信息公开缺乏完整的法律框架，法规体系还有待进一步完善。

（1）立法依据缺失。我国对政府应急信息公开制度的立法依据的缺失主要体现在知情权的缺失上。在政府应急管理过程中，对于公民而言，只有充分地满足公民的知情权，才能使之有效地行使表达权、参与权与监督权，从而快速有效地处理紧急突发事件。在已颁布的《政府信息公开条例》中虽然对公民的知情权已经有了比较明确的表述，但是在我国的《宪法》中没有明确规定公民的知情权，仅在《宪法》第41条规定："中华人民共和国公民对于任何国家机关和国家工作人员，有提出批评和建议的权利；对于任何国家机关和国家工作人员的违法失职行为，有向有关国家机关提出申诉、控告或者检举的权利……"立法依据的缺失，使得突发事件应急信息公开法规建设任重道远。公民的知情权难以得到有效保障，处于比较被动的局面，这也导致个别政府部门在应急信息公开工作中行动迟缓，甚至是不作为。

（2）公开范围待规范。突发事件应急信息以何种标准进行公开？哪些信息能够公开或者需要公开？这对于保护国家秘密、公民隐私以及商业秘密来说极其重要，也是推进应急信息公开制度发展的必要条件。在《政府信息公开条例》中虽然规定了政府信息的保密审查机制，但就其具体的规定而言，其就处于一个比较尴尬的地位。一方面，从立法角度来说，《政府信息公开条

---

[1] 王建芳："《河南省突发事件预警信息发布运行管理办法（试行）》印发——不及时发布预警信息将追责"，载《河南法制报》2016年5月17日。

例》属于国务院发布的行政法规，其法律位阶明显低于人民代表大会制定的法律，如《档案法》和《保守国家秘密法》等上位法律。所以当《政府信息公开条例》在信息公开范围的规定上与《保守国家秘密法》《档案法》发生冲突时，其规定是无效的。即使不冲突，由于《政府信息公开条例》只是行政法规，缺乏相应的法律约束力，无法有效约束政府的应急行为；另一方面，我国对于国家秘密范围的规定十分广泛，2010年修订的《保守国家秘密法》第9条规定："下列涉及国家安全和利益的事项，泄露后可能损害国家在政治、经济、国防、外交等领域的安全和利益的，应当确定为国家秘密：（一）国家事务重大决策中的秘密事项；（二）国防建设和武装力量活动中的秘密事项；（三）外交和外事活动中的秘密事项以及对外承担保密义务的秘密事项；（四）国民经济和社会发展中的秘密事项；（五）科学技术中的秘密事项；（六）维护国家安全活动和追查刑事犯罪中的秘密事项；（七）经国家保密行政管理部门确定的其他秘密事项。政党的秘密事项中符合前款规定的，属于国家秘密。"定密的标准也比较模糊，很难区分秘密与非秘密的界限，这就导致在突发事件发生后，一些非保密的信息很难通过正常渠道向公众及时公开。

（3）具体内容待完善。目前我国缺乏专门针对突发事件应急信息公开的法律法规。虽然在《政府信息公开条例》和《突发事件应对法》中对突发事件应急信息公开有相关的规定，但许多规定过于原则，没有进行明确、具体的规定，仅仅责令有关政府部门要及时主动公开政府信息，对于公开的主体、公开的范围、公开的时限、公开的程度、公开的方式以及不公开应承担什么样的责任等都存在不涉及或者不完整的问题，在实际应用中可操作性不强。由于应急信息公开缺乏法律的强制性，政府部门在突发事件应急信息公开中法律依据不足，保留了大量的自由裁量权。这使得政府部门在应急信息公开过程中随意性较大，致使形式主义严重，避重就轻、避实就虚等情况不断出现，甚至可能会拖延、阻挠、拒绝应急信息公开，这些弊端容易引发社会的恐慌和不稳定，进而导致政府的公信力和权威性下降。此外，在诸如《突发公共卫生事件应急条例》《传染病防治法》《防震减灾法》《水污染防治法》等法律法规中虽然有关于突发事件应急信息公开方面的规定，但也过于单薄，对于应急信息公开的内容和范围缺乏明确具体的要求，可操作性不强。

（二）应急信息公开的主体不固定或缺位现象比较普遍

目前我国还缺乏突发事件应急信息统一发布的常设管理机构，在突发事件中，政府往往根据事件的性质、类型的不同，指定或者成立由专门的政府部门负责的临时性的应急信息管理和发布中心。如 SARS 事件时期就指定当时的卫生部作为信息公布的主体，地震时成立的抗震救灾总指挥部。这种应急信息公开主体的不固定，虽然能够根据突发事件类型的不同而"随机应变"，且运行的成本较低，但从长远发展以及应急管理的有效性来看，还是存在一些弊端。首先，专业性不强。临时组建的应急指挥机构，其内部人员不一定具有处理突发事件的经验和能力，各个成员或部门之间的协作能力、办事风格等都需要磨合，影响应急处理效率的提升。其次，容易导致信息混乱。由于各个政府部门之间权责不明、职能交叉或者部门分割等因素，容易造成各部门之间对应急信息公开的争夺或互相推诿，致使信息公布延迟、混乱甚至缺失。而且，突发事件具有多样性和群发性，一个地区可能会爆发多起突发事件，一起突发事件往往会衍生一系列的次生灾害，各部门通常会根据自己的部门职能和职权范围各自发文，造成信息发布的重叠甚至冲突，从而影响政府的权威性和公信力。最后，不利于经验的积累。突发事件处理结束后，相关人员随即回到原机关，关于事件处理过程的资料、报告等也分散在各相关部门档案中，既难以对突发事件的处理过程保留一个完整的应对经验，也难以对以后类似性质的突发事件提供系统借鉴。

除公开主体不固定外，主体缺位现象在政府应急管理工作中仍然存在，如"十二五"期间，湖南省的应急管理组织机构不够健全的现象还没有杜绝，少数县市区政府没有成立应急管理办事机构，部分乡镇、街道等基层单位没有专职应急管理工作人员。这种现象的存在，影响着政府应急信息管理工作的正常开展与常态化。

（三）应急信息沟通渠道不畅通现象依然存在

根据《政府信息公开条例》的规定，政府公报、政府网站、新闻发布会以及报刊、广播、电视等都是政府信息的公开渠道。但政府公报、报刊等传统媒体由于受时间、版面、容量等因素的限制，应急信息发布时往往已经错过了最佳时机，也错过了危机处理的最佳时间，应急信息的时效性受到影响。网络传播无疑是一种新型传播方式。便捷的网络信息传播方式正蓬勃发展，政府网站、政务微博、政务微信、客户端等逐渐成为政府应急信息公开的新型重要渠道。其中政府网站因其自身的优势成为政府应急信息公开的第一平台，政务微博"集群化"发展、微博微信的"双微联动"以及官方微博、微信、新闻客户端的"两微一端"的发展也在促进政府应急信息公开、引导社会舆论等方面起着越来越重要的作用。

2015年8月12日，位于天津市滨海新区天津港的瑞海国际物流有限公司（以下简称"瑞海公司"）危险品仓库发生特别重大火灾爆炸事故，事故造成165人遇难、8人失踪、798人受伤，已核定直接经济损失68.66亿元人民币。事故发生在2015年8月12日23时30分左右，"天津消防"是天津政务微博群中最早对事故进行报道的，首条微博的发布时间是8月13日凌晨1时43分。作为当地政府办公室的官方微博"滨海发布"和"天津发布"，其首次发声均是在事故发生3个多小时以后，而天津市政务微博集群内的其他政务微博大多未在第一时间发声。虽然"天津消防"发布的首条微博传播范围很广，在较短的时间内得到较高关注，但此后发布的博文传播效果明显减弱。[1]从响应情况来看，该爆炸事故中天津政务微博集群整体反应速度相对滞缓，其信息发布大多在媒体微博和网民微博之后。爆炸事故发生后，天津政务微博集群信息发布处于被动地位，其发声往往是在社会舆论的倒逼下进行的。其运作逻辑为：事件及其特定方面在网民和媒体的持续跟进中形成社会舆论后，政务微博才考虑发布相关信息，这反映出该政务微博信息发布的滞后性。官方未在第一时间发布事故信息，给谣言滋生留下空间，也给后续的舆论引导造成被动。[2]部分政务微博主要以转发其他政务微博的信息为主，而且议题主要集中于"事件进展"，同质化较为严重；部分政务微博在爆炸事故中长期"失声"，如"天津城乡建设""天津统计""天津食品药品监管""天津人防"等未发布与爆炸事故相关的微博内容。[3]

(四) 应急信息发布行为有待进一步规范

在突发事件应对过程中，新闻媒体和政府信息发布行为的规范性，对于

---

[1] 陈世英等："突发事件中地方政务微博群信息发布策略研究——以'8·12'天津港特大火灾爆炸事故为例"，载《情报杂志》2016年第12期，第28~33页。

[2] 陈世英等："突发事件中地方政务微博群信息发布策略研究——以'8·12'天津港特大火灾爆炸事故为例"，载《情报杂志》2016年第12期，第28~33页。

[3] 陈世英等："突发事件中地方政务微博群信息发布策略研究——以'8·12'天津港特大火灾爆炸事故为例"，载《情报杂志》2016年第12期，第28~33页。

充分发挥媒体的积极作用、增强信息的权威性以及遏制谣言的传播来说具有正面效应。媒体是政府应对危机的好伙伴，可以使各种应急信息得以快速传播，但在传播的效果上则有一些不尽如人意的地方。在突发事件中注重报道政府部门及官员的功绩，注重对突发事件氛围的渲染，注重对正面信息的报道，这样做的结果有可能会导致社会负面舆论和负面情绪爆发，也可能因此贻误突发事件的应对时机。2011年"7·23"甬温线特别重大铁路交通事故中，新闻发言人在应急信息公开过程中，避重就轻，没有如实公开事故的真实原因、救援方案、伤亡人数等核心信息，并在面对公众质疑时，甚至出现"至于你信不信，我反正信了"等不严谨的言辞，对政府的形象以及公信力产生了负面影响。在政府应急信息发布行为中，政府新闻发言人与新闻媒体有着最直接的联系，其以新闻媒体为媒介实现政府与公众之间的沟通。目前我国政府新闻发言人制度还未健全，在突发事件中还存在信息公布不及时、不全面等现象，对一些敏感的问题不能正面回应，这种态度也极易成为谣言的滋生点，不利于公民知情权的实现，也会降低政府在公众心目中的形象，影响政府的权威性和公信力。

以天津港"8·12"瑞海公司危险品仓库特别重大火灾爆炸事故后政府新闻发布会为例，每次新闻发布会的参会人员均有变化，新闻发布会信源不统一，官方回应层级不统一。据统计，参加前10次新闻发布会的发言人，涵盖政府、环保、卫生、消防、安监、专家、军队、天津港8个领域，共44人次。新闻发布会前后既有市一级官员，也有区一级官员，团组织和民间救援组织也有列席，除了主持人以外，新闻发布会参会人员不断变化。由于参加新闻发布会的人员不断变化，面对记者的提问，新闻发言人常以"相关单位没参加这场发布会"以及"这不是我的职责"进行推诿，天津港"8·12"瑞海公司危险品仓库特别重大火灾爆炸事故新闻发布会总体统筹欠缺，主要行政官员的缺席，使得诸事要"商量"、情况要"了解"成了发布会的常态。此外，由于没有统筹授权，每个部门"说什么，怎么说"都在仔细掂量，政府各部门左支右绌，缺乏有效的信息交互，致使第六次新闻发布会为了核实伤亡数字，延迟20分钟才开始。从每次新闻发布会后的新闻报道转载量来看，普遍只有百余次，报道内容也多集中在更新伤亡情况方面，未能满足公众对焦点信息的需求。8月15日，网易、新浪等网络媒体以《发布会关键词：不清楚　不回答　不关我事　我很忙》为题，转发新闻发布会消息，网民跟帖以负面评论居多。[1]

(五) 应急信息公开不及时、不准确、不充分等现象时有发生

2011年6月，国家安监总局下发《生产经营单位瞒报谎报事故行为查处办法》，这是我国首次对安全生产事故瞒报、谎报行为作出专门查处规定。尽管我国对于瞒报迟报事故的惩处力度越来越大，问责机制也在不断健全，但是在突发事件特别是重大生产事故面前，各种瞒报、谎报现象依然还有发生。《天津港"8·12"瑞海公司危险品仓库特别重大火灾爆炸事故调查报告》指出："事故发生后在信息公开、舆论应对等方面不够及时有效，造成一些负面影响。"[2]

2017年8月11号下午4时左右，山西和顺煤矿发生滑坡事故。国务院安委办[2017]23号的通报表明，事故发生后，吕鑫煤业有预谋、有计划、有组织地瞒报事故。和顺县政府相关部门在接到事故举报信息后，在未认真核查取证的情况下，作出了没有人员伤亡的结论。[3]可见，在我国的企业安全生产事故中，瞒报、谎报现象还比较突出，信息公开不及时、不准确的问题还时有发生。

(六) 应急信息公开监督保障制度薄弱

目前我国有关应急信息公开监督保障制度的规定不完善，主要表现在：

(1) 监督制度不完善。我国目前的法律法规中，对突发事件应急信息公开监督制度的规定很少。《政府信息公开条例》第47条规定："政府信息公开工作主管部门应当加强对政府信息公开工作的日常指导和监督检查……"《政府信息公开条例》第53条规定："行政机关违反本条例的规定，有下列情形之一的，由上一级行政机关责令改正；情节严重的，对负有责任的领导人员和直接责任人员依法给予处分；构成犯罪的，依法追究刑事责任；……"在《突发事件应对法》中，只有第63条规定："地方各级人民政府和县级以上各级人民政府有关部门违反本法规定，不履行法定职责的，由其上级行政机关

---

[1] 肖峰、郭傲寒：《政府舆情危机应对的短板及解决路径——以天津港爆炸事故后政府新闻发布会为例》，载《武陵学刊》2015年第6期，第119~123页。

[2] 国务院天津港"8·12"瑞海公司危险品仓库特别重大火灾爆炸事故调查组："天津'8·12'瑞海公司危险品仓库特别重大火灾爆炸事故调查报告"，2016年。

[3] "安委办通报山西和顺滑坡事故：已致8死1伤1失踪"，载http://www.mnw.cn/news/shehui/1822719.html，最后访问日期：2017年10月1日。

或者监察机关责令改正……"可以看出,《政府信息公开条例》只是说明了由上级行政机关或监察机关对地方各级政府信息公开行为进行监督,责令整改。但是对政府信息公开具体的监督方式、范围等都未进行明确规定,导致政府部门公开信息内容的准确性和真实性、完整性以及公开程序等很难受到监督和约束,可操作性不强,对在突发事件应急信息公开中出现重大失误的部门和人员也很难追究其相关责任。

(2)救济制度待完善。在突发事件应急信息的公开中,政府拥有绝对的掌控权,如果政府未将这些与公民切身利益息息相关的信息公开,公民的权利毋庸置疑会受到影响。突发事件应急信息公开的救济制度对于保障公民的知情权、防止行政权力的滥用作用突出。救济制度一般分为行政救济和司法救济。我国救济制度体系并不完善,在《行政复议法》中没有对公民因知情权损害提起行政复议的规定。《政府信息公开条例》第33条第1款和第2款规定:"行政机关收到政府信息公开申请,能够当场答复的,应当当场予以答复。行政机关不能当场答复的,应当自收到申请之日起20个工作日内予以答复;需要延长答复期限的,应当经政府信息公开工作机构负责人同意并告知申请人,延长的期限最长不得超过20个工作日。"《政府信息公开条例》第51条规定:"公民、法人或者其他组织认为行政机关在政府信息公开工作中侵犯其合法权益的,可以向上一级行政机关或者政府信息公开工作主管部门投诉、举报,也可以依法申请行政复议或者提起行政诉讼。"可以看出,这两条规定针对信息公开而言,尽管这里的信息可以理解为包含了应急信息,但笔者认为,在《政府应急信息公开条例》中还可以补充一些有关应急信息公开的条款,完善应急信息公开的救济制度。

第三节 国外政府应急信息公开工作的成功经验

目前,世界各国政府的信息公开工作中,美国被公认为信息公开制度最为完备、最为先进、对世界各国影响最大的国家。日本因自然灾害频发,其危机信息管理体系非常完善。俄罗斯地域辽阔,自然灾害等频发,经过不断探索,也形成了其独具特色的应急信息管理机制。本节通过梳理美国、日本、俄罗斯等国在政府应急信息公开方面的成功经验,以期为我国政府应急信息公开工作提供有益借鉴。

一、美国政府应急信息公开工作的成功经验

美国是开发利用政府信息较早的国家,也是目前信息公开制度最为完备、最为先进、对世界各国影响最大的国家之一。其关于信息公开的主要法律是1966年制定的《信息自由法》、1972年制定的《咨询委员会法》、1974年制定的《隐私权法》或称《私人秘密法》、1976年制定的《阳光下的政府法》。[1]其中,对世界产生重要影响的是《信息自由法》。该法急剧扩大了公众获得由联邦政府掌控的文件和信息的权利,有力地促进了政府信息的公开,使政府服务基本上纳入了制度化、法制化的轨道。[2]美国在政府应急信息公开方面具有以下几个主要特征:

(一) 明确了公民的知情权

美国政府信息公开法律制度体系主要由《信息自由法》《隐私权法》《阳光下的政府法》三部法律共同构建,这三部法律奠定了美国政府信息公开的法律基础,共同构筑了政府信息公开制度体系。美国政府信息公开制度将政府信息公开作为公众的权力,为确保公众对政府信息的获取权,《信息自由法》确立了四项主要原则:①政府信息公开是原则,不公开是例外。除涉及国家安全、个人隐私、商业秘密等豁免公开的九项信息外,所有的政府信息均应公开;②政府信息面前人人平等。政府信息具有公共财产的性质,人人享有平等获取的权利,个人申请获取信息无需申明理由;③政府拒绝提供信息要负举证责任。政府拒绝提供申请人查询的信息,必须负责说明理由;④法院具有重新审理的权力。在政府机构拒绝提供信息,申请者请求司法救济时,法院对行政决定所依据的事实可以重新审理。[3]《阳光下的政府法》是一部规定合议制行政机关会议公开举行的法律,该法拓宽了政府信息的公开领域,要求行政机关的会议必须公开举行,公众可以观察会议的进程,取得会议的信息和文件。依据该法,除法律所列举的九种情况外,所有由两名或两名以上的个人成员为领导的委员会制行政机关,以及被授权代表该机关行事的分支机构的会议都必须公开举行,公众根据规定取得出席、旁听和观看等观

---

[1] 刘杰:《知情权与信息公开法》,清华大学出版社2005年版,第16页。
[2] 丁先存:"论美国的政府信息公开制度",载《情报科学》2001年第3期,第329~332页。
[3] 黄梓良:"外国的信息公开立法实践及其启示",载《情报杂志》2003年第7期,第105~106页。

察权。[1]《隐私权法》则规定行政机关对个人信息的收集、利用和传播必须遵守规则，意在解决政府信息公开与保护个人隐私之间的矛盾。个人隐私没有保障，个人自由就会受到限制，公民获取政府信息的权力也会受到影响。该法主要是承认政府掌握的个人情报有关人的利益及保护隐私权控制，联邦政府处理个人记录的行为；平衡个人隐私权的利益和行政机关合法执行职务的公共利益。[2]《信息自由法》《阳光下的政府法》和《隐私权法》三部法律相辅相成，形成了一个相对完整的政府信息公开法律制度体系，共同为公民的知情权保驾护航。

（二）建立了专门的应急信息管理机构

美国政府主要的应急管理机构是联邦应急管理署（Federal Emergency Management Agency，FEMA）。"9·11"事件以后，美国进一步建立健全应急管理体制，成立了国土安全部，整合了8个联邦部门的22个机构，加强各类突发事件应急响应能力建设。为了加强应急信息管理工作，美国通过建立专门的应急信息发布机构，实现信息发布工作的常态化。譬如，美国针对突发事件的信息发布成立事件指挥委员会，下设三个部门：信息采集与制作部门、信息传播部门和现场信息部门。美国的突发事件信息发布是共同合作的信息发布系统，信息共享。[3]

美国各级政府的应急管理办公室（OEM）下设专门的公共信息办公室（Office of Public Information，OPI）负责统一管理灾害信息的发布工作。[4]在突发事件爆发前，OPI不断地向公众宣传防灾减灾知识；事件爆发后，OPI协调公众信息战略，确保各政府机构和相关组织向外传递一致信息。[5]美国相关机构还组织编写各种有关应急信息发布的指南和手册，内容涉及信息发布的原则、信息发布的受众、应对媒体的技巧、信息发布预案编制等内容。[6]

（三）积极开发各种应急信息发布系统

美国政府部门积极利用现代信息技术，建立起各种突发事件预警系统，

---

［1］ 张煊："我国政府信息公开研究"，华中师范大学2008年硕士学位论文，第7页。
［2］ 刘杰："外国情报公开法述评"，载《法学家》2000年第2期，第124~129页。
［3］ 王威："美国突发事件信息发布原则"，载《青年记者》2016年第6期，第97页。
［4］ 钟开斌：《中外政府应急管理比较》，国家行政学院出版社2012年版，第215~216页。
［5］ 钟开斌：《中外政府应急管理比较》，国家行政学院出版社2012年版，第215~216页。
［6］ 钟开斌：《中外政府应急管理比较》，国家行政学院出版社2012年版，第215~216页。

增强应急信息发布的效能。发生灾害危险或灾害事件时，美国经常通过突发事件警报系统，迅速、直接地将信息传达到机构和个人，从而让公众在第一时间了解信息，掌握灾情，做好准备。[1]美国突发事件警报的主要方式包括文字、声音和应急警报系统三种：①文字警报通过可显示文字的设备（如手机、电子邮件、寻呼机、传真和掌上电脑等），向公众发布有关突发事件信息的警报。②声音警报使应急管理人员通过电话告知市民具体地区已经发生或迫近的危险，并建议市民采取撤离、躲避等应急措施。应急管理人员可以精确地进行地理定位，并用电话警告该范围内的居民，提供应急指导。③应急警报系统则通过与地方媒体合作，通过媒体设备向市民广播突发事件警报。[2]美国健康与人类服务部在原有的公共卫生信息网上开发了一套覆盖全国的通信系统来支持灾害的防备和应对活动。建立于20世纪90年代的公共卫生信息网主要由美国疾病防疫中心公共卫生信息办维护，这个信息网络确保了州政府之间能畅通无阻地共享与医疗、环境和国土安全相关的所有信息。[3]

随着移动终端的成本不断降低、应用程序功能愈发强大以及通信技术的支持，通过手机接入移动互联网成了人们的主要上网方式，手机同时也是在突发事件发生后建立联系的主要工具。FEMA因此开发了移动手机版的官方网站和安卓应用工作。用户利用安卓应用工具，可以上传遭遇突发事件的亲友的具体位置、查询地图上的避难地点与赈灾中心、订阅联邦应急管理局博客、获得在突发事件各个阶段的安全建议等，导航的易用和提供详细的灾害应对措施大大提高了用户参与应急响应的效率。[4]2017年8月25日夜间，美国遭遇哈维飓风。在此次哈维飓风救援过程中，FEMA专门创建了一个推送防灾预备关键信息的应用。此外，机构还雇佣人员从开放网络中收集能协助赈灾的信息。这些"社会聆听者"会查看Facebook、Snapchat和其他社交媒体帖子的相关信息。灾难发生时，工作人员负责收集情报，再将需要救援的地区向机构汇报。用FEMA国家公共事务主任拉斐尔·勒麦特的话说，就是

---

[1] 钟开斌：《中外政府应急管理比较》，国家行政学院出版社2012年版，第215~216页。

[2] 钟开斌：《中外政府应急管理比较》，国家行政学院出版社2012年版，第215~216页。

[3] 沈晨、杨文雅："美国公共信息网络在突发紧急灾难中的运用和启示"，载《电子政务》2008年第12期，第105~111页。

[4] 夏志杰、王冰冰：《基于社会化媒体的非常规突发事件应急信息共享研究》，同济大学出版社2016年版，第33页。

"将正确的信息向正确的人们传达"。[1]

二、日本政府应急信息公开工作的成功经验

日本是一个自然灾害频发的国家,地震、海啸、火山、台风等经常发生。这些都使得日本整体的忧患意识和危机感较强。对于日本政府来说,危机管理属于政府运作的常态,其减灾防灾系统相当发达,突发事件应急管理能力也很强。日本于1999年5月7日经国会正式审议通过《行政机关保有信息公开法》(简称《信息公开法》),2001年4月正式实施,该法的颁布意味着日本在国家的层面上正式建立起行政信息的公开制度。[2]2001年12月又颁布了与之配套的《关于独立行政法人等保有信息公开的法律》,为公众查询利用政府信息提供了法律保障。2002年10月,中央防灾会议新设立了"防灾信息共享专门调查会"。2003年3月,中央防灾会议通过了《关于完善防灾信息体系的基本方针》,该方针对今后完善防灾信息体系的建设具有重要意义。此外,气象业务法也规定,地震发生后要马上将有关信息传递到警察机构,地方政府、通信公司、电视媒体、海保厅、消防机构等,并由此再迅速传递到学校、居民家庭、医院和船舶。[3]这些法规和措施都为日本应急信息公开提供了法律保障。日本在政府应急信息公开方面主要具有以下几点特征:

(一)明确规定政府信息公开的主体

为了保障政府信息公开的顺利实施,日本在《信息公开法》中明确规定了六类具有公布政府信息义务的行政机关,这几类机关包括:一是依法设置于内阁之下的机关,包括内阁的官房、内阁府等;二是在内阁管辖下的机关,如人事院;三是国家行政机关,包括各省、委员会及厅;四是根据法律或政令设立的试验研究机构、检查检测机构、文教研究机构及设施、医疗康复设施、改造收容及其工作设施等;五是依照法律根据特殊需要设立的特别机关;六是会计检察院。[4]同时,日本还规定上述各类国家机关信息公开责任履行的承担者为各个机关的法定责任人。行政机关的首脑作为《信息公开法》所

---

[1] Fast Company, "The Rescue in New Era – Gettin Experience from Hurricane Harvey", https://zhuanlan.zhihu.com/p/29402582.
[2] 王飞、宋玮:"信息化在日本危机管理中的作用",载《信息化建设》2008年第8期,第50页。
[3] 王飞、宋玮:"信息化在日本危机管理中的作用",载《信息化建设》2008年第8期,第50页。
[4] 张韵:"应急状态下政府信息公开制度研究",厦门大学2009年硕士学位论文,第21页。

涉及的各类行政机关信息公开的责任人,由其指定具体的机构和人员来担当信息公开的实际实施工作,一般该部门是与行政文书运转和管理工作较为密切的部门。

(二) 设立专门的应急信息公开机构

1996年4月日本设立"官邸危机管理中心",该中心于2002年4月开始运转。官邸危机管理中心直接听从内阁总理大臣的指示,机构内装有最先进的联网式多功能通信系统,不仅可以传递数据图片、音像资料,还可以召开电视会议,并配有休息室、储备仓库,专用电力和空调系统以及可供直升机起落的屋顶机坪等设施,这些基础设施的完善,让官邸危机管理中心拥有可以同时处理多起社会危机和自然灾害等紧急事态的功能,并具备可长期、可持续应对紧急事态的特性。官邸危机管理中心在发生突发事件时,成立情报联络室或官邸对策室收集情报、分析处理危机信息,召开灾害对策本部会议以及作出重要决策。同时,在日本各个地方的行政机构中一般都会设立信息公开中心,以便政府信息的顺畅公开,保证市民及时了解政府信息,起到了居中调节的作用。[1]当突发事件发生时,信息公开中心会在各大媒体上主动公布危机信息,并对市民的询问进行答复。当社会滋生谣言和负面言论时,信息公开中心会成为舆论的引导者,主动辟谣、澄清事实、规避谣言、稳定民心、疏导极端化社会情绪,维护社会秩序。

(三) 构建畅通的应急信息公开渠道

灾害发生后,日本政府十分重视对应急信息的宣传和披露,通过各种方式快捷地公开应急信息,回答公众的疑问。《灾害时请求报道的协定》就规定,东京在发生紧急事件时,要求开放相关事件的报道环境,允许媒体机构进行新闻直播报道和信息传播。根据规定,紧急政府信息的传播要通过电视、互联网以及公共媒体等方式进行,紧急信息的传播体系分为宣传报道活动、听取居民反映活动和请求媒体报道活动。日本政府鼓励进行紧急信息公开有效使用政府主页,将主页切换成紧急事件专用主页,向市民提供人员受伤情况、住房损坏情况、各产业受灾情况和公共基础设施受灾情况等方面的灾害信息以及政府采取的相关应对策略、救灾情况等。

日本政府还设置有"外国人灾害时信息中心",一方面提供外语的灾害信

---

[1] 郑吉强:"论行政应急状态中的政府信息公开制度",南京师范大学2011年硕士学位论文。

息,另一方面向避难所派遣懂外语的防灾志愿者,同时与大使馆等驻外机构进行联系[1]。除了进行整体应急信息公开之外,日本现有立法也规定日本警视厅、消防厅、水道局和排污局等,必须就道路、消防、供水、排污等部门信息进行公开。日本还规定区市町村在其行政管辖范围内发生重大紧急事件时,要立刻与警察署、消防署等机构相互合作,进行必要的信息宣传报道。

此外,日本不断将高新技术融入危机管理,在通信设施方面不断加大资金技术的投入,以此提高突发事件预测的精度和应对处理的能力。直升机航拍是日本灾害发生后常用的信息实时收集传播工具,卫星、距离小型图像传送仪和飞船(UAV)等技术也被应用于其中,确保灾害信息不受天气、地形以及夜间的影响,保证应急信息收集种类齐全,公开渠道畅通无阻。同时,日本还构建了各种危机专用通信网络系统,如政府、警察、消防以及防卫等专用通信网络,并规定危机发生时优先使用商用通信系统以及卫星通信网络系统。在灾害发生地区迅速构建简易的小型通信网络,完善当地的防灾通信设施,畅通应急信息公开渠道。以地震事件为例,日本的 Sakaki 和其团队开发了一个利用 Twitter 上信息的地震侦测和警报系统,单条 Twitter 包含内容和地理位置两方面的数据都得到了运用。这个系统能侦测到 96% 震级为 3 级以上的地震,发布警报的传输速率明显快于日本气象厅的地震广播。[2]

三、俄罗斯政府应急信息公开工作的成功经验

俄罗斯地域辽阔,是雪灾、冰冻、森林火灾、地震等灾害事故频发的国家。俄罗斯政府历来十分重视防灾救灾体制的建设,经过多年的应急实践检验,建立起了极具俄罗斯特色的应急体制。在应急法制的建设中,2001 年 5 月通过的《俄罗斯联邦紧急状态法》,为紧急状态下应急管理活动的开展提供了重要的法律基础。2010 年 1 月 1 日实施的《获取国家机关和地方自治机构信息保障法》,被称为俄罗斯近十年来最具革命性的法律之一,成为俄罗斯迈向"信息公开时代"的标志[3]。同时,俄罗斯在防灾减灾方面的法律法规

---

[1] 王德迅:"日本危机管理体制的演进及其特点",载《国际经济评论》2007 年第 2 期,第 46~50 页。

[2] 夏志杰、王冰冰:《基于社会化媒体的非常规突发事件应急信息共享研究》,同济大学出版社 2016 年版,第 19 页。

[3] 贺延辉:"《俄罗斯政府信息公开法》研究",载《图书馆建设》2014 年第 5 期,第 17~24 页。

建设十分健全，颁布实施了《民防法》《国家安全法案》《联邦共同体应急管理法案》《关于保护居民和领土免遭自然和人为灾害法》《事故救援机构和救援人员地位法》《工业危险生产安全法》等有关突发事件应对的重要法律法规，这些法律法规为俄罗斯应对重大突发灾害事故提供了重要的法律制度保障。

（一）构建起比较完善的灾情信息发布系统

1994年1月俄罗斯联邦紧急情况部（EMERCOM）诞生，该部与俄罗斯国防部、内务部、司法部、外交部并称五大强力部门，紧急情况部是俄罗斯应对突发事件的组织核心和应急救援的主要力量。2006年，俄罗斯在紧急情况部下建立了国家危机情况管理中心，目的是形成统一的信息空间，完善全俄危机情况预防和应对体系，提高危机情况下信息有效的获取和传送。目前俄罗斯紧急情况部在全俄8个联邦区均成立了危急情况管理中心，并设立了83个管理中心地区分支机构，形成高效运转的防灾救灾指挥中枢。同时，为了及时准确地公开灾情信息，俄罗斯紧急情况部建立了面向公众的全俄信息和警报综合系统，该系统通过信息中心对灾害信息进行快速分析处理、利用各类视频声频终端进行高效传输，使公众在最短时间内接收到应急预警信息。该系统目前包括1个联邦信息中心、6个跨区域信息中心、16个区域信息中心、7个城市信息中心、3个由地方财政资助的信息中心。到2010年底，该系统共建成37个数据中心，在人口密集城市设立97个街道应急信息预警系统、3150个等离子预警显示终端、1200个逃生显示终端以及部署了众多专用车载移动信息预警显示终端[1]。全俄信息和警报综合系统不仅可充分地实现对灾害事故的全天候实时监测和预警，也为科学决策、应急信息公开以及组织救援提供持续更新的数据与信息支持。

（二）形成了军民联合灾害救援体制

在突发事件应急管理过程中，高效的灾害应对行动不仅需要政府力量的支撑，同时也需要社会力量的广泛参与。如今俄罗斯已建成适合本国国情的灾害救援体制，培养了能够迅速动员的专业化应急救援队伍。为满足在自然或人为灾害发生后的应急搜救需求，俄罗斯紧急情况部下设7个区域搜救中

---

[1] "俄罗斯：高效救灾应急体制历经考验"，载 http://intl.ce.cn/specials/zxgjzh/201305/14/t20130514_ 24378105.shtml，最后访问日期：2016年6月10日。

心,拥有包括水下搜救队伍在内的 28 支专业救援队伍,在编专业搜救人员达 4151 人[1]。具备了在各种灾害情况下完成救援任务的能力和条件。除专业化的救援队伍外,俄罗斯十分重视开展防灾救灾的宣传和教育工作,培养公众的安全意识,提高自救及互救的能力。俄罗斯的预防性安全教育活动可谓"从娃娃抓起",俄罗斯每年都会在夏季和冬季举办"安全校园"活动,以培养青少年生活安全意识。乌德穆尔特共和国还制定了"幼儿园—中学—中专—大学"完整的培训体系[2]。学员不仅能够获得应对紧急情况所需的知识和技能,也形成了愿意为遇险者提供帮助的道德情操。2001 年俄罗斯还成立了由 7500 人组成的"大学生搜救队",作为国家搜救队的后备力量,主要任务是保障大型活动的安全、在中小学进行搜救方面的实践和理论知识宣传[3]。同时,为了提高救援人员的专业素质,使救援人员掌握专业的或者多种技能,俄罗斯紧急状态部下设了俄紧急状态部民防学院、国家消防学院、圣彼得堡国立消防大学、伊万诺夫国立消防大学等 8 所教育机构[4]。为俄罗斯应急管理体系培养专业的管理人员及骨干人才,不断为俄罗斯应急救援系统输送新成员、新思维、新技术。

(三) 重视和发挥媒体的积极作用

新闻媒体在突发事件应急管理过程中具有举足轻重的地位,它作为政府应急信息发布最有力的渠道,负责政府和公众之间的沟通,也是公众获取政府权威信息的主要来源,通过对新闻媒体的报道活动作出规范和约束,能够在很大程度上保障公民的知情权,安抚民心,提高突发事件的应对效率。俄罗斯在突发事件应急管理中,非常重视发挥媒体的积极作用。1991 年 12 月 27 日颁布,后几经修改的《俄罗斯联邦大众传媒法》,明确了俄罗斯联邦保护大众新闻的自由,对大众传媒活动及新闻传播进行规范,确立了大众媒体记者获取信息的权利以及所应承担的责任。在此框架下,俄罗斯整饬和控制大众新闻媒体,为传媒的发展提供良好有序的竞争环境。形成了政府稳控主

---

[1] "俄罗斯:高效救灾应急体制历经考验",载 http://intl.ce.cn/specials/zxgjzh/201305/14/t20130514_24378105.shtml,最后访问日期:2016 年 6 月 10 日。

[2] 潘立标、[俄] 尼古拉·斯米尔诺夫:"俄罗斯消防安全教育从娃娃抓起",载《消防技术与产品信息》2014 年第 8 期,第 140~141 页。

[3] 马云飞、苗倩:"俄罗斯的应急机制与做法",载《中国减灾》2010 年第 11 期,第 48~49 页。

[4] 国务院办公厅赴俄、日应急管理考察团:"俄罗斯、日本应急管理考察报告",载《中国应急管理》2007 年第 2 期,第 53~56 页。

要传媒,基本控制绝大多数媒体的局面[1]。在突发事件中,俄罗斯政府主动与主流媒体进行合作,保证权威信息传播渠道的畅通,并加强对媒体的管理,避免出现失实的报道造成人心浮动,扰乱社会秩序。同时,联邦总统以及其他相关负责人也会通过发表电视讲话、接受主流媒体记者采访以及召开新闻发布会等方式,及时公布权威信息,引导社会舆论,阻止虚假、失真信息的传播和扩散,缓解社会紧张情绪。

第四节 国外政府应急信息公开工作对我国的启示

"他山之石,可以攻玉。"美国、日本、俄罗斯等国在应急信息公开工作方面取得的成功经验,可以为我国政府应急信息公开提供有益借鉴。与国外相比,我国政府应急信息公开工作还需要从以下几个方面进一步加强。

一、加强政府应急信息公开工作的组织管理体系建设

政府应急管理工作的开展,需要专门的应急管理机构去组织与管理,也离不开专门的应急信息管理机构。在国外,各国政府都非常重视应急管理组织体系的建设,成立起专门的应急管理机构,来加强应急管理工作的组织与管理,如日本设立了官邸危机管理中心,美国设立了FEMA,俄罗斯设立了联邦紧急情况部。就应急信息公开工作而言,日本通过法律规定了六类具有公布政府信息义务的行政机关,政府信息公开主体的确立,明确了政府的职责,强调了政府信息公开的重要性,在突发事件中能够迅速明确定位,及时公布权威信息。日本和俄罗斯在全国设立多个信息中心,形成从中央到地方的完整的信息公开组织体系,在突发事件中可以统一指挥、快速发布信息,防止信息的失真以及误发、漏发等。此外,各国都非常重视与民间机构、国际组织等非行政力量的结合。为了更好地推动政府应急信息公开工作的开展,我国还需要进一步加强应急信息公开工作的组织管理体系建设。

(一)成立专门的政府应急信息管理机构

专门的政府应急信息管理机构,无论是机构人员配置、专业程度还是信

---

[1] "俄罗斯主要新闻媒体基本情况",载 http://blog.sina.com.cn/s/blog_ 6d97b5d70100m05y.html,最后访问日期:2016年6月10日。

息发布工作等方面，都能够克服临时性应急信息管理机构存在的种种弊端。首先，在机构人员的配置上，专门的应急信息管理机构人员拥有丰富的突发事件应对经验，能在突发事件发生时迅速明白自己的职责，分工明确。各个成员之间经过长期的磨合，协作能力较强。其次，在信息发布工作方面，专门的常设机构能够有效克服临时性信息管理机构"重应对、轻预警"的弊端，突发事件发生前的预警工作就有了主管部门，在突发事件的整个应对过程中也有了统一的指挥、责任机关，能够保证各方协调行动，最大限度地实现信息资源的共享，更好地保障公众的知情权。结合我国幅员辽阔的实际，不仅要在中央设立专门的应急信息管理机构，各省市也应建立符合本区域实际的统一的应急信息管理机构，形成从中央到地方的应急信息管理组织体系。该机构在正常时期的职责是收集、筛选、统计各类社会信息，分析研判是否会发生突发事件，并做好突发事件发生前的预警工作；在突发事件紧急处置期间，政府应急信息管理机构要及时制定科学的应对措施和方案，并在第一时间将事件信息以及政府采取的措施等向公众发布；事件善后处理阶段，政府应急信息管理机构也需要及时对外发布有关事件处理的相关信息，并及时做好应急信息的总结评估工作。

（二）建立专业、独立的政府应急信息公开监督机构

目前，公众应对政府信息公开不足的情况主要是靠行政复议和行政诉讼，事实证明，无论办事程序还是结果处理都不尽如人意，公众对信息回馈和处理结果的满意度还有待进一步提高。可以考虑建立一个专业、独立的信息公开监督机构，解决时常发生的争议以及降低处理异议的社会成本，该机构应该是独立且专业的，具有对政府信息公开进行监督的权利与履行提供政府信息公开建议和接收咨询的义务，机构人员对政府信息公开制度和利益保护有足够的专业性和敏感度，能高效地处理公众对于政府信息公开的异议，保证公民对于信息的诉求权，从而能够很好地处理公众的异议，也可以监督和规范政府信息公开行为，促进社会民主与进步。

二、建立健全政府应急信息公开工作的法律制度体系

突发事件应急信息公开的法律制度是应急信息公开制度体系中的核心制度，核心制度的缺失会严重制约应急信息的公开与突发事件的应对。美国、日本和俄罗斯已出台专门性的法律来规范政府信息公开工作，以法规的形式

来规范突发事件中政府应急信息公开行为，从而确保在突发事件发生后做到有法可依、有据可循，规范政府应急活动的开展，增强政府的责任感，增强政府应急信息公开的主动性和及时性，保障应急工作的顺利进行，并且充分保障公民的知情权，实现对政治的充分参与和对权力的有效监督，防止权力滥用致使公众利益受损，推进政府信息应急管理工作规范化、制度化、法制化，以此提高突发事件的应对效率。此外，除了核心制度的建设，美国、日本和俄罗斯都建立了相关的配套制度，规范应急管理的实施细则，保障核心制度的有效实施，增强制度的执行力度，并以此在突发事件应急管理中界定公私权利、信息公开与保密的范围，协调各方利益需求，减少矛盾滋生点，加强公众对政府的信任和信赖。

我国政府应急信息公开工作的健康有序开展，也需要加强应急信息公开的立法工作，完善现有法律制度体系，确保应急信息公开工作合法、有序进行。

（一）加强应急信息公开的立法工作

美国在突发事件应急管理方面，已经形成了以联邦法、联邦条例、行政命令、规程和标准为主体的法律体系。一般来说，联邦法规定任务的运作原则、行政命令定义和授权任务范围，联邦条例提供行政上的实施细则。美国制定的联邦法包括《国土安全法》《斯坦福灾难救济与紧急援助法》《公共卫生安全与生物恐怖主义应急准备法》和《综合环境应急、赔偿和责任法案》等。制定的行政命令包括12148、12656、12580号行政命令及国土安全第5号总统令和国土安全第8号总统令。此外，美国已制定《国家突发事件管理系统》，要求所有联邦部门与机构采用，并依此开展事故管理和应急预防、准备、响应与恢复计划及活动。同时，联邦政府也依此对各州、地方和部门各项应急管理活动进行支持。[1]

我国至今还没有颁布有关突发事件应急信息公开的专门法律，虽然在《突发事件应对法》《消防法》《防洪法》《破坏性地震应急条例》中有提及应急信息公开的内容，但内容还不够系统、全面与具体，可操作性不强。《政府信息公开条例》是我国对政府信息公开制度最具约束力的行政法规，但由于

---

〔1〕 "美国的应急管理体系"，载http://www.e-gov.org.cn/article-123232.html，最后访问日期：2017年10月6日。

不是法律，没有法律的权威性，对政府不当行为很难起到法律震慑作用。因此，为了进一步推进政府应急信息公开工作，有必要进一步加强立法工作，可以考虑制定一部综合性的信息公开法，进一步加强应急信息公开的法律制度体系建设。

（二）进一步完善现有的有关应急信息公开的法律条文

（1）正确处理好《政府信息公开条例》与《保守国家秘密法》之间的关系。《政府信息公开条例》明确规定涉及国家秘密的信息必须免予公开，而《政府信息公开条例》中并未就国家秘密进行解释、说明。而《保守国家秘密法》中关于国家秘密的规定相对简单。

"国家秘密"一词在《保守国家秘密法》的解释是：涉及国家安全与利益的信息，只能够按照法定程序在规定时间内限制一定范围的人员知悉。一般而言，国家秘密有以下几个特点：第一，国家秘密应当是能被正当程序认定并通过的；第二，国家秘密一旦泄露将对国家安全与国家利益造成巨大威胁；第三，国家秘密与时俱进，国家秘密会随着社会的变化而变化，不是一成不变的。比如，科学技术在以往属于国家秘密，现在却已公开。对国家秘密的界定和保护主要是依据《保守国家秘密法》，但《保守国家秘密法》列举的属于国家秘密的事项过于笼统，与我国政府信息公开的要求有所冲突。例如很多信息都会涉及国家事务，然而国家事务中的信息是否属于国家秘密，如果没有一个定性的标准，这会导致很多国家事务中的信息可能被列为国家秘密。可借鉴国外对国家秘密范围的分类方法，对《保守国家秘密法》中关于国家秘密范围的条款进行细化，通过明确规定，增强《保守国家秘密法》的可操作性，并协调好与《政府信息公开条例》的关系，做到相辅相成而不是互相冲突。并严格限定国家秘密范围界定中的兜底条款。

（2）完善《保守国家秘密法》《突发事件应对法》《消防法》《防洪法》《水污染防治法》《政府信息公开条例》等法律法规中关于应急信息公开的内容，使之更具有可操作性，为政府应急信息公开工作保驾护航。

三、不断完善政府应急信息公开的范围

对我国政府应急信息公开内容不完善的地方，需要进一步补充、细化。首先，对《政府信息公开条例》和《突发事件应对法》中关于应急信息公开的相关规定进行修改完善，增加具体的实施细则，将信息公开的主体、范围、

时限、方式以及应承担的责任等内容进一步补充完整。对此可借鉴国外在突发事件应急信息公开中的相关做法。如日本在《信息公开法》中就明确规定了六类具有公布政府信息义务的行政机关，也可通过制定地方性的法规来弥补现有法律法规中应急信息公开制度过于笼统、过于原则性的问题，为有效应对突发事件提供更加实用、更契合本地区实际的法律依据，防止政府应急信息公开过程中自由裁量权的滥用。其次，突发事件种类繁多，各有其特殊性，针对单一事件有关法律法规。如《防震减灾法》《传染病防治法》《水污染防治法》《防洪法》《大气污染防治法》等在突发事件的应对中同等重要，对应急信息公开方面的规定也应规范、细化，为政府应急信息公开的具体操作提供充足的法律依据和制度支持，减少或防止迟报、漏报、瞒报、谎报等现象发生。笔者建议，政府有关部门可以从以下两个角度完善应急信息公开的范围：

（一）依据突发事件的级别确定需要公开的应急信息

突发事件分为一般、较大、重大和特别重大的等级。不同等级的突发事件的性质和严重性不同，其要求公开的范围也有所差别。政府有关部门需要根据不同事件的级别、性质和严重程度来界定信息公开的合理范围。而合理范围的确定往往会考虑公民知情权、个人隐私、救援秩序这三个指标。

（1）面对势态简单的一般突发事件，政府应当从社会稳定的角度，集中公布与公共利益息息相关的、对人民造成直接影响的信息以及提醒公众应当采取的防范措施，而无须公布事件中所有的细节，尤其涉及当事人个人隐私的信息。此外，政府要尽快处理好突发事件，将主要精力放在事故发生原因和善后处理上，最大效率地应对突发事件，最后及时向社会公开事故处理结果。

（2）面对较大、重大或特别重大的突发事件，相比一般事件的处理方式，政府有关部门要更加周全、严谨。因为前者涉及的范围、破坏力都比后者要大很多。所以政府无论是出于自身职责的要求还是对于公民巨大的信息需求量，都应当最大化、最详细地公布相关信息。如24小时滚动公开信息，及时更新信息，公布更多细节，尽最大努力为事故的处理争取时间。比如SARS属于重度传染性疾病，该事件属于特别重大的突发事件，社会危害性极大。政府应当将灾区的分布、现状、人口数据、控制措施等情况尽最大努力对外界进行公布，及时稳定人心与社会秩序。为了最广大人民群众的公共利益，为了更好地开展救援工作。因为只有卫生机构充分掌握了患者的居住地、来往路线和所接触的人群等隐私信息，才能针对性采取措施切断传染源，以最快的速度遏制病情的蔓延。

（二）依据突发事件的不同阶段确定需要公开的应急信息

一般来说，突发事件整个进程可分为事前、事发、事中和事后四个阶段。这四个阶段，突发事件呈现出不同的状况，人们所关注的焦点也不同。政府应当充分把握这四个阶段里的关键信息，从公众诉求出发，开展科学、有效、系统的突发事件信息公开工作。

（1）事前阶段以健全机制，积极预防为主。政府有关部门在平时要积极调研及总结，制定科学有效的行动方案，开展大量的预防工作，做到未雨绸缪。具体来说，政府在事前阶段应当做好起草和准备预案、建立健全舆情收集和研判机制、建立健全新闻发布协调机制、建立和培养媒体关系、训练新闻发言人等工作，并将有关信息向社会发布。

（2）事发阶段以表明态度，发布事实为主。在事发阶段，突发事件的发生会打乱正常的社会秩序，公众一时也无法判断事态，社会秩序和人心容易陷入混乱之中，各种传言也不胫而走。在此阶段，公众最需要了解的重点就是事件的真实情况以及政府对事件的态度。政府应当在第一时间向社会大众表明积极、有效的应对态度，在通过积极的信息搜集以及各部门协调沟通后得知的事件情况及时对外发布，让公众了解到客观、全面的基本情况，稳定公众情绪，维护好社会秩序。

（3）事中阶段以解决重点、全面应对为主。事中阶段，是事态发展最关键的时刻，突发事件最容易扩散，同时也是控制突发事件、解决问题的最佳时机。政府应当把握时态重点，集中力量解决最棘手的问题，防止突发事件的恶化，正确引导舆论。政府应当将在重点解决和全面应对突发事件时采取的应急措施以及实时效果等信息及时向媒体与社会大众公开，尤其对社会公众质疑和关心的部分作出回应、解释与改进，努力赢得社会舆论的支持，促进事件的有序解决。

（4）事后阶段以恢复重建、总结工作为主。在事后阶段，政府最大的工作重心是积极作为，使事发所在地尽量恢复到事发前的正常状态，除了社会秩序的正常恢复，公众的心理也亟需治疗，这需要政府投入大量的人力、物力、财力对灾区进行重建，同时社会秩序恢复中的政策、制度、决策规划也至关重要。此外，政府要对突发事件的发生及整个应对过程进行分析与反思，总结经验与教训，听取媒体与公众的反馈，及时更正自身的错误，积极改进工作，努力改革与创新，并作出书面报告。将这些灾后重建、工作总结、经验教训等信息及时向社会发布，给事件的应对画上一个圆满的句号。

四、高度重视现代信息技术在政府应急信息发布中的应用

美国、日本、俄罗斯等国都非常注重突发情况下应急信息的发布与传播，重视与主流媒体的合作、沟通及其规范和管理，并不断地将高科技技术融入应急信息的公开工作中，在通讯设施方面不断加大资金投入，提高信息收集的精度、传播的广度和应急事件处理的效度。日本的灾害预警不仅通过电视、广播、手机、邮件、卫星系统等发布警报信息，而且预警的内容也十分详细具体，包括灾害发生的地点、强度、影响的地区及范围等；俄罗斯也建立了全俄信息和警报综合系统，能够在最短的时间内发布应急预警信息。坚持以防为主、防救结合的原则，加强早期预警，减少潜在的灾害风险因素，健全减灾体系的建设，全面提高综合减灾防灾救灾能力。

借鉴国外成功经验，我国政府应急信息公开工作的开展，需要在应急信息发布过程中进一步加强现代信息技术的应用，通过现代信息技术在应急信息公开工作中的应用，提升应急信息公开的效能。为此，一方面，要充分发挥政府网站在突发事件应急信息公开中的积极作用。政府网站是突发事件中应急信息公开的主要权威网络渠道，保证其正常运行、及时更新，是确保应急信息顺利公开的基础。目前我国多个地方政府已建立起政府网站群的发展模式，如常州市政府网站群、无锡市政府网站群等。这种网站群模式将各政府网站按照一定的隶属关系组织到一起，既可以统一管理，也可以独立管理自成体系，权威性得到进一步提升，彼此之间信息共享更加便捷迅速，能够有效避免在突发事件中重复发文、不发文以及发文不统一的状况。公众可一次性获得来自各个政府部门的动态信息，对突发事件有一个比较全面的了解。

另一方面，充分发挥新媒体的作用。积极开通政务微博、政务微信，开发手机新闻客户端。充分利用新型媒体用户基数大、点击率高以及"短、灵、快"的特点，保证应急信息的时效性，正确引导网络舆论，遏制谣言的传播。与报刊、广播、电视等传统媒体相比，以新一代互联网（Web2.0）为依托的新型人际互动方式和信息表现形式，具有传播速度快、互动性强、参与性广

的特点，能及时获取并传播一些官方渠道和传统渠道无法提供的信息，在突发事件发生后第一时间起到稳定人心、争取时间、利用资源、减少混乱的作用。[1]

五、进一步完善新闻发布会制度

在美国、日本、俄罗斯等国家，通过新闻发布会制度对外发布突发事件信息，已经成为一种政治习惯，是一种极其重要也极其常见的渠道。在美国，FEMA 内设公共事务所（Public Affairs）这一专门机构来主管新闻发布工作，处理与媒体的关系。其具体职能有汇集和发布政府的政策和计划，负责与新闻媒体的联络，管理通信，保证有效的应急响应等。[2]

目前，我国大部分省市已建立起新闻发言人制度。2013 年国务院办公厅发布《关于进一步加强政府信息公开回应社会关切提升政府公信力的意见》，要求进一步加强新闻发言人制度建设，让政府信息发布成为制度性安排，进一步增强信息发布的权威性、时效性，更好地回应公众关切。[3]但从政府应急信息公开的实践来看，效果并不很理想，一些突发事件的新闻发布会并不很成功。以天津港爆炸事故为例，由于缺乏统筹安排，事故发生后，政府有关部门虽然召开了多次新闻发布会，但基本上是被动、仓促地进行，政府部门之间缺乏协调合作，存在信息源不统一、信息内容不准确、不全面、信息互动效果不佳等问题。这些问题的出现，说明我国新闻发布会制度建设还有一些需要改进的工作，包括新闻发布会的组织管理、信息内容的把握、新闻发言人的培训、政府与媒体的互动、公众情绪的安抚等。

---

[1] 钟开斌：“美国城市应急管理信息化的进展与趋势”，载 http://www.e-gov.org.cn/article-123583.html，最后访问日期：2017 年 10 月 7 日。

[2] 陈艳红、钟佳清：“美国联邦应急管理局的应急信息发布渠道研究”，载《电子政务》2017 年第 9 期，第 103 页。

[3] 国务院办公厅：“关于进一步加强政府信息公开回应社会关切提升政府公信力的意见（国办发〔2013〕100 号）”，载 http://www.gov.cn/xxgk/pub/govpublic/mrlm/201310/t20131018_66498.html，最后访问日期：2016 年 6 月 12 日。

第四章
政府应急信息公开的主体与方式

政府应急信息公开工作的开展,需要解决四个关键问题:一是公开的主体,即由谁公开的问题;二是公开的内容,即公开什么的问题;三是公开的方式,即用什么公开的问题;四是公开的效果,即公开有没有用的问题。本章主要研究政府应急信息公开的主体与方式这两个核心问题。

第一节 政府应急信息公开的主体分析

政府应急信息公开工作的开展,离不开政府的组织与管理,也离不开媒体的报道与传播。一般来说,政府应急信息公开工作的主体,可以分为政府与媒体两大方面。其中,各级政府部门在突发事件应急信息公开工作占主导地位,扮演组织者与管理者的角色,媒体则起到助推与延伸的作用,扮演参与者与传播者的角色。

一、政府与突发事件应急信息公开

政府指以政府部门为主体的公共部门的集合,是一个国家内行使国家权力的全部组织体系。政府的概念有广义和狭义之分。狭义的政府仅仅指国家的行政机关,即根据宪法和法律组建的、是行政权力、执行行政职能、推行政务、管理国家公共事务的机关体系,是国家权力机关的执行机关。广义的政府则包括党的机关、人大机关、行政机关、政协机关。在本课题研究中,笔者主要从狭义政府的视角探讨政府部门在突发事件应急公开中的地位与作用。政府是国家的一部分,政府具有双重属性。一方面,政府掌握着社会公共管理的职能,具有公共权力,社会事务由政府管理。另一方面,政府要在掌握一个国家的经济统治权,造福于社会,造福于人民,政府具有专门的管理体系。在发生重大突发事件后,政府自然是重大突发事件应急信息管理的首要参与主体,发挥着不可替代的作用。总之,政府信息公开是危机事件处理的催化剂。[1]

(一)政府在突发事件应急信息公开中居于主导地位

我国实行中央集权的政府体制,政府往往能够快速有效地调动社会资源,解决社会棘手问题,是维护国家安全、消除社会隐患、促进科学技术进步、提高国民生产能力的权威机构。政府是国家公共行政权力的象征、承载体和实际行为体,政府往往掌握着国家的各种资源,包括突发事件信息。一旦发生突发事件,政府会第一时间调集消防队员、医疗组等部门及人员进行紧急处置,设置媒体和记者工作区,实时掌握突发事件信息,及时、准确、全面地对外应急信息公开。政府要健全"谁主管、谁监测,谁预警、谁发布"的预警管理机制,针对不同突发事件,完善预警标准和响应措施。[2]尽管媒体工作者同样会对灾区情况进行报道,但政府无疑在突发事件应急信息公开中居于主导地位,主导着整个应急信息公开工作。

(二)政府能够发布权威信息,正确引导社会舆论

在突发事件处理中,政府及时、准确地公开信息对突发事件处理的进程和最后结果将产生重要的影响。政府贯彻公开化的应急方式,不仅能有效避免突发事件的扩散、正确引导社会舆论,还能挽救突发事件带给政府的公信力下降这一困境。在公众心目中,往往认为突发事件的发生是政府治理不力的结果,政府公信力容易受到挑战,这时的社会舆论往往向负面方向发展,不利于社会稳定。为此,政府部门要敢于公开突发事件的相关信息,及时、准确地公开事件真相,对公众进行舆论引导,不仅有利于各种突发事件得以圆满解决,更能有力提升政府的公信力。

政府部门在对外发布应急信息时,需要加强内部协调沟通,建立健全协调机制,成立专门的应急信息发布机构,统一发布口径,不能各自为政,否则信息的权威性、真实性会大打折扣。以马航MH370航班失联事件为例,事件发生后没有一个权威的危机管理协调机制迅速启动,整个危机处理的过程

---

[1] 李锦华:"公共危机管理过程中政府信息公开的作用研究",载《云南档案》2015年第11期,第55~57页。

[2] 外滩踩踏事件联合调查组:"上海12·31外滩踩踏事件调查报告",载http://news.xinhuanet.com/politics/2015-01/21/c_1114075965.htm,最后访问日期:2016年6月12日。

缺乏有效的内部沟通、协调。不同时期、不同部门的官员都各自向外公布消息或发表看法，而这些消息或看法往往很快又被其他部门所否定，缺乏权威性的统一指挥。信息发布机构有马航以及马来西亚总理、交通部、国防部、警察机关、民航部等多个渠道，各说各话，各做各事，莫衷一是。比如3月15日纳吉布总理新闻发布会之后，马航马上表态不再发布信息，交由政府统一发布，引起了家属的强烈不满。马航第二天又被迫作出说明，表示将继续做好家属接待工作。[1]

二、媒体与突发事件应急信息公开

媒体作为突发事件应急信息公开的主体之一，其对于信息传播的意义和作用不言而喻。它能够在突发事件发生后，第一时间将政府和社会大众联系起来，成为政府与公众之间的桥梁与纽带。改革开放前，媒体受政府严格控制，公众接触的媒体形式主要是报纸、广播和电视等，但报纸、广播和电视大多数是受政府管控，主要为政府服务，是政府机关的衍生物，不是独立的个体。因此，其信息传播的作用有限。直到改革开放以后，随着市场经济的迅速发展，社会分化与分工明显，媒体越来越向产业化发展，经济主动权掌握在自己手上，一些媒体慢慢脱离了政府的控制与依托。新媒体的传播方式为政府的日常工作及公共管理既带来了机遇，也提出了一系列的挑战。[2]媒体的发展提升了其社会地位，同时也提升了从业人员的积极性与主体意识，其专业、快速的信息传播水平得到社会大众的欢迎与追捧，使得媒体成为信息公开的主体之一，在突发事件应急信息公开中发挥着积极作用。

（一）媒体能迅速、广泛地传播信息

由于媒体传播信息迅速、广泛，它越来越被更多人使用，尤其微信、微博等新媒体的广泛使用，使政府意识到媒体的重要性，要求各级政府加强政府网站、微博、微信等媒体的建设，充分利用这些工具服务好社会公众，为人民群众提供优质、及时、快速的信息服务。借助媒体的传播优势，政府发布信息的方式更加多元化，消息较之以往能够更快速、更广泛地被公众接受，

---

[1] 祝明："从'马航事件'看突发事件信息管理的发展方向"，载《行政管理改革》2014年第7期，第34~38页。

[2] 张辉："信息化时代政府应对新媒体的能力建设"，载《江苏师范大学学报（哲学社会科学版）》2015年第6期，第157~160页。

从而推动事件真相得以更方便地公开，社会变得更加透明。

（二）媒体能监督政府公开应急信息

我国政府信息公开的主动权基本掌握在政府的手里。如果公众仅仅是被动地接受政府所公开的信息，那么政府信息公开工作受到的监督与反馈将很少。拥有信息搜集与监测功能的媒体能监督政府公开应急信息，它可以通过访问、调查等手段对社会动态、公众呼声等社会热点进行报道，反映社会需求，及时发现政府突发事件应急信息公开的不足，从而引起政府的警觉，及时改进信息公开工作。

（三）媒体能提高公众主动利用信息的意识

目前我国公众对于知情权的维权意识还不够强烈，很多人对政府信息公开工作的不作为或者差作为置若罔闻，似乎成了一种习惯，没有想去监督政府或者拿起法律武器去捍卫自己的权利，这不利于突发事件信息公开工作的开展。如果公众对政府信息公开工作不关心、不关注，政府信息公开工作的质量将很难得到提高。

媒体对涉及公众切身利益的社会重大信息进行及时报道，能提高公众主动利用信息的意识，能使人无时无刻地接触信息。公众在使用媒体的过程中会变得警觉起来，对自身权利也会越来越重视，增强自身主动利用信息的意识。

第二节 以政府为主体的应急信息公开方式

随着社会的进步与发展，社会对政府应急信息公开工作日益重视，越来越多信息传播载体应用到政府应急信息公开中，除了使用文件、公报、广播、电视等传统形式发布信息以外，政府也积极通过召开政府新闻发布会、门户网站等方式公开突发事件应急信息。

一、政府通过召开新闻发布会公开突发事件应急信息

（一）政府新闻发布会的特点

第一，权威性。参加新闻发布会的人员基本是政府重要领导，其发言内容具有权威性。第二，及时性。政府新闻发布会往往在突发事件发生后的第一时间召开，发布重大新闻及相关信息，具有及时性。第三，传播范围广，

影响范围大。政府新闻发布会通常会进行电视播报,一般会有国内众多媒体参与,新闻发布会中的信息会第一时间通过电视、网络、新媒体广泛传播,受众数量大,影响范围广。以"6·1"东方之星旅游客船倾覆事件为例,2015年6月1日21时30分,隶属于重庆东方轮船公司的东方之星轮,在从南京驶往重庆途中突遇罕见强对流天气,在长江中游湖北监利水域沉没。截至2015年6月13日,经有关各方反复核实、逐一确认,"东方之星"号客轮上共有454人,其中成功获救12人,遇难442人。[1]"6·1"东方之星旅游客船倾覆事件发生后,相关信息的公开及时有效。6月2日下午5时30分,救援指挥部在监利县(今监利市)举行了第一场新闻发布会,交通运输部部长杨传堂亲临会场。当天,新华社第一时间披露了"东方之星"翻沉前的最后影像,公布了船员名单,以及重庆东方轮船公司及"东方之星"客轮的有关信息。更难能可贵的是,6月5日,沉船船体扶正允许媒体全程公开直播,第一时间报道了救援现场的实况,体现了公开、透明、不藏、不掩的积极态度。整个事件总共召开了15场新闻发布会,所有事件处理的最新进展情况均在第一时间公开,牢牢掌握了舆论引导的主动权。[2]

(二)政府新闻发布会在突发事件应急信息公开中的作用

(1)政府新闻发布会的召开能够表明政府对于突发事件处理的认真态度。政府在人民心目中具有权威性,政府通过召开发布会发布对某一突发事件及其处理过程的有关信息,表达政府部门对事件处理的真实态度,并借助各类媒体进行广泛传播,能够对公众产生重要影响,从而充分掌握舆论走势,把握信息公开的主动权。

(2)政府新闻发布会的召开能够及时传播权威信息,稳定民心。突发事件的发生防不胜防,此起彼伏。事件发生后,社会公众的心态对于事件的解决和善后至关重要。政府新闻发布会的召开,能够第一时间对外公布事件的现状以及政府所采取的相关措施,表明事件处理的意见与态度,让公众对事件有基本的认知,从而有利于稳定其内心情绪,做好应对事件的心理准备。

(三)政府有关部门召开新闻发布会时应注意的事项

(1)政府新闻发布会宜早不宜迟,宜多不宜少。突发事件发生后,时间

---

[1] 邱国栋:"秘书在政府应急管理中的职责研究",暨南大学2015年硕士学位论文。
[2] 郑保卫、叶俊:"舆论引导:变被动为主动——'东方之星'沉船事件舆论引导的经验及启示",载《当代传播》2015年第6期,第20~23页。

便是生命。因为事发突然,一时掌握的信息不完全,也不可靠。政府需要不停地搜集信息,更新信息。政府要通过召开新闻发布会博得公众的信任,而越早、越多举行新闻发布会对控制社会舆论越有利。

(2) 政府新闻发布会出席人员必须是主要负责人和专业人士。出席新闻发布会的主要负责人与专业人士涉及政府对突发事件的重视程度,如果出席新闻发布会的人员与事故级别不匹配的现象出现,会引发社会大众的猜疑、质疑,从而不利于舆论的掌控与发展。例如,发生在2015年的天津港"8·12"瑞海公司危险品仓库特别重大火灾爆炸事故,直到天津市政府举办的第七场发布会,天津市分管安全工作的副市长才出面,而这时人们对于副市长为何迟迟不肯露面的猜疑已经满天飞,以致政府很难把控、引导舆论的走向,给事件的处理增加了难度。

二、通过政府门户网站公开突发事件应急信息

(一) 政府门户网站公开应急信息的特点

(1) 获取便利性。我国网民数量众多,已突破10亿人。这对于政府门户网站来说是一件好事,公众可以利用网络很便捷地获取突发事件信息,为公众利用信息提供便利。

(2) 更新及时性。政府门户网站相比新闻发布会,具有更大的灵活性。政府能够通过门户网站便捷地公开突发事件应急信息,也能及时更新,得到反馈。

(3) 即时统计性。政府通过门户网站的统计功能,可以即时刷新网页得知公众对应急信息的浏览数量以及相关留言,把握社会的舆论走向,针对性地发布信息。

(二) 政府门户网站在突发事件应急信息公开中的作用

(1) 政府门户网站是政府应急信息公开的主要渠道。政府门户网站的性质使得利用者能够全天候地登录政府门户网站查阅相关信息,并与政府部门进行信息交互,这个优势使得政府门户网站能够成为政府应急信息公开的主要渠道,促进信息传播的最大化、最快化、最优化。"6·1"东方之星旅游客船倾覆事件发生后,新华网、人民网等中央重点新闻网站相继开辟了专题页面,滚动报道救援进程及中央决策,积极引导舆论。境外媒体报道的新闻源

大都出自新华社、中央电视台等主流媒体。[1]

（2）政府门户网站发布应急信息具有低成本、高效率的特点。政府利用门户网站进行信息发布的成本低、效率高，这有利于政府将自身所掌握的大量信息在不耗费大量人力、物力、财力的情况下迅速发布出去，有利于优化社会资源配置，让有需要的公众便捷、及时利用到信息，促进突发事件信息共享，提升政府工作形象，维护社会稳定，促进社会发展。

第三节　以媒体为主体的应急信息公开方式

随着现代信息技术的发展与社会的进步，媒体的应用越来越广泛，应急信息的公开也离不开媒体。目前，以媒体为主体的应急信息公开方式主要包括电视、报刊、广播电台等传统媒体以及遍布全球的新媒体。这些媒体已经成为突发事件发生后信息传播与公开的主要渠道，对事件事态的控制和舆论的引导起着至关重要的作用。

一、传统媒体在突发事件应急信息公开中的应用

传统媒体主要包括电视、广播、报纸、周刊（杂志）。在这里，笔者主要探讨报纸、广播、电视这三种媒体在突发事件应急信息公开中的应用。

（一）报纸在突发事件应急信息公开中的应用

报纸是以刊载新闻和时事评论为主的定期向公众发行的印刷出版物。它是传播信息的重要载体，能够反映与引导社会舆论。报纸具有悠久的历史，世界上第一张真正的报纸是1615年创刊的《法兰克福新闻》，来源于德国15世纪开始出现的印刷新闻纸。后来它得到迅速发展，遍及全世界的各个角落。报纸种类繁多，发行量大，价格低廉，相比电视与广播电台而言，读者可以随时阅读，同时报纸有着极强的传阅度，读者数量巨大。此外，报纸往往会把世界的重大新闻刊登在头版头条，这满足人们对时事的关注兴趣与阅读习惯，阅读报纸后与友人交谈已经成为人们日常生活的一部分，这也便于政府应急信息的大众传播。

---

[1] 郑保卫、叶俊：:"舆论引导：变被动为主动——'东方之星'沉船事件舆论引导的经验及启示"，载《当代传播》2015年第6期，第20~23页。

"6·1"东方之星旅游客船倾覆事件发生后,《人民日报》《中国日报》等中央主流媒体,第一时间以文字、图片、图表等各种形式,报道事故现场、发生原因、救援情况等。有关事件进展的许多要闻信息都是第一时间通过主流媒体发布,因而取得了舆论引导的主动权。[1]政府进行突发事件应急信息公开时应当重视报纸的应用,积极通过报纸传播信息。首先,政府应当规范报纸市场秩序,肃清不良报刊,建立正当、有序、公正的报纸市场机制,确保各类信息得到客观、公正的报道。其次,政府与各大权威报纸媒体沟通合作,齐心协力做好突发事件应急信息公开工作。

当突发事件发生时,通过报纸向公众传递信息仍是FEMA重要的信息发布方式。2005年8月,美国路易斯安那州新奥尔良市(New Orleans)遭受"卡特琳娜"飓风的袭击,洪水、断电阻碍了应急信息的发布,新奥尔良地方报纸《时代花絮报》(The Times Picaune)和毗邻城市比洛克西(Biloxi)地方报纸《太阳先驱报》(Herald Sun)在艰难的环境下对"卡特琳娜"飓风灾难进行了深入、详细、多层次的报道,政府得以向公众发布应急管理政策,灾民得以了解灾区情况,报纸成为受灾读者重要的生命线。同时,灾难相关信息及时、全面的报道,也起到了帮助维系城市稳定和安全的作用。[2]

(二)广播电台在突发事件应急信息公开中的应用

广播电台也可以应用于突发事件的政府应急信息公开。在以前大多数家庭没有电视机的年代,人们习惯于通过收听广播电台来获取信息,这一习惯很多人也延续至今,目前仍有很多人喜欢收听广播电台。据统计,2016年年末全国广播节目综合人口覆盖率为98.4%,这意味着政府如果通过广播电台进行应急信息公开,信息被公众获取的普及率高,受众数量巨大。此外,广播电台可以灵活使用,即可定期或不定期地进行信息发布,并可取得令人满意的传播效果。例如,在突发事件后,政府可以通过各大交通广播电台及时发布实时路况,维护交通秩序,为事件的救援提供很好的交通便利。

美国业余无线电协会(The American Radio Relay League)和FEMA在应急管理领域有着长期的合作历史。目前FEMA正在与美国无线电联盟、弗吉

---

[1] 郑保卫、叶俊:"舆论引导:变被动为主动——'东方之星'沉船事件舆论引导的经验及启示",载《当代传播》2015年第6期,第20~23页。

[2] 陈艳红、钟佳清:"美国联邦应急管理局的应急信息发布渠道研究",载《电子政务》2017年第9期,第101~109页。

尼亚理工大学和卡林休姆中心的研究人员合作开发新的通信卫星，它可以全年无间断地覆盖美国境内的无线电通信，这将有助于增强无线电台的信号发射，建立更可靠的通信连接，提高灾区通信能力，以应对随时随地可能发生的灾难。该计划于2017年实施。[1]

可见，广播电台也是突发事件信息发布的一种重要渠道或工具。政府应当加强广播电台的建设，做好硬件建设与制度建设，充分发挥各种广播电台在突发事件应急信息公开中的积极作用。首先，政府应当加大投资，做好广播电台的基础建设，确保社会各类广播电台的正常使用，加强技术研发，提升突发事件应急信息公开的效能。其次，政府要制定科学、合理的广播电台管理制度，确保广播电台的合理使用，做到专岗专人，使广播电台效益最大化。

（三）电视在突发事件应急信息公开中的应用

电视在突发事件应急信息公开中的应用十分广泛，影响力非常大。这是因为电视普及率在我国非常高，而且电视节目生动形象，公众对于电视的接受度非常高，只要打开电视机，公众就可以了解到政府关于突发事件的相关举措以及突发事件所在地的相关情况，方便又快速。截至2021年底，全国广播节目综合人口覆盖率99.48%，电视节目综合人口覆盖率99.66%，分别比上一年提高了0.10%和0.07%。[2]这意味着政府如果通过电视公开政府应急信息，成本低、效果显著。具有普及率高、便捷、生动形象等特点的电视，成为政府不可或缺的应急信息公开工具。

早在2012年，卫生部就开通电视频道，将其打造成为突发公共卫生事件应急信息发布平台，以方便应急信息发布与利用。随着应急管理实践的深入推进，不少地方政府应急管理部门加强与电视媒体的合作，充分发挥电视在应急信息发布中的积极作用。2015年11月，合肥市人民政府应急管理办公室授权安徽移动电视频道为合肥市独家突发事件信息发布平台，拥有在全市视频媒体范围内发布应急管理科普知识、突发事件预警信息和突发事件应急处置

---

[1] 陈艳红、钟佳清："美国联邦应急管理局的应急信息发布渠道研究"，载《电子政务》2017年第9期，第102页。

[2] 张君昌等："新时代十年广播电视政策法规推动行业治理提质增效"，载《中国广播》2022年第5期，第37~41页。

情况的权力。[1]

在各种突发事件频繁发生的当下，政府需要大力加强电视在突发事件应急信息公开中的应用，与各大电视媒体深度合作，建立健全合作机制，一旦突发事件发生，政府可以第一时间与各大电视媒体取得联系，使之迅速发布突发事件消息，引导社会舆论。

二、新媒体在突发事件应急信息公开中的应用

习近平总书记于2016年2月19日在党的新闻舆论工作座谈会上强调："要适应分众化、差异化传播趋势，加快构建舆论引导新格局。要推动融合发展，主动借助新媒体传播优势。"[2]国务院办公厅2017年1月12日印发的《国家突发事件应急体系建设"十三五"规划》明确提出要"完善信息发布机制。加强新媒体应用，及时回应社会关切，并根据事态进展动态发布信息。"新媒体主要是指网络媒体、手机媒体、数字电视等。新媒体具有信息发布和更新的及时性、群言性、开放性。[3]在"互联网+"时代，新媒体在突发事件应急信息公开工作中发挥的作用不容忽视，有着非常广阔的应用前景。以"6·1"东方之星旅游客船倾覆事件为例，6月2日2时52分，央视新闻发布快讯"一载有400多人客轮在长江湖北段倾覆"，首次在网络上进行报道。7时左右，《人民日报》微信推送汇总后的信息"［突发］一艘载有400余人的客轮在长江沉没　搜救正在进行"，成为微信朋友圈中最早的权威信息来源，点击量高达40多万次。新华网制作"3D还原翻沉瞬间""3D还原水下营救65岁老人细节"等多个动画，以可视化的形式呈现复杂的救援过程。新浪微博上，"长江客轮倾覆""长江客船沉没"等成为热门话题，产生了40亿人次的阅读量和170万余次的讨论。[4]

在这里，笔者主要探讨网络媒体与手机媒体这两种新媒体在突发事件应急信息公开中的应用。

---

[1] "安徽移动电视频道授权成为合肥市政府应急信息发布平台"，载 http://www.cmtv.so/?action-viewnews-itemid-240，最后访问日期：2017年10月7日。

[2] 参见中国互联网络信息中心发布的《中国互联网络发展状况统计报告》，第71页。

[3] 郑宇丹："加强和改进新媒体环境下的突发事件报道"，载《新闻世界》2016年第9期，第42~43页。

[4] 郑保卫、叶俊："舆论引导：变被动为主动——'东方之星'沉船事件舆论引导的经验及启示"，载《当代传播》2015年第6期，第20~23页。

(一) 网络媒体在突发事件应急信息公开中的应用

网络媒体主要体现为微博、微信、微信公众号等。目前，互联网已经遍布全球，人们的工作与生活已经离不开互联网。在突发事件应急信息公开工作中，网络媒体变得越来越重要。较之其他传统媒体，互联网媒体有着不可替代的优势。

(1) 网络媒体信息传播迅速、方便。在当今网络时代与媒介化社会背景下，信息传播途径广，传播速度快，超越时空限制，人们只要通过点击鼠标就能轻松上网查阅信息或者发布信息，非常有利于应急信息的迅速传播，同时发布出去的信息可以被记忆、被查询，公众可以随时重复搜索。在紧急情况下，利用传播速度快的网络媒体传播应急信息，可以使应急信息快速被公众知悉，尤其是身处危境中的公众，从而可以降低甚至避免突发事件的破坏性。

(2) 网络媒体信息容量大。突发事件发生后，信息以井喷的速度产生着，而电视、广播、报纸等媒体的信息播放量始终是有限的，海量的信息存储与传播需要互联网无限的空间。利用网络新媒体公开突发事件应急信息，可以跨越时空的限制，使应急信息得到快速而广泛地传播。

(3) 网络媒体数量众多且呈高速发展态势。在当今"互联网+"时代，不仅个人可以很方便地使用微博、微信以及微信公众号接收与传播信息，不少机构也将其作为信息发布的重要工具。以政务新媒体为例，我国互联网络信息中心发布的《中国互联网络发展状况统计报告》显示，截至2016年12月，我国在线政务服务用户规模达到2.39亿，占总体网民的32.7%。全国共有".gov.cn"域名共53 546个，政务微博164 522个，政务头条号34 083个。[1]这些政务App、政务微博、政务微信公众号、政务头条号都成了党政机构发布权威信息、回应公众关切的重要平台。

(4) 网络媒体即时互动性强。电视、广播、报纸等传统媒体对外公开信息是一种单向传递，公众无法及时与其沟通，缺乏互动。相反，互联网具有极强的即时互动性，公众可通过微博、微信、QQ、论坛、跟帖、博客等方式来发表自己的看法及意见，及时与政府相关部门互动。譬如，我国湖北省潜江市气象局工作人员利用微信公众服务平台群发功能，开发出了新一代气象

---

[1] 参见中国互联网络信息中心发布的《中国互联网络发展状况统计报告》，第71页。

预警信息发布系统，系统预警发布迅速，信息畅通，内容图文并茂，正式运营后获得了广泛关注和良好反馈。[1]广东省人民政府应急管理办公室开设了全国第一个应急管理专门网站，为广大人民群众提供全面的应急管理信息。

大数据时代背景下应急信息公开工作的开展，政府要创新新闻宣传和信息公开的方式与方法。办好政务微博、微信，开发"两微一端"新功能，不断提升社会关注度。[2]加强各级部门微信、微博、网站、论坛的建设是政府应急信息公开工作的迫切需要，完善网络发言人制度，通过各种网络媒体积极与公众进行互动，实现信息的透明与公开。

(二) 手机媒体在突发事件应急信息公开中的应用

手机媒体，被称为继报刊、广播、电视、互联网之外的"第五媒体"，也称为全媒体。随着现代信息技术的发展及其在手机中的应用，手机报、手机广播、手机电视等手机媒体的出现，人们通过手机除了通电话、发短信之外，还可以看报纸、听广播、看电视、阅读新闻、上网等，极大地丰富了生活方式，拉近了人与人、人与世界之间的距离，信息得到最大效益化。手机媒体越来越受到大众的欢迎和青睐，使得手机成了理想的大众传媒，为推动信息的传播做出了史无前例的贡献。2016年3月18日，山东疫苗案被曝光后，互联网对该案件的关注度持续攀升，信息更新量在周末期间也延续了持续增长的态势。新华网网络舆情监测系统显示，3月22日当天，新闻更新量已经超过7900条，总信息更新量已经超过1.2万条。[3]从该案件的媒介分布看，手机客户端的信息更新量比重已经超过了论坛和贴吧，成为网民关注此案的重要媒介平台之一。[4]

在全媒体时代，政府应当积极推动手机媒体在突发事件应急信息公开中的应用，大力发展数字内容产业和网络文化创意产业，积极抢占IPTV、手机电视、手机报等新兴媒体的制高点，同时也应对手机媒体进行规范管理，使手机媒体更好地服务于突发事件应急信息公开工作和人们的日常生活。

---

[1] 夏志杰、王冰冰：《基于社会化媒体的非常规突发事件应急信息共享研究》，同济大学出版社2016年版，第20页。

[2] 桂生：《深入开展安全生产大宣传 着力推进政府信息公开工作新常态》，载《湖南安全与防灾》2015年第12期，第8页。

[3] 李向帅："山东疫苗案舆情分析"，载《中国报业》2016年第7期，第48~49页。

[4] 李向帅："山东疫苗案：有效处置才能中和'情绪式认知'的偏激"，载http://news.xinhuanet.com/yuqing/2016-03/23/c_128826440.htm，最后访问日期：2017年6月18日。

第四节 突发事件应急信息公开中政府与媒体的沟通合作

政府与媒体作为突发事件应急信息公开的主体，两者都有着公开信息的职责，突发事件应急信息公开工作需要政府与媒体沟通合作。在这里，笔者主要从政府与媒体之间的沟通问题、沟通原则、沟通思路三个方面，分析突发事件应急信息公开中政府与媒体的沟通合作。

一、突发事件应急信息公开中政府与媒体沟通存在的主要问题

"信息沟通犹如船队通过航道，如果航道变窄变浅，轻者影响船队的通过量，重者使船队无法通过。要使沟通航道通畅，必须找出造成信息失真或信息不畅的'淤积泥沙'。"[1]信息沟通在突发事件应急管理过程中，同样具有不可替代的作用。政府应急管理过程中，尽管政府部门与媒体已实现常态化沟通，建立了紧密合作关系，但也存在一些需要完善的地方，主要表现如下：

（一）应急沟通主观认知不够强

（1）部分政府官员应急沟通观念存在偏差。部分官员对应急沟通作用认识不足，担心将应急信息过早告诉公众可能会诱发公众的恐慌，因而习惯于封锁和压制负面信息。由于少部分官员官本位的沟通观念严重，缺乏民主沟通观念，漠视和排斥与公民进行沟通，甚至动用行政手段来阻滞与公众的应急沟通。"公共危机信息沟通立足于政府本位、忽视公众的参与，是目前危机信息沟通不畅的重要主观因素。"[2]譬如，2009年5月14日至6月2日发生的长沙医学院"5·14"水污染事件，由于校领导应急沟通意识淡薄，校方认为不必向上级部门报告，导致事件从发生到解决持续长达50天之久。[3]

（2）公众应急沟通意识未觉醒。由于公众的危机信息辨别能力不强，多数公众通常会忽视突发事件发生前的征兆，缺少应急沟通的知识和技能，难以清晰辨别流言谣传。如在2011年日本福岛核事故引发的全球性恐慌中，部分公众受谣言蛊惑，出现抢购和囤积食盐、酱油甚至是榨菜的现象，导致市

---

[1] 冯周卓：《走向柔性管理》，中国社会科学出版社2003年版，第242页。
[2] 赖英腾："公共危机中的信息沟通及其治理机制"，载《马克思主义与现实》2008年第5期，第177~179页。
[3] 罗建军、张发权主编：《突发事件应对案例》，湖南科学技术出版社2010年版，第169~171页。

场秩序混乱。[1]由于部分公众参与应急沟通的意识薄弱,自觉性不高,他们"更习惯于将自身置于政府应急管理的对象,是被施救的弱者或是旁观者……却没有意识到自身原本就是应急管理主体中不可或缺的一部分"。[2]

(二) 应急管理机构不健全

笔者实地调查发现,当前我国政府部门的应急管理机构有待进一步健全,主要表现在两个方面:

(1) 应急管理机构职能不清晰。尽管自SARS事件之后,各省市开始设置应急管理机构,但是很多地区的应急管理机构职能不清晰,存在编制、规格不统一现象,人员配备不充足,有限的应急人员还要负责领导的出行安排等事务。[3]

(2) 缺乏信息管理技术和人才。应急信息沟通过程中缺乏专业人才和技术的支持,致使应急信息来源单一、反馈不灵,应急信息网络覆盖率低,缺少应急信息数据库数据等。

(三) 应急信息沟通渠道不畅通

(1) 内部沟通渠道不畅通。目前政府应急信息沟通模式主要是采取上下级沟通,在传统绩效考核制度的驱使下,下级政府为了逃避责任往往会采取迟报、瞒报、漏报、谎报、拒报危机信息等办法,上下级间存在信息不对称现象,政府部门间各自为政、信息难以共享的现象在一定范围内存在。譬如2012年湖南炎汝隧道爆炸事件,上午8时发生爆炸,11时18分炎陵消防中队才接到公安局求援电话,14时20分消防中队到达现场。由于综合信息沟通平台缺位,各级政府、各部门信息沟通不畅,导致事故发生近6个小时后才开始救援。[4]

(2) 外部沟通渠道不畅通。由于种种原因,部分政府部门及其人员以保护国家机密或国家安全为由对突发事件信息进行封锁,信息发布中,谎报、

---

[1] 南宁新闻网:"南宁食盐库存足 各地专项检查盐价",载http://gx.people.com.cn/GB/1794 69/14175232.html,2016年6月13日访问。

[2] 陶方林:"政府应急信息沟通的主要障碍及其应对原则",载《安徽行政学院学报》2012年第1期,第29页。

[3] 王宏伟:《应急管理理论与实践》,社会科学文献出版社2010年版,第299页。

[4] "湖南炎汝高速在建隧道发生炸药大爆炸 造成19人伤亡",载http://hn.people.com.cn/n/2012/0519/c337651-17057005.html,最后访问日期:2016年6月17日。

漏报、不报、迟报等现象时有发生。

（四）媒体的应急沟通职能有待进一步加强

在现代信息社会中，大众传媒在塑造公众价值观念、强化公众意识、反映和引导社会舆论等诸多方面发挥着巨大的作用。[1]但是当前媒体的应急沟通职能还有待进一步加强。首先，新闻媒体的自主性不是很强，其某些行为仍受制于政府部门，当突发事件紧急处置过程中可能触及某些部门或官员利益时，他们有可能会尽力掩盖真相，限制新闻媒体报道，媒体应急沟通的作用受限。譬如，2009年2月发生的"躲猫猫"事件就是很好的例证。其次，媒体内部不可避免地存在个别记者为了个人私利收取贿赂或作虚假报道的行为。同时，部分媒体为了追求商业利益，也可能对突发事件进行无原则的炒作。譬如，在2008年的山西霍宝干河煤矿的塌陷事故中，相关负责人没有及时上报灾情，为隐瞒事实真相、封锁信息，便给前来采访的记者发放"封口费"，导致了一出58名真假记者排队领封口费的闹剧。[2]

（五）应急公开法律制度不完善

当前政府应急信息的公开主要以《政府信息公开条例》为依据，这一条例对重大突发事件不具备普遍的适用性。政府应急信息公开缺乏有力的法律支持，缺乏完善的重大突发事件应急信息报告、发布、分析、监督等法律规定。同时，地方出台的有关信息公开的各种规定也有局限性。这些条例、规定等对政府应急信息公开内容的真实性、全面性、准确性、及时性等方面缺乏有效的监督和约束。由于《政府信息公开条例》法律位阶较低，难以对较高位阶的法律如《档案法》《保守国家秘密法》中的某些保密规定形成有效约束，这就为地方政府官员提供了自由裁量信息发布内容的空间。美国国防办公室曾坦言，其实90%以上的信息都是可以公开获取的，只有10%的信息是涉密、敏感的、受限制的。[3]

---

〔1〕 薛澜、张强、钟开斌：《危机管理：转型期中国面临的挑战》，清华大学出版社2003年版，第120页。

〔2〕 "山西霍宝干河煤矿矿难记者领'封口费'事件"，载http://news.xinhuanet.com/zgjx/2009-05/31/content_12341160_5.htm，最后访问日期：2016年6月18日。

〔3〕 David M. Walker, "Homeland Secruity: Informating Sharing Activities Face Continued Management Challenges", http://www.gao.gov/assets/90/81904.pdf.

二、突发事件应急信息公开中政府与媒体沟通的基本原则

突发事件应急信息沟通是一门科学，也是一门艺术。在突发事件应急管理过程中，政府部门为了处理好与媒体的关系，开展有效的应急信息沟通，需要遵循以下基本原则。

（一）未雨绸缪，居安思危

应对危机的辩证思想自古有之。如《贞观政要》载："凡大事皆起于小事，小事不论，大事又将不可救，社稷倾危，莫不由此。"《左传·襄公》也指出"居安思危，思则有备，备则无患"。这些思想强调要居安思危，未雨绸缪。突发事件的应急信息沟通，首先要遵循"未雨绸缪，居安思危"的原则，树立并增强忧患意识，坚持常态与非常态相结合，加强常态化管理，选定专职信息管理人员，培训沟通知识与技巧，明确相关沟通程序，进行沟通应急演练，对应急信息公开工作常抓不懈，防患于未然。

（二）公众导向，以人为本

政府应急信息公开，需要秉承以人为本的理念，把公众需求作为行动的出发点。一方面，在应急信息沟通过程中，政府应急管理部门应坚持以人为本的理念，以保障公众生命财产安全作为应急管理的首要任务，切实维护人民群众的切身利益。另一方面，政府应急管理部门应以公众需求为导向，充分考虑不同层面公众的理解与接受能力，以普遍能够理解、接受的方式或途径，发布公众最为关注的信息，并认真倾听利益相关者的声音，了解他们对突发事件的看法和态度。

（三）第一时间，效率优先

突发事件发生后，社会公众希望能够在第一时间内获取相关事件信息。政府应急管理部门应当遵循"第一时间、效率优先"的原则，提高应急沟通的效率，在第一时间内掌握并发布应急信息，不断更新追踪报道，保障公众知情权，避免小道消息和谣言的产生、传播。迅速及时、快捷高效的应急信息沟通，有助于政府部门及时了解突发事件具体情况，及时采取应急管理措施。

（四）真实准确，公开透明

政府要充分保障应急信息的真实准确性，实事求是反映突发事件的事实真相，发布完整准确的信息或数据，坚决打击为了一己私利而瞒报、漏报、

错报等行为。同时，有关部门在保证应急信息发布真实准确的前提下，还应以公开透明为标尺，以最易于公众接受的方式和途径及时发布公众想要知道的和应该知道的相关信息，以减少公众因突发事件的未知性和不确定性带来的恐慌心理。

（五）协调一致，权威发布

政府作为最权威和最具影响力的应急信息沟通主体，一旦发布应急信息，便会成为突发事件中相关信息的主流声音。在应急信息发布过程中，各级政府及其职能部门的相关工作人员需要协调一致，使用正式的沟通渠道发布最权威的信息，保证发布的信息内容具有一致性，做到数据统一、口径统一，避免公众因应急信息紊乱、纷杂而无所适从。

三、突发事件应急信息公开中政府与媒体沟通的基本思路

（一）重视公共危机教育，转变应急信息沟通观念

（1）重视公众危机沟通教育。政府有关部门通过学校教育、媒体宣传等方式，让公众了解突发事件发生发展的规律以及应对措施，增强其危机识别与处置能力。同时，要加强危机关注意识教育。危机关注意识教育主要包括：培养公众的忧患意识，时刻警惕危机的发生；培养公众对危机的关注度，让公众自觉认识到危机与每个人息息相关，以及当危机发生时，能够及时了解和掌握危机的有关信息，并采取有效措施，配合政府工作。[1]譬如，在2009年南太平洋萨摩亚群岛附近海域发生8.3级地震和5英尺浪高的海啸前，一个10岁女孩注意到海水倒退，判断出海啸即将来临，在父亲的协助下向海滩游客和附近居民发出警报，并向当地政府报告情况，挽救了无数人的生命。[2]

（2）转变政府应急信息沟通观念。政府有关部门应当切实转变应急沟通价值观，牢固树立"公众本位"的思想，不断强化应急信息沟通意识，在应急管理过程中及时向公众发布有关信息，保障公众知情权。譬如，"5·12"汶川地震发生后，事发所在地政府部门非常重视应急信息沟通工作，积极主

---

[1] 刘建军、朱喜坤："思想政治教育在应对突发事件中的作用"，载《学校党建与思想教育》2003年第6期，第68页。

[2] 王宏伟：《应急管理理论与实践》，社会科学文献出版社2010年版，第116页。

动辟谣、真实准确公布灾情、及时更新救灾信息,赢得国内外一致好评。

(二)建立健全应急机构,优化应急沟通组织架构

(1)构建高效权威的应急管理机构。各级政府应加大对应急管理机构的整改力度,明确组织权责,吸纳专业人才,组建应急沟通专业部门,优化应急沟通组织架构。同时提升各应急管理机构的行政级别,使其在突发事件应急管理过程中能够实现纵向与横向的双向领导,以最高应急指挥机构的身份协调处置突发事件。

(2)构建应急沟通支持系统。政府部门应当加大对应急沟通的技术投入,配备移动通信、计算机网络等设施,并充分利用预测学、系统论、统筹学等学科理论以及现代信息技术,建立应急沟通技术支持系统。同时建立健全开放且共享的突发事件数据库,以提高应急信息沟通效率。譬如,安徽省的信息发布系统配备了高端设施,主要包括卫星预警接收机、无线预警专用接收机、有线广播前端接收、公共媒体查询、手机短信接收、电视发布、电子显示屏等子系统。在 2009 年的肥东县地震后,省政府迅速利用该系统通过多种途径向社会发布了具体震情信息,社会公众交口称赞"反应速度还可以""应急措施有力,信息基本畅通"。[1]

(三)整合应急信息渠道,构建多维应急信息沟通平台

(1)构建综合应急信息沟通平台。充分利用发达的信息网络技术、卫星技术、GPS 定位技术等整合分散的应急信息,建立健全各部门联动机制,构建一个开放的综合信息沟通平台,进行跨部门、跨地区、跨行业的多方信息资源整合,确保应急信息在各部门、各群体间快速传递,实现信息的交互和共享。譬如,2012 年 11 月 20 日 8 时至 21 日 15 时,乌鲁木齐连降 31 小时大雪,通过该市的综合平台,市应急办、各区县、城管部门、交警部门、民政部门、气象部门等多部门联动,及时获取应急信息,启动预案,调整措施,全市范围内基本没有出现道路拥堵、供暖供水投诉等现象,打了一场漂亮的"雪仗"。[2]

(2)创建多层次的应急信息沟通平台。通过整合传统沟通渠道,"以现代

---

[1] "安徽省政府发送百万条短信通告震情 民情稳定",载 http://www.wjol.net.cn/news/system/2009/04/08/000318422.shtml,最后访问日期:2016 年 6 月 20 日。

[2] "多部门联动应对 31 小时降雪",载 http://news.163.com/12/1122/01/8GSKTERC00014AED.html,最后访问日期:2016 年 6 月 21 日。

电信、计算机、软件和网络服务为基础，将声音、图像、动画、文字等大量信息统一起来，把电视、电话、计算机的优势统一到一个平台"〔1〕，即多层次的应急信息沟通平台。在信息发布方面，除通过报纸、电视、广播、新闻发布会等传统方式外，还应充分利用移动客户端、网络电视、门户网站、虚拟社区、QQ群组、微博等新媒体的优势，及时充分向社会发布应急信息。在信息反馈渠道方面，可以考虑采取成立专门办公室、整合各类热线电话、开通电子邮箱、与主流媒体合作等举措来增加应急信息反馈渠道。

（四）强化媒体责任意识，推动政府与媒体的应急合作互动

（1）强化媒体的责任意识。要加强对媒体从业人员的职业道德教育与培训，注重培养媒体的社会责任感，及时传递事实真相，正确引导舆论。正如新华社原社长郭超人所言"记者笔下有财富万千，记者笔下有毁誉忠奸，记者笔下有是非曲直，记者笔下有人命关天"，媒体工作者肩负着重大社会责任，应以朴素、踏实、忠诚之心服务于国家和人民。〔2〕

（2）促进政府与媒体的合作互动。政府要适应时代发展要求，努力提高与媒体打交道的能力，切实做到善待媒体、善用媒体、善管媒体，充分发挥媒体凝聚力量、推动工作的积极作用。〔3〕政府也要转变思维定式，充分认识到媒体的积极作用，与媒体建立起良好的合作互动关系，营造媒体公正介入的环境，给予媒体较大的报道空间，利用媒体加强社会危机教育，增进公众危机辨别能力和灾难恢复能力，及时发布和反馈危机信息。

（五）健全应急信息公开法律制度，推进应急信息公开合法有序进行

政府有关部门应根据实际情况逐步完善突发事件应急信息公开的相关法律条文，结合实际将《政府信息公开条例》上升到法律层面，填补我国关于信息公开法律制度体系的空白，以法律条文的形式确定突发事件应急信息公开的内容、形式、程序、渠道、方法以及政府自由裁量权的范围，把保障公众知情权上升到法律层面，赋予政府信息披露职责与义务。建议逐步完善现

---

〔1〕赖英腾："公共危机中的信息沟通及其治理机制"，载《马克思主义与现实》2008年第5期，第177~179页。

〔2〕"中央电台驻站记者座谈职业精神职业道德"，载 http://www.xwcm.net/a/hunanjixie/meiti/2011/0422/1688.html，最后访问日期：2016年6月22日。

〔3〕"李长春：党委要善待媒体善用媒体善管媒体"，载 http://news.qq.com/a/20100105/000202.html，最后访问日期：2016年6月23日。

行《档案法》《保守国家秘密法》等法律,根据实际情况修改其中不再适应社会发展需求现状的部分保密规定。除现有法律体系的完善以外,有关部门应该根据应急信息公开的现状以及需求完善相关制度,建立突发事件应急报告制度、突发事件举报制度、应急信息分析制度、应急信息发布制度等,为政府部门、社会公众及时准确、客观全面了解突发事件信息提供制度保障,推动应急信息公开工作高效开展。

第五章
政府应急信息公开的平台建设

"互联网+"时代,为了最大限度地促进应急信息的公开与共享,政府有关部门需要积极利用现代信息通信技术,加强应急信息公开平台建设,提升突发事件应急信息公开效能。本章主要探讨突发事件应急信息公开平台建设的相关问题。

第一节 政府应急信息公开平台建设概述

信息公开被视为应急管理工作的"生命线",应急信息公开平台建设,则是应急信息公开工作的核心内容,是开展应急信息公开工作所要解决的关键问题。平台建设在很大程度上决定着应急信息公开工作的成败,意义重大。

一、政府应急信息公开平台的内涵

(一)政府应急信息公开平台的定义

"平台"一词,由来已久,顾名思义,最初是用来指代高于附近区域的平面,或是楼房的阳台。应急平台是一个固化应急管理机制,规范和提高应急管理能力的工具。[1]"平台"实质上是一种很抽象的事物,从事不同行业或同一行业不同方向的人员对"平台"的认识和理解都可能会产生差异,见仁见智。"平台"的含义可以是狭义的,也可以是广义的。狭义的平台,一般特指网站;而广义上的平台则泛指进行或开展某项工作所需要的条件和环境,一种基础的可用于衍生出其他产品或服务的环境或条件。笔者看来,"平台"更像是一个场所或系统,通过这个场所或系统,人们可以进行学习、交流,

---

[1] 张黎明、张小明:"'十三五'时期应急体系发展的8大理念",载《中国信息界》2015年第6期,第49~51页。

获取所需要的信息。

政府应急信息公开平台,是政府有关部门依托电信网、广播电视网、计算机互联网、智能电网而搭建的,包含信息资源、管理、服务、技术、应用等要素,以提供突发事件应急信息公开服务为目的的综合集成系统。该平台以电信网、广播电视网、互联网、智能电网的四网融合互通为基础,以突发事件应急信息资源管理为核心,利用网站、电视、手机短信、微博、微信、传真、邮件、广播、电子显示屏等方式,能够实现跨网络、跨区域、跨时空的应急信息公开服务,具备信息管理、查询检索、沟通交流、统计监控等功能。譬如,政府应急管理工作走在全国前列的广东省,自2011年起开始建设,目前已完成中控平台(省级预警信息发布管理平台的简称)和短信、12121电话、传真和外呼、农村大喇叭、电子显示屏、应急气象网站、微博、微信、手机客户端等发布渠道建设。省、市、县通过Web登录中控平台,实现了"一键式"对各种发布渠道发布各类突发预警信息,使全省19 517个行政村至少有一种技术手段可以获得广东省突发公共事件预警信息。该系统向上对接国家突发事件预警信息发布系统,至下链接各市、县的预警信息发布管理平台,构架上实现了国家、省、市、县4级互联互通,为预警信息的及时发布构建了完整的脉络。[1]

政府应急信息公开平台种类多样,从不同的角度可划分为不同的类型。按照建设主体划分,可分为国家、省、市、县级应急信息公开平台;按照行业领域划分,可分为医疗卫生、道路交通、军事国防等专业应急信息公开平台;按照突发事件种类,又可分为自然灾害应急信息公开平台、事故灾难应急信息公开平台、公共卫生事件应急信息公开平台、社会安全事件应急信息公开平台等。当然,除各专业应急信息公开平台以外,综合性应急信息公开平台建设是目前各级政府应急管理工作的重要内容,符合应急联动、资源整合与共享的实际。譬如,深圳市自2015年1月22日起,就启用了突发事件发布平台,实现了自然灾害、事故灾害、公共卫生灾害预警信息由统一信息平台发布,相关预警将在15分钟内由统一信息平台完成发布,深圳在全国率先

---

[1] 李娜:"广东省突发事件预警信息发布系统的建设和经验浅谈",载2015年《第32届中国气象学会论文集》,第152~155页。

实现了突发预警信息统一管理。[1]

(二) 政府应急信息公开平台的特点

作为突发事件情境下开展信息公开工作必需的环境或条件,政府应急信息公开平台除具有"平台"的一般特性,如集中管理、相关性、广泛性、多样性等,还具有自身的独特优势。它是适应新形势下应急管理工作的需要,以"四网联合"为依托,打造的一个具有实时交互、高度集成、个性化三大显著特点的平台。

(1) 实时交互。应急信息公开和传播,是一个复杂的过程。一个信息从发布者到接收者的过程,至少包含应急信息的发送者(提供者)、应急信息的接收者、传播及获取信息的渠道三大要素。从信息传播的方式或渠道方面而言,分为单向和双向两种。传统的应急信息公开方式,如报纸、广播等,主要以单向的信息发布为主,发送者只是将应急信息通过某些方式予以公开,而不关注或较少关注接受者是否收到和是否反馈;双向传播中信息的发送者和接收者双方会有互动,发送者将信息传递给接受者之后,接受者可以就信息及其公开工作与发送者进行交流。突发事件速报和应急信息公开是应急管理部门最基本也是最关键的工作。而公众在社会信息化程度日益提高的环境下对应急信息公开的要求也越来越高——公众需要交流,政府却不能闭目塞听。在当前信息科技高速发展的时代,政府应急信息公开平台运用专业技术对应急信息进行编辑和处理,通过各种渠道同时进行公开传播,并对应急信息内容进行分类,统一实时更新;从传播学角度来看,它还是一个双向的信息沟通网络,采用创新的方法打破了以往信息公开方式的单一性、单向性和人为性,公众可通过平台与发送者进行双向互动,信息获取、交流将更为方便快捷。

(2) 高度集成。顾名思义,集成即集合而成。具体来说,就是将一些相互孤立却又有所关联的因素或事物通过某种方式或技术集中起来,成为一个相互联系、相辅相成的有机整体。集成并不是一种实体产品,而是一种聚合而成的技术手段,但集成的影响却不仅是技术手段那么简单,它更是一种思想和理念。政府应急信息公开平台,体现的就是这样一种集成理念或技术,

---

[1] "自然灾害、事故灾害、公共卫生灾害统一发布——深圳启用突发事件发布平台",载《深圳商报》2015年1月23日。

它强调一体化的整合思想，强调效率和效果并重，它的管理对象由传统意义上的人、财、物转变为信息资源、科学技术、智能设备、专业人才，其核心就是运用集成的理念和技术来指导和支持应急信息公开工作，提高应急信息公开的效能。平台的集成性并不意味着将某些单个元素简单聚集，而是在充分分析各元素特点的基础上促使其相互吸纳、相互补充、相互渗透，成为一个全新的功能强大的有机体，它拥有各元素的功能特色，却又大于各元素的整体功能。政府应急信息公开平台的高度集成性不仅体现在其功能上，还体现在其对信息的管理上。现代社会信息作为一种多媒体信息，形态多样，包括文字、图形、图表、声音、图像、动画、视频等，而政府应急信息公开平台同时也是一个多媒体信息发布平台，运用信息技术在多种信息形态之间建立连接，使其融合为一体。

（3）个性化服务。提供更好更可靠的信息服务，是政府应急信息公开平台的基本要求。现代信息技术的发展，使信息服务的方式和手段不断丰富与完善。随着社会公众的个性化需求越来越突出，应急信息公开的个性化服务趋势也日益明显。个性化服务是非常规服务，体现了以人为本的理念，以标准化和多样化为基础，将用户的需求融合进产品或服务的生产和提供过程，根据用户的设定来实现，通过各种方式和渠道来收集和处理信息，向用户提供个性定制的服务，满足其个性化需求。政府应急信息公开平台可以提供个性化服务，以满足公众的需求为根本出发点，更加强调不同群体的个性化需求，将"要我公开"转变为"我要公开"，面向信息接收者改善服务细节，打破以往传统的被动服务模式，缩短了信息发送者与接受者之间的距离，强化了两者之间的沟通。政府应急信息公开平台是多种方式和技术的集成，可以满足不同群体的信息需求，针对不同群体的不同特点以不同的方式提供不同的信息服务。[1]如手机短信可为手机用户提供信息公开服务，微博、微信也有各自的用户群体，可通过各自的不同渠道便捷地获取信息，实现应急信息公开的个性化、一体化与智能化。

二、政府应急信息公开平台建设的原则

原则，即工作、行事所依据的基本准则。政府应急信息公开平台建设是

---

〔1〕 郭秀琪："移动电子政务智能搜索个性化信息公开客户端"，载《计算机光盘软件与应用》2013年第19期，第79~82页。

顺利开展应急信息公开工作的手段和支撑，是一项系统工程，涉及面广，不仅要体现应急信息公开的具体职能和要求，还应围绕政府职能转变、响应政务大数据公开的格局，更要考虑内部各元素和信息接收者的特点。因此，在进行平台建设时，需要遵循一定的原则要求。

（一）统筹规划，分步实施

政府应急信息公开平台建设涉及多个领域和部门，不仅需要在统筹规划的前提下明确目标，进行分级分阶段细化任务，突出建设重点，也要理清建设步骤，分工负责，分层推进，分步实施。在统筹规划的基础上，理清工作步骤和时序，把握工作任务的基本要求，综合考虑任务的轻重缓急、难易程度、特性特点、公众需求等因素。政府应急信息公开平台的建设应以统筹规划，分步实施为原则，运用研究规划，制定方案，逐步试点，改进完善，全面实施的方法。具体说来，就是首先要动员应急管理部门、信息化建设部门等相关人员，集中力量从理论和实践两个方面对应急信息公开平台建设做出总体规划，并针对可能出现的问题采取预防措施，形成几套可行方案；再综合比较分析，从备选方案中选出一套最优方案，进行审核完善；将方案付诸实施，在调研的基础上选择典型地区进行试点，检验方案的可行性与可操作性；根据试点检验的结果对方案进行修改和完善，力求实用可行；运用试点建设的经验，将修改过的方案在全国范围内进行推广，全面实施。

（二）需求主导，讲求实效

政府应急信息公开平台建设，应坚持需求主导，讲求实效的原则，既要重视应用系统的开发完善和应急信息资源建设，又要立足于满足平台用户（信息接收者）的需求，使得平台物尽其用，充分发挥其实际效用。

不断产生需求并满足需求的动态过程，就是发展的实质。随着突发事件的频繁发生以及公众权利意识的不断增强，人们必然会对现阶段的发展环境、现有的制度安排以及政府服务等产生新的需求，只有进一步认识需求导向，提高需求变化的适应能力，大胆创新，才能取得发展。对于政府应急信息公开平台建设而言，需求主导是平台建设以公众的应急信息需求为根本出发点和最终归宿，"问需于民"，以满足公众需求为核心开展建设工作，借助"四网"的强大功能来精准把握公众的应急信息需求，运用多种技术提供多种形式的服务来满足这一需求，从而促使应急信息公开服务不断创新和完善。在平台的建设过程中，不管是何种技术、何种理念，只要是与满足需求有关，能够提高应急信息公开效能，都属于可借鉴的范围。讲求实效，注重平台作用的发挥，为应急信息公开提供必要的支撑，这就要求平台的建设要均衡发展，既要重视硬件建设，又要重视资源建设，防止出现重硬轻软、流于形式等问题发生。

（三）因地制宜，整合资源

政府应急信息公开平台建设，应坚持因地制宜，整合资源的原则，一切从实际出发，不盲目发展，不搞一刀切，不追求形式形象，允许差异性，强调就地取材，充分利用已有资源，避免重复建设。

平台建设是一项具有紧迫性、复杂性和艰巨性的任务。在建设平台时，要充分认识到当地的实际情况，全面把握平台所在地的具体实际情况，秉持理性的态度，不能眉毛胡子一把抓，不能脱离具体实际。正视各地区之间实际情况的差异，以自身条件为基础，着眼于已有资源具体分析，量力而行，尊重民意，制定适宜的建设方案，分清工作步骤，没有必要坚持同步开展，也不存在先后之分，主次之别。如东部地区经济发达，自身条件较为成熟，可充分利用已有优势率先开展平台建设；而一些突发事件多发地区，由于情况的特殊性和紧迫性，也可在已有条件的基础上整合相关力量进行平台建设，为应急管理添砖加瓦。资源整合就是资源的优化配置，通过组织协调，将平台建设所需要的不同性质、不同来源、不同内容、不同功能的资源进行配置与融合，创建新的资源，形成平台建设的合力。资源是平台的内核。平台建设需要整合资源，不仅要整合政府内部的资源，还要整合相关企业与运营商的资源，更要积极整合必要的社会资源，将"各自为政"转变为"通力合作"，充分依托现有业务系统和电子政务系统，节省行政成本。

（四）技术先进，保障安全

政府应急信息公开平台建设，也需要坚持技术先进，保障安全的原则，充分借鉴运用国内外先进的建设经验和技术，以技术作支撑；同时要遵守国家保密制度、知识产权制度，遵循相关技术标准，保障平台安全稳健地运行。

信息产业的飞速发展，使得各类信息技术被广泛运用到各个领域，成为各行各业开展工作必不可少的重要支柱。政府应急信息公开平台建设是一项技术性很强的工作，涉及许多技术问题。所谓技术先进，就是在平台建设过程中，要充分借助先进的信息技术，开展科研攻关，注重平台搭建核心技术的研发与应用,强调平台的先进性与实用性。政府应急信息公开平台是一个集信息的收集、组织、存储、发布等功能于一体的智慧平台,需要运用到信息采集技术、信息加工技术、信息组织技术、信息存储技术、信息共享技术、信息安全技术等,技术就是平台的"生命",没有技术的赋能,平台建设无从谈起。确保平台的安全,这是平台建设时需要考虑的首要问题,平台安全包括应用安全和资源安全两个方面,为营造安全健康的平台运行环境,在建设过程中需要全面考虑各种可能面临的安全风险和威胁,并综合采取预防与紧急处置措施。简言之,平台建设要正确处理好发展与安全的关系,处理好业务与技术的关系,把强化技术运用与健全安全制度紧密结合,打造全方位的平台安全保障体系,确保政府应急信息公开平台安全可靠、发挥实效。

三、政府应急信息公开平台建设的意义

"互联网+"时代,利用现代信息通信技术,加强政府应急信息公开平台建设,对于整合应急信息,实现信息共享,创新服务方式,契合公众需求,改善应急信息公开工作条件,提高应急信息公开能力,引导社会舆论,维护社会秩序等,均具有极其重要的现实意义。

(一)有利于整合应急信息,实现资源共享

经过多年的信息化建设,我国社会信息化程度不断提高,信息资源日益成为全社会的宝贵财富,信息共享的需求也日益扩大。在突发事件情境下,政府就是应急信息资源的最有力收集者和最大拥有者,如何对应急信息进行分类整合,实现跨部门、跨行业、跨时空的资源共享,已成为应急管理工作的重要内容之一。

应急信息整合,是指在一定的组织领导和统筹规划下,采用各种技术手段,将不同来源、不同阶段的突发事件应急信息汇聚起来,进行有机融合,实现应急信息资源的优化配置和有效共享,最大限度发挥应急信息资源价值的过程。突发事件一旦发生,以事件为中心的应急信息数量会急剧增加,且分散于不同的职能部门。突发事件应急信息公开平台是集信息采集、组织、存储、整合、展现等功能于一体的智能平台,是所有应急信息资源承转的载体,各种类型和格式的应急信息数据都在同一个载体上实现收发、处理、中转

和展现,[1]将来自不同职能部门、不同业务系统、不同地区的应急信息整合到统一的数据接口之下,并实现统一的实时更新和公开。例如,地震发生后,地震局或公安局将现场数据和语音图像等信息上传到应急信息公开平台之上,一方面促使应急信息在政府系统内部快速报送,相关职能部门共同商议对策,协商处理;另一方面也可通过该平台将获得的第一手应急信息及时发布给社会公众和媒体,从而实现应急信息在全国范围内的共享。以贵州省为例,该省已于2016年5月在全国率先建成省、市(州)、县级预警信息发布中心,确保各类突发事件预警信息及时发布。[2]全省9个市(州)、80个县的预警信息发布中心全部建成,将对各类突发事件预警信息进行统一发布和管理。[3]一旦出现自然灾害、事故灾难、公共卫生、社会安全等突发事件,并达到相应的预警发布级别时,各级预警信息发布中心将依托突发事件预警信息发布系统,通过短信、电话、网站、广播、电视、微博、微信等渠道,向政府应急责任人、应急联动部门应急责任人、社会公众发送相关预警信息。[4]

(二)有利于创新服务方式,契合公众需求

突发事件具有突发性、不确定性、复杂性和危害性等特征。突发事件的这些特性,会引起社会的关注和兴趣,公众的知情权、表达权等权利在这一特殊时刻也异常高涨,渴望得知事件真相的需求也极度强烈。然而由于资源整合、服务方式等因素的限制,政府难以为公众提供全面、及时的应急信息公开服务,公众的应急信息需求难以得到有效满足,亟须创新应急信息公开服务方式,提高公众满意度。

(1) 创新应急信息公开方式。传统的应急信息公开方式,如报纸、政府公报、广播电视等,普遍存在着交互性较差、实时性较弱等问题,不完全符合应急信息公开及时性、全面性等要求。政府应急信息公开平台以四网联合为基础,借助强大的网络平台不断创新应急信息公开的方式,开辟了许多新渠道。作为政府部门与社会公众互动的新型载体,政务微博、政务微信以其

---

[1] 赵亮:"汇聚公共信息 服务社会民生——应急信息资源整合模式的思考",载《读写算:教育教学研究》2012年第74期,第273页。

[2] "监管",载《中国安全生产》2016年第12期,第62~64页。

[3] "监管",载《中国安全生产》2016年第12期,第62~64页。

[4] "监管",载《中国安全生产》2016年第12期,第62~64页。

显著的及时性、交互性等得天独厚的优势成为应急信息公开的"新宠",覆盖范围、服务质量、用户数量呈不断上升趋势,功能作用也日渐完善,越来越契合公众的需求,极大地推进了应急信息公开工作的开展。

(2)促进应急信息公开服务均等化。目前,应急信息公开服务非均等化问题比较突出,严重影响公众对于应急信息公开的满意度。政府应急信息公开平台,充分考虑到不同群体的具体情况,采用多样化的方式和渠道来契合不同群体的需求,为公众创造均等的服务机会。譬如,手机用户可以通过短信、彩信、手机报等获取应急信息;网络用户可以通过政府网站、新闻媒体等方式获取应急信息。

(三) 有利于改善工作条件,提升服务能力

自然环境和社会环境的日益复杂多变,使得突发事件的突发性、紧急性、事态发展的不确定性增强,应急信息的公开和传播工作需要处理的问题越来越多,面临着更为严峻的挑战,社会对于应急信息公开的要求也越来越高。因此,建设一个以先进技术为基础,以资源整合共享为核心,以信息高效服务为目标的政府应急信息公开平台,对改善应急信息公开的工作条件和环境,提升应急信息公开的效能有积极作用。

(1)改善工作条件,提高工作效率。政府应急信息公开平台解决了应急信息资源分散、标准格式不一、难以整合共享的问题,保证了应急信息的及时性、准确性和可用性,为突发事件应急信息公开提供了资源保障。同时,政府应急信息公开平台实现了与电子政务系统、政府办公自动化系统等业务系统的有效对接,打破了等级、层级以及部门之间各自为政的局面,应急资源得到优化配置,应急信息公开的流程更为简洁,手续更为简化,改善了应急信息公开的条件,节约了行政成本,提高了工作效率。此外,政府应急信息公开平台实现了多种信息公开渠道的整合,并根据各渠道的特征,结合不同群众的信息需求提供有针对性的服务,极大地提高了应急信息公开的效能。

(2)加强交流沟通,剖析存在的问题。政府应急信息公开平台是信息发送者与信息接收者之间交流互动的载体,接收者收到信息之后可在平台上提供反馈。平台的运行使得接收者信息诉求的提出更为便捷,也使得应急信息公开当中存在的问题被充分暴露,公众可在平台上畅所欲言,剖析存在的问题,发表自己对于应急信息公开的意见和看法,形成合理化建议,促进应急信息公开工作不断改进,从而提升平台的应急信息公开服务能力。

（四）有利于引导社会舆论，维护社会秩序

随着媒介生态的变化，舆情传播开始呈现新的特点，博客、微博、论坛等新媒体为公众提供了充分的言论自由空间，成为公众表达思想、宣泄情感及利益诉求的重要渠道。政府应急信息公开平台，实际上也是一个舆情监测的智能平台，对于正确引导舆论，维护社会秩序具有积极作用。

（1）把握公众利益诉求，关注舆情收集。突发事件情境下，公众的知情权、参与权、表达权等个体权利急需被尊重以获得在不稳定状态下的安全感，并且公众表达意见、诉求、情绪、态度的方式呈现出多元化、自主化的特点。舆情，就是舆论情况，是公众所表达出来的意见、态度等的集合，具有极大的影响力。舆情收集，就是进行舆论调查，以找到舆论引导的切入点和方向。政府应急信息公开平台，可实现海量信息的自动收集、组织存储、分类聚类、监测分析，通过问卷调查、组织讨论专题等形式，收集公众最为关注的问题以及最迫切希望获取到的信息，精准把握公众的利益诉求。同时，还可统计分析话题参与量和关注度，分析判断其形成"舆论"的可能性，掌握引导舆论的主动权。

（2）主动出击，引导舆论走向。突发事件的特殊性导致舆论环境更为复杂，一些别有用心的人趁机歪曲事实、制造谣言，并借助网络媒体广泛传播，误导不明真相的公众，甚至对事件产生不可预见的影响。政府应急信息公开平台能够统筹处理各个来源的信息，了解事件真相和处理情况，获得最全面、最准确、最真实的应急信息，且汇集了多家主流权威媒体和渠道，具有无可比拟的优势，其发布的信息是最准确、及时和权威的，能够有效形成"第一印象"效应，进而掌控舆论主导权，消除小道消息的误导，疏导公众情绪，稳定社会秩序。

第二节　政府应急信息公开平台建设存在的主要问题

随着突发事件应急管理工作发展的需要，应急信息公开的重要性不断攀升，平台建设也逐步提上议程。政府部门已开始着手建设各类应急信息公开平台，运用信息技术和新媒体技术提高应急信息公开能力和应急管理能力。总体看来，目前我国政府应急信息公开平台建设还处在起步与发展阶段，存在着一些需要克服的问题。

一、缺乏顶层设计，建设标准不一

自 SARS 事件以来，我国政府有关部门高度重视突发事件应急管理信息平台建设。经过多年努力，各级各类政府应急信息公开平台体系已经初步建立。由于起步较晚，缺乏顶层设计与统筹规划，应急信息公开平台的标准化、规范化程度还相对较低。

（一）缺乏顶层设计的指导和规范

借助电子政务建设和大力推进信息公开的契机，各级政府开始制定应急信息公开平台建设的规划，对于平台建设的方向、目标和任务等问题，已达成共识，基本明确了要"做什么"。但是，在平台建设的过程中，还缺乏"顶层设计"这一重要步骤，也就是缺乏将总体目标具体化并使之实现的方法和手段，尚未弄明白究竟应该"怎么做"的问题，尤其是应急信息公开平台的顶层设计问题亟需完善与规范。

首先，缺乏顶层设计方法的指导。应急信息公开平台建设是一个以"四网融合"为基础，包括各级政府、企业以及社会其他方面共同参与的工作。各级信息公开平台的建设，面对的是极其错综复杂的关系，要充分考虑到业务、信息资源、信息技术、建设标准等问题。我国虽然很早就提出了"顶层设计"的概念，但在应急信息平台建设的顶层设计方面却缺乏相应的研究，实施方案、实施机制、实施路径等还需要深入探讨，造成各平台建设缺乏方法指导，出现各自为政、分兵把口的局面。其次，顶层设计能力较为缺乏。主要表现为参与平台建设的工作人员缺乏顶层设计的能力。在开展平台建设的许多政府单位中，工作人员参与过云计算、大数据及顶层设计知识培训的并不多，专业人员屈指可数，以至于对顶层设计的内涵、内容、实现方法等方面的了解还不够深入，平台建设存在一定跟风现象。

（二）规划和建设未结合具体实际

部分地区在制定应急信息公开平台的规划时，未结合本地区的具体实际来确定平台建设的方向，也未根据本地区突发事件发生情况和经济发展情况来突出重点建设内容，解决当地迫切需要解决的问题，以致出现盲目跟风、与实际情况相脱节，造成资源浪费和效率低下等问题。

（1）规划与应急管理实际不符。应急信息公开平台建设，是以利用信息技术解决应急信息公开工作中的问题并提高应急信息公开能力为目的，是为满足突发事件应急管理和公众知情权的需要而产生的。但各类信息平台建设在如火如荼进行的同时,呈现出许多值得注意的问题。某些地区对应急信息公开平台建设的期望过高,低估了平台的实际应用性与建设难度,建设方案的制定未结合当地实际,甚至一些项目未经充分调研、科学规划、可行性论证而仓促上马,一味追求速度而忽视质量,致使平台建设的真正意义得不到落实,实际效果不理想。由于对平台建设的规划过于简单及建设需求较为模糊,某些单位不顾实际情况而实行"拿来主义",生搬硬套外单位的模式和经验,对建设中可能会出现的各种问题估计不足,严重影响平台建设的效率。

(2)盲目追求设施的先进性。某些政府部门在制定应急信息公开平台建设的规划时未结合单位已有基础和实际情况,也未结合本地区突发事件发生的情况与信息设施的建设情况,盲目追求先进、高性能计算机、服务器等设施设备,过于片面追求与依赖高科技。此外,缺乏风险意识与问题应对能力。某些单位遇到困难后便止步不前,严重影响建设进度。

二、资源建设滞后,信息共享不足

近年来,随着各种突发事件的频发,社会公众对突发事件的信息需求越来越多样化。资源建设是平台建设的核心,但各级政府在应急信息的采集捕获、加工处理、发布公开等方面依然问题不少,如应急信息公开不及时、不准确等现象仍然存在,应急信息资源建设滞后与信息共享依然存在不足。这不仅使公众难以获取应急信息,也加大了应急管理的难度。

(一)信息分散,资源整合不足

长期以来,由于应急信息的分散性、信息资源建设和管理机制的缺失等多方因素的影响,应急信息的存在和分布呈现出多来源、多层次和多方面等局面,其采集、加工、存储、利用也是以分布式为主。这不利于应急信息的整合与共享。因此,解决应急信息资源分散不集中、资源整合不足等问题已迫在眉睫。

(1)应急信息资源权责所属不清。应急信息资源作为突发事件环境下政府决策的重要依据,是宝贵的无形资产。不管是政府部门还是社会成员,都应该清醒地认识到,应急信息资源与其他资源一样,是属于全社会共同所有的公共财产,政府只具有应急信息的"管理权",并无"控制权"。但是,一直以来,一些政府部门对应急信息的"公共物品"属性认识不清,对其所有权、管理权和使用权的定位也存在偏差，造成应急信息分散局面的扩大难以整合。

（2）数据库资源不够充实。从目前平台建设实际情况来看，虽然大部分应急管理信息平台都建立了应急信息基础数据库，但涉及的人口、应急资源、重点目标、地理信息、事件信息、应急预案、事件模型和典型案例等数据还较为缺乏，为应急决策和指挥调度提供的信息有限，在智能化方面仍待加强。以湖南省应急指挥平台为例（图5-1所示），笔者在湖南省应急指挥中心实地调研得知，该省应急指挥平台建设的核心是"八大系统八大库"，其中八大系统主要指综合应用系统、数据库系统、数据交换与共享系统、应急通信系统、计算机网络系统、图像接入系统、视频会议系统、安全支撑系统，八大库主要包括基础信息库、模型库、预案库、事件信息库、地理信息库、知识库、案例库、文档库。从目前的建设现状来看，八大系统已基本建立，但八大库的建设由于任务较重，库中的数据尚未完善。由此可见，地方各级政府应急平台的应急信息资源建设任重道远。

图5-1 湖南省应急管理办公室实地调研现场

（3）应急信息资源整合的组织结构合理性欠佳，系统有待进一步优化。即便是经过整合的应急信息资源，在系统结构上并没有实现很好的分布与组织，虽然运用一些集成技术，实现或部分实现了信息的整合，但没有形成有效的全局性支撑平台,导致公众在获取应急信息时的诸多不便,影响着应急信息价值的实现和作用的发挥。

(二)"孤岛"林立,资源共享困难

随着信息高速公路的全面运行,信息资源共享的进程也不断加快。近年来,各级政府已纷纷建立了信息平台或电子政务网站,但由于缺乏规划或标准不一,这些项目在建设时未充分考虑与其他职能部门间的协作共享问题,造成了多数信息系统在通信平台、数据接口、数据库结构、功能要求等方面参差不齐,无法实现互联互通。[1]这些难以互联互通的平台,实际上是一个个的信息"孤岛",阻碍着信息资源共享。

(1)"信息孤岛"林立现象普遍。由于各级政府及相关部门、行业在信息平台建设方面长期各自为政、独立设计,使得数据库、操作系统很难实现与外部的无缝链接、联动统一,导致了一个个以地域、部门等为边界的"烟囱"式的信息孤岛,无法实现跨部门的互联互通,信息共享的一体化程度较低。据报道,2004年印度洋地震海啸前,位于夏威夷檀香山附近的"美国太平洋海啸预警中心"在监测到高强度地震后,已经预测到海啸的发生,但由于缺乏信息沟通机制,他们与印度洋各国迟迟无法取得联系。[2]

(2)信息共享意识不强。政府部门在应急信息采集捕获、加工处理、利用发布等环节中,由于信息共享意识不强或部门考虑等原因,人为设置信息壁垒,不愿意将采集到的应急信息进行交换与公开,甚至为了逃避责任瞒报、谎报应急信息,阻碍信息共享。2015年8月12日发生的天津港"8·12"海瑞公司危险品仓库特别重大火灾爆炸事故中,一些相关部门在应急信息公开方面饱受诟病,事件发生五天后也未见公开环境危害与预防须知信息,公众的知情权无法得到满足,究其原因,实为政府与企业间的信息共享缺失,未形成信息公开与共享的平台。[3]

三、重硬件轻软件,技术水平不高

政府应急信息公开平台的建设,不仅包括硬件系统的建设,还包括各种

---

[1] 刘铁民主编:《应急体系建设和应急预案编制》,企业管理出版社2004年版,第39页。
[2] 范维澄:"国家突发公共事件应急管理中科学问题的思考和建议",载《中国科学基金》2007年第2期,第71~76页。
[3] "天津爆炸'信息黑洞'原因在于披露制度缺失",载http://news.sohu.com/20150817/n419041668.shtml,最后访问日期:2016年6月26日。

软件系统的研发与应用，涉及应急信息的采集、识别、分类、服务等多方面的技术，面临着十分复杂的技术状况。然而，当前应急信息平台建设总体水平不高，在建设过程中还有许多技术方面的问题需要解决。

（一）"重硬件建设轻软件建设"现象明显

国内信息化建设与各类平台建设"重硬件建设轻软件建设"的问题早已出现。随着信息化建设的深入推进，这个问题依然存在且如影随形，困扰着应急信息公开平台的建设。

（1）偏重硬件建设。一些政府部门对于应急信息公开平台的建设，还停留在"硬件"时代，倾向于添置一些看得见、摸得着的东西，认为硬件建设见效快、出成绩、赶潮流。因而在购置设施设备时，盲目追求设备的先进与高配置、高档次，不考虑设备的性价比与单位的实际需求与承受能力，认为这就是平台建设，这就是信息化。大量的设备形成了一个设备群体，并没有发挥实际效用，只是简单地将原来手工完成的工作交由电子设备来完成，未涉及应急信息的深入加工、整合共享、舆情监测等技术性工作，浪费了大量的资源。

（2）软件建设滞后。一些政府部门由于缺乏规划和调研，对平台建设的认识不足，在配备了硬件设备完成了初步工作之后，却不知道该怎样加工处理、开发利用应急信息，建设应急信息数据库也只是为了应付上级要求，浮于表面，使得应急信息资源与设施设备无法发挥其应有的作用，难以为应急管理提供必要的数据支撑。数据显示，从资金投入方面来看，在整个信息系统的建设周期中，硬件投入大约占比80%，软件投入只占约20%；[1]从实际效果上看，信息集成、联动响应、协调指挥、统一调配、信息共享等方面的效能还处于相对薄弱的状况，[2]"重硬轻软"现象明显。

（二）"技术支撑"比较薄弱

信息技术是应急信息公开平台建设的支撑，技术问题始终是应急信息公开平台建设的关键问题。平台的建设涉及应急信息资源的采集捕获、分类存储、加工处理、公开利用等方面的问题，每一个环节都需要技术的支撑。然

---

[1] "再当红20-30年软件和信息服务业大有可为"，载http://www.nein.org.cn/xiandaifuwuye/xdfwyshidian/xdfwyshidian4/2013-04-24/7608.html，最后访问日期：2016年6月28日。

[2] 郑大永、郑宏剑："震灾凸显统一应急信息平台重要性"，载《通信世界》2008年第23期，第30~31页。

而，当前平台建设的实践过程中还存在技术应用能力不强、技术人才缺乏等需要克服的障碍。

（1）缺乏技术支撑。目前许多政府部门已经具备了应急信息公开平台建设的条件，设施设备已经配齐，数据库、信息系统的建设也已初步成形，但由于信息技术应用水平难以与信息技术发展的步伐并驾齐驱，导致许多技术无法在平台建设中得到应用。一方面，平台建设缺乏信息采集技术、信息加工技术、信息存储与检索技术、信息集成与展现技术、无线通信技术、信息安全技术等技术的应用与支持；另一方面，与中国移动、中国联通、腾讯等相关企业和新闻媒体的技术标准、接口协议等技术问题也急需解决。

（2）缺乏专业人才。IT行业的迅速发展扩大了人才需求，世界范围内高新技术人才特别是网络技术人才缺口不断加大，信息领域的人才在市场上供不应求，成为各行各业的抢手人才。根据来自麦肯锡全球研究所的一项调查显示，2018年，美国面临着大约150万大数据专家的短缺。[1]对于应急信息公开平台的建设，技术人才的支持显得更为重要，但由于多种因素的限制，许多政府部门难以吸引并留住这类人才，导致人才缺乏。同时，现有工作人员的技术应用水平较低，缺乏计算机技术、网络技术、信息技术等方面的知识素养与培训教育，给平台建设造成了一定阻碍。

四、忽视实际需求，服务能力不强

信息公开平台的建设在我国已掀起一股热潮，各级政府都不甘落后。应急信息公开平台作为突发事件环境下政府与社会公众沟通的"桥梁"，其建设却定位不明，存在与实际业务需求脱轨的现象。政府之间的建设标准不一、效果差异大，基于业务需求的各项功能普遍较弱，应急信息的简单堆砌、流于表面的平台框架、先进装备的蛮力上阵，都严重制约着应急信息公开平台的服务能力。[2]

（一）忽视需求，定位不够明确

从政府应急信息公开平台建设的实际来看，不少平台的定位不够明确。

---

〔1〕"应对大数据人才短缺的四种方法"，载http://www.qianjia.com/html/2015-04/13_247330.html，最后访问日期：2016年6月25日。

〔2〕龙珑："关于推进国家应急平台建设的建议"，载《中国工程科学》2009年第9期，第87~90页、第96页。

不同地区的应急管理需求都是有差异的,平台的核心是应用系统,其应用系统要与需求分析紧密结合,才能在应急管理中发挥效用。例如,东南沿海地区的平台建设必须考虑台风等事件的应急需要,而内陆地区需要重点考虑大雪、严寒、洪涝等事件的影响。[1]

(1) 平台建设存在"装点门面"现象。长期以来,信息公开服务均等化一直被强调,但从理论和实际上来讲,这种均等化在应急信息公开方面实现起来颇为困难。应急信息公开并非全是政府部门的事,而是依靠许多机构与力量的协调配合,才能使整个平台高效运作。应急信息公开平台作为危机情境下展示政府形象与力量的重要窗口,投资巨大,近年来也得到了快速发展。然而有些地方政府部门建设应急信息公开平台除为应付上级检查之外,便将其作为一种装饰以"挣门面""拼政绩",这使本为适应应急管理需要、满足公众知情权而建立的公开平台难以施展其服务能力。以政府门户网站为例,应急信息的更新速度常常滞后于突发事件的发展,甚至比不上某些主流媒体的公开效率,浏览人次寥寥无几。

(2) 平台的需求分析还有待加强。政府应急信息公开平台的构建,是为了在应急管理过程中充分实现应急信息的汇聚、调度、展现等,并利用技术手段监测舆论走向,为应急决策服务。而在实际建设过程中,却存在平台定位不明确,与实际需求脱节等问题。某些政府部门对平台建设认识不清,主要体现在三个方面:一是未开展充分的调研工作;二是未从公众、信息处理、应急管理等多个维度进行需求分析;三是对平台要实现的功能需求理解不全面、不准确。某些政府部门认为平台就是多种公开渠道与公开方式的整合,应急信息公开就是应急信息的简单堆砌,最终造成平台建设与实际需求脱节。

(二)质量不高,服务能力不强

在高风险、多危机时代,应急信息需求急剧攀升,社会对应急信息主动公开的呼声越来越高,甚至每一次突发事件都能使应急信息公开成为舆论的焦点。经过多年的信息化建设,我国政府已基本具备了开展全方位信息公开服务的硬件条件,但应急信息公开平台的建设却不尽如人意,还存在着功能滞后、质量不高等问题,在内容、功能、形式上难以完全满足实际需要,服

---

[1] 范维澄、袁宏永:"我国应急平台建设现状分析及对策",载《信息化建设》2006年第9期,第14~17页。

务能力与效率仍显低下。

服务定位有待进一步科学。应急信息公开服务贯穿于整个突发事件应急管理的始终，既是应急决策的前提，也是满足公众知情权的需要，在应急管理中占据重要地位。但在实际工作中，一些政府部门对应急信息公开平台的服务性功能理解不深刻，将应急信息公开平台当作一种辅助性工具以扮演"传声筒"的角色，注重应急信息的单向公开，却忽视来自媒体与公众的各种反馈；拘泥于应急信息的收集与发布，却忽视应急信息的深度加工，难以与整个应急管理工作相结合，使得平台的服务效用没有得到充分发挥。其次，服务方式有待进一步拓展。在突发事件爆发后，政府掌握着绝大部分的应急信息，本可主动地利用具有整合多种服务方式和渠道功能的应急信息公开平台提供全方位的信息服务。

此外，应急信息公开平台的开放性、可扩展性等特征使得其面临着来自多方面的安全威胁。譬如，平台本身存在的安全漏洞，如系统漏洞、移动存储介质等，平台外部存在的安全问题，如计算机病毒的攻击、网络黑客的入侵、间谍软件的威胁等；此外，还有人为操作的失误、制度漏洞等方面的因素。诸多因素使得平台的安全存在隐患。

第三节 加强政府应急信息公开平台建设的基本对策

政府应急信息公开平台建设，是"互联网+"时代提升政府应急管理效能的关键举措，其建设是一项复杂而系统的工程，是各要素、各模块相互作用、紧密协作的结果。从框架构建到内容设计，从长远规划到具体实施，都直接影响着平台建设的成败，需要考虑周全，谋定而后动。

一、加强统筹规划，做好顶层设计

顶层设计，是从全局出发，运用系统论的方法，对政府应急信息公开平台的各方面、各层次、各要素进行统筹规划，以实现资源整合，有效实现目标。顶层设计是自顶层向底层展开的设计方法，强调系统内各要素的相互衔接与协作，是从战略角度制定方案，是总体目标的具体化。加强政府应急信息公开平台的顶层设计，进行自上而下精心谋划，有利于明确平台的功能定位，科学制定建设方案，合理设计功能需求，避免建设的盲目性，为平台建设提供规范和指南,以达到事半功倍的效果。

(一) 合理规划,加强组织管理

政府应急信息公开平台建设是一个长期的过程,非一朝一夕之事,应先规划,后实施,按计划有序推进。

(1) 提高思想认识,予以高度重视。各级政府部门领导应将思想统一到有关信息公开平台建设的要求上来,对应急信息公开平台的建设予以关注和支持。各级政府领导和相关人员要顺应时代发展的潮流,认清当前应急管理工作的新形势,强化应急信息公开意识,努力学习信息技术,使传统的应急信息公开服务向基于平台的信息公开服务转变,并创造条件支持平台的建设。

(2) 成立平台建设领导小组。政府应组织力量,建立健全平台建设的组织协调机构,成立由政府领导牵头、应急管理办公室、信息化建设部门、技术顾问、专家学者等相关方参与的平台建设领导小组,负责平台构建和资源建设与开发工作。

(3) 合理规划。平台建设必须规划先行,不能搞"拍脑袋"工程,想当然地进行。领导小组需在全面考察学习和充分调研的基础之上,根据国家对应急信息平台建设的总体要求,结合本地实际,制定应急信息公开平台建设的总体计划,明确建设步骤,以便对平台建设的方向和要求形成一个全面清晰的认识及把握,为具体的建设工作奠定基础。

(二) 明确目标,分析功能需求

目标是平台建设的出发点与落脚点,功能需求的分析与设计是实现目标的必要条件,直接决定着平台建设的方向,支配、调节着平台的建设过程。

(1) 明确平台建设的目标。政府应急信息公开平台建设的目标,是以电信网、广播电视网、计算机互联网、智能电网为依托,融合地理、公安、环保、计生等与突发事件应急管理相关的信息资源,落地成应急信息数据库,并整合各种应急信息报送与发布的方式,形成涵盖政府内部与外部的应急信息资源交换共享体系,为应急管理提供信息依据,保障公众知情权。

(2) 分析平台的功能需求。应急管理的主体涉及各级政府、社会机构、公众、志愿者以及现场应急处置队伍,不同的主体对平台的需求各有不同。在进行平台设计时,需要多角度分析其功能需求,科学进行平台布局。总体而言,应急信息公开平台需要实现数据采集、信息汇聚、信息表现、信息调度、辅助分析决策、应急通信等功能；要满足突发事件紧急通知、各阶段应急信息发布、重大事件宣传、公益广告及公告信息、气象信息发布、形象展示的需求。相应地，整个平台建设也可以分为多个层次，如信息采编子系统、信息处理子系统、信息发布子系统、信息调度与决策支持子系统等。

（三）统一标准，促进规范建设

标准是基于一定的目的和需要而提出的统一性要求，是对重复性事物作出的统一规定。标准的建立和统一是政府应急信息公开平台建设的前提条件，是各平台、各系统互联互通、业务协同、信息资源共享的基础，也是促进平台建设规范化、制度化的保障。

（1）确定统一的平台建设标准。为了实现政府应急信息公开平台的互联互通，在规划设计时，需要统一相关的技术标准和数据规范，促进平台建设的规范性和标准化。在平台建设之前，应由国家工业和信息化部、国家标准化管理委员会等各参与方共同确定统一的技术标准、业务标准、数据标准、管理标准，将其作为平台建设共同遵守的依据，实现平台在系统框架、基础平台、接口协议、信息交换、数据结构等方面的统一，打破条块分割的传统模式。

（2）加大标准的贯彻实施力度。标准的作用只有通过贯彻实施才能得到发挥，标准制定之后应全力做好宣传及应用工作，尤其是一些共性标准与基础标准。政府部门在建设应急信息公开平台时应严格遵照要求，认真执行与贯彻相关标准。

（3）提供标准咨询与指导服务。为便于平台建设主体能更好理解标准的内容，方便标准的使用，应联合标准化机构与技术专家提供咨询与指导服务，积极开展应急信息公开平台建设标准的宣传与培训工作。

二、整合应急信息，实现资源共享

（一）明确应急信息整合的范围

政府应急信息公开平台的正常运行需要海量的数据资源作为支撑，信息需求量大，类型多样，确定应急信息的需求类型，哪些信息应该被纳入整合范围中来，是应急信息资源整合首先要解决的问题。应急信息资源整合，是实现资源优化配置和合理应用的最佳方式，也是突破"信息孤岛"桎梏的有效途径，是应急信息平台建设的内在需求，是应急信息平台发挥功能的前提和基础。政府应急信息公开平台的建设，首先需要明确应急信息的整合范围，做好平台所需各种信息内容的采集、加工、整理等工作。

现阶段需要重点加强整合的信息资源主要包括两个方面：一是重点区域（如道路交通、沿海地区、医疗卫生等事故多发地）、人员密集地、具有安全隐患的危险源等基础数据资料和实时动态信息；二是可能发生或发生过突发事件的区域、突发事件应急管理的各级政府及相关部门、志愿服务机构、其他社会力量等方面的数据资料和实时动态信息。[1]从信息内容上看，应急信息资源整合包括突发事件本身的信息、基础信息数据、应急预案信息、专家信息、模型信息等；从信息类型上看，应急信息资源整合包括文字信息、数据信息、图像信息、视频信息等多种媒体形式。应急信息资源整合的内容涵盖广，在实际工作中应突出重点，有所侧重。

（二）注重应急信息整合的方法

应急信息资源整合作为一项常态化工作，其对于平台建设和应急管理的重要性不言而喻。应急信息资源整合的目的是使应急信息资源更规范、更有序，获得充分利用，实现应急信息的价值。为了提高应急信息资源整合的效率，需针对不同应急信息的特点采用合适的方法。

首先，语音、视频等资源的整合。语音、视频、图像的整合，是指实现各整合点与应急信息公开平台之间在语音、视频、图像等信息资源方面的互传共用，实现远程召开视频会议、远程会商的功能。由于各整合点的技术情况参差不齐，可通过配置统一的视频会议系统来实现语音、图像、视频等的互联互通，达到整合语音视频信息的目的。其次，各监控点的整合。机场、商场、客运站、交通道路点的监控信息——分散在各自主管部门，这些信息可以统一纳入应急信息资源整合范围。整合之后只要设置权限，各分管部门就能通过授权来获取相应的信息，实现信息的统一管理和使用。笔者认为，可以通过整合各监控终端，利用各种视频转接设备，将监控信号转换成平台的通信信号的方法，来实现监控信息的整合。最后，业务数据的整合。业务数据的整合一般通过建立数据库或统一的应急信息系统来实现。业务数据包括应急预案等专业应急系统数据、医疗卫生等应急救援数据、应急队伍情况

---

〔1〕 赵亮："汇聚公共信息 服务社会民生——应急信息资源整合模式的思考"，载《读写算：教育教学研究》2012 年第 74 期，第 273 页。

数据、应急物资统计数据、志愿服务机构数据，等等。将这些数据进行整合，可有效增强应急信息公开平台的数据分析和辅助决策功能。

(三) 加大应急信息的挖掘力度

应急信息资源整合是实现应急信息共享的前提和基础，但要充分实现应急信息的价值，还应将经过整合的应急信息进行深入挖掘与开发，促进应急信息的增值。

(1) 建立统一的应急信息数据库。应急信息数据库是应急信息资源的存储和管理中心，经过整合的应急信息将被集中到数据库中，实现统一收发、中转、检索与利用。应急信息数据库是整个应急信息公开平台的"灵魂"，能够实现应急信息的有效管理，是打破各部门、各系统之间的信息壁垒，实现信息共享的重要手段。应急信息数据库应当注重标准化，以便实现数据库在全市、全省乃至全国范围内共享，避免重复建设和资源浪费。笔者在湖南省人民政府应急管理办公室调研时了解到，目前各类综合性应急指挥平台的数据库，一般包括八个最基本的核心数据库，即基础信息库、模型库、预案库、事件信息库、地理信息库、知识库、案例库、文档库。这八大核心数据库的建设，对于平台功能的发挥至关重要，缺一不可，政府有关部门在进行应急信息平台建设时，需要高度重视。

(2) 实现应急信息资源的整序。面对包罗万象、庞杂无序的应急信息，应急信息公开平台应充分发挥其规模优势，合理布局，充分利用现代化信息技术，对海量且无序的应急信息资源进行有序化整理，担负起应急资源分类、处理与挖掘的重任。[1]笔者认为，应急信息可按地区结合主题进行分类，将不同地区、领域的应急信息按照基础数据、业务数据等分门别类整理，并按类别著录标引，形成层次化的目录体系，存储到应急信息数据库中。同时，还可将网络中有参考借鉴价值的信息加以分类和组织，建立链接，添加到数据库中，以充实应急信息资源的内容，扩大应急信息资源利用范围。

(3) 应急信息资源的重组。应急信息的重组，是运用一定的科学方法对应急信息进行挖掘和提炼，形成分析报告、情况说明、工作总结等材料，实现应急信息的增值。比如，我国社区可以借鉴国内外先进的信息共享平台建

---

[1] 王巍然：“关于加快科技信息网络平台建设的对策研究——以湖州为例”，载《中国高新技术企业》2010年第1期，第115~119页。

造技术，根据自身的实际条件，建立适合本区的突发公共事件网络化信息平台。[1]应急信息公开平台应利用自身优势，围绕特定主题，尤其是应急管理工作中急需的或公众普遍较为关注的主题，对数据库中存储的应急信息进行深层次分析、处理、挖掘、评价，形成特色信息产品，并以网页或专题形式及时进行公开和报送，不失为辅助应急决策和优化信息服务的有效途径。

三、强化技术应用，提供技术支撑

20世纪中叶以来，现代信息技术得到迅速发展，在教育、医疗、应急管理、环境保护等各领域得到了广泛的应用，不断影响和改变着人们的生活方式。现代信息技术，是用以处理和管理信息的各种技术的总称，包括对声音的、图像的、文字的、数字的和各种传感信号的信息进行获取、加工、处理、储存、传播和使用的各种技术。应急信息公开平台的建设和运行，离不开信息技术的保障和支撑。2019年11月，十九届中央政治局就我国应急管理体系和能力建设进行第十九次集体学习，习近平总书记在主持学习时强调，加强关键技术研发，提高突发事件响应和处置能力，要适应科技信息化发展大势，以信息化推进应急管理现代化，提高监测预警能力、监管执法能力、辅助指挥决策能力、救援实战能力和社会动员能力。[2]应急管理工作的开展，离不开技术赋能。政府应急信息公开平台的建设，需要加强科研攻关，促进现代信息技术的研究与应用，提高平台建设的技术水平。

（一）开展平台技术架构研究

开展应急信息公开平台技术架构研究，是根据平台所要实现的功能目标，解决平台建设过程中要建设哪些应用系统，运用到哪些技术，如何运用的问题。应急信息公开平台可以基于基础设施层、应用软件层、信息数据层、交互服务层来设计整个平台的架构，实现整个平台的运行。

（1）关于基础支撑层。信息基础设施是应急信息公开平台建设的基石，是国家基础设施的重要内容。应急信息公开平台的基础设施层提供硬件设备的支撑，主要指一系列不断扩展的设备仪器，如计算机、交换机、传真机、

---

[1] 潘永青："浅析社区在突发公共事件中存在的不足及完善"，载《山西农经》2015年第9期，第99~101页。

[2] "习近平在中央政治局第十九次集体学习时强调 充分发挥我国应急管理体系特色和优势 积极推进我国应急管理体系和能力现代化"，载《中国应急管理》2019年第12期，第4~5页。

摄像机、打印机、扫描仪、监视器、服务器、电话、电视、磁盘、磁带、光盘、声像带、电缆、电线、通信卫星、无线基站、微波通信网，等等。

(2) 关于应用软件层。应用软件关注平台的核心业务流程，要实现应急信息资源的采集、处理、加工、整合、发布等功能，是平台建设的重要组成部分。应用软件层主要由应急通信系统、计算机网络系统、图像接入系统、视频会议系统、存储备份系统、智能辅助方案系统等组成，以保证应急信息在多部门、多地区、多平台之间的自由转换和交流共享。

(3) 关于信息数据层。信息数据层是应急信息公开平台的核心，主要以应急信息数据库为存在方式。信息数据层由基础信息数据库、地理信息数据库、事件信息数据库、预案库、模型库、案例库、知识库、文档库等组成，构成应急信息公开平台的数据资源体系。

(4) 关于交互服务层。交互服务层主要实现应急信息的公开与利用功能，这也是应急信息公开平台要达到的终极目标。交互服务层通过信息数据、基础设施、应用软件之间的相互协调、相互作用，灵活地进行资源的组合和调配，运用多种方式实现跨行业、跨部门、跨系统的应急信息互通、共享。

(二) 加强现代信息技术的研发与运用

科学技术是第一生产力。先进的现代信息技术是提高应急信息资源整合效率、促进信息共享、提升应急信息公开平台服务能力的重要保证。应用是信息技术转化为实际效能的根本途径，只有将信息技术应用好，应用到位，才能使信息技术在平台建设中的作用得到充分发挥。

(1) 加强现代信息技术应用。应急信息公开平台建设的目的是实现应急信息资源的高效管理与利用，各环节工作的开展都离不开信息技术的支持。如信息采集技术，指通过计算机软件，针对特定的目标数据源，实时进行信息的捕获，将目标信息从海量的非结构化信息资源中抽取出来保存应急信息数据库中的技术。信息采集通常会采用卫星定位技术、遥感遥测技术、地理空间信息技术等，自动或人工获取与突发事件应急管理相关的各类情报资料与实时动态数据；信息组织技术，用于解决不同类型、不同结构的数据信息组织整合的问题，包括代码与编码技术、自动分词与标引技术、数据库技术、数据仓库技术等；信息转换技术，主要用于解决不同格式、不同系统的数据信息的转换问题，包括 DOC、TXT、PDF 等不同格式的文本转换技术、数据查重技术、数据去重技术等。

（2）加强应急信息技术研发。在应急信息技术领域，与国外相比还有很大差距，有关部门需要高度重视这一问题，采取切实可行的措施，鼓励应急信息技术的研发工作。一方面，以科研院所、高等院校等机构为依托，组建应急信息技术研发实验室，进行联合攻关，提高技术研发能力；另一方面，鼓励理论界与实务界加强产学研合作，联合开展应急信息技术的研发工作，对做出贡献的人员予以奖励。此外，还可以对在应急管理领域拥有自主知识产权和核心技术的重点企业加以扶持或政策倾斜，不断探索平台构建的新技术、新方法，实现相关技术与产品的革新与发明。

（三）加强技术人才的培养与引进

所谓信息技术人才，是指在信息技术领域，具备胜人一筹的信息技术开发与应用能力，能够充分发挥信息技术作用的专业人员。信息时代，得人才者得天下。信息技术应用的主体是人，只有不断加强技术人才的培养与引进，提高现有人员的信息技术应用水平与信息素养，才能不断提升信息技术应用的境界。

（1）组建信息技术人才队伍。应急信息公开平台建设是一项技术性很强的工作，政府部门需要组建一支专业的技术人才队伍，配备专业技术人员，负责平台的建设、运行与维护。一方面，政府部门应明确用人需求，合理设置工作岗位，借助公务员制度这一平台，引进具有计算机技术或信息技术学科等背景的专业人才，补充新鲜血液，并完善人才聚留机制，防止人才流失；另一方面，政府可联合高等院校、企业或者科研院所，通过灵活的人才聘用渠道吸引具有技术经验的技术专干、业务精英来指导应急信息公开平台的建设。

（2）加强人员培训与继续教育。信息技术的广泛运用对政府部门工作人员提出了新的要求，需要加强宣传教育，普及现代信息技术的相关知识，提高政府工作人员的信息技术应用水平和信息素养，为应急信息公开平台的建设营造一个良好的环境。为此，政府部门可邀请高等院校的专家学者与实务部门的技术专干举办讲座、开办培训班，为工作人员创造学习机会，鼓励工作人员接受各种方式的继续教育，通过培训教育提升自己的信息技术水平与能力，掌握应急信息公开平台使用、维护等方面的知识与技能，努力跟上信息时代的发展步伐。

四、健全工作机制，提高建设效率

规范的工作机制是应急信息公开平台建设的前提和基础，是工作程序、工作规则的有机联系。应急信息公开平台建设工作机制的建立健全与否，直接关系平台建设质量的好坏、工作效率的高低、服务能力的强弱。政府有关部门可以从应急信息管理机制、内外协作机制、绩效考核机制等方面入手，以促进应急信息公开平台建设工作机制建设，提高建设效率。

（一）健全信息管理机制

应急信息管理，是基于有效开发与利用应急信息资源的目的，运用各种信息技术手段，对应急信息资源进行采集、处理、利用的社会活动。政府有关部门需要健全应急信息管理机制，提高平台的应急信息管理水平，为应急决策提供更为科学的信息支撑。

（1）应急信息采集储备机制。信息采集是指通过各种渠道，采用各种技术获得所需要的应急信息的过程。应急信息采集是应急信息管理的首要环节，也是关键步骤，采集工作的好坏，直接影响整个应急信息管理的质量和效率。应急信息公开平台建设时，需要制定应急信息采集计划、明确应急信息采集的方式和渠道，不断创新信息采集方式，扩大应急信息采集范围，保证应急信息采集质量。

（2）应急信息分析加工机制。信息分析加工，是基于一定的需求和目的，运用定性与定量分析方法，对大量相关信息进行深度加工与挖掘，形成新的应急信息的过程。应急信息的分析加工是实现其作用与价值的关键环节，是一项具有研究性的职能活动。

（3）应急信息发布与公开机制。应急信息发布公开，是指应急信息在传递、收发、交流的过程中得到使用，发挥价值的活动。信息发布与公开机制着重强调政府与公众在应急信息公开平台上的交流互动，通过及时掌握社会的应急信息需求，将应急信息高效、有针对性地传递给公众，并进行服务跟踪，做好公众信息反馈工作。

（二）健全内外协作机制

应急信息公开平台建设是一项复杂的长期工程，涉及多方面因素，单靠政府的力量未免"捉襟见肘"，政府不能唱"独角戏"。政府应在坚持自身主导地位的前提下，充分吸纳社会各方力量，健全平台建设的内外协作机制，探索合作共建路径，形成平台建设的合力，提高平台建设的效率，加快平台建设的进程。

（1）构建内部协作机制。组建的领导小组是平台建设的组织实施机构，应坚持党的领导，完善党政协同的应急信息沟通协作机制，充分把握本单位的人力、财力、物力等资源状况，认清当前的形势，并通过调研总结平台建设的优势与劣势所在，并动员机构内部的各部门、人员积极参与，形成内部建设的合力，弥补资源劣势，进一步推进跨部门跨区域的信息共建共享工作。同时，要提高认识，建立目标责任制，将平台建设的总体任务进行分解，落实到每一个部门，明确权责利，使其环环相扣，相互配合，发挥最大的内部优势，促进目标落实，提高工作质量和效率。

（2）构建外部协作机制。应急信息公开平台的建设需要外界的支持与配合，在整合内部资源、发挥内部优势的前提下，政府应动员社会力量广泛参与，争取更多的信息、技术、资源支持。加强产学研合作，充分发挥高等院校、科研院所在科研方面的优势，掌握应急管理与信息技术的前沿动态，确保平台建设紧跟社会需求的发展步伐；充分发挥信息行业在技术方面的优势，扩大信息技术的应用范围和影响力，提升平台建设的技术水平；充分发挥公益基金组织、企业等在资金方面的优势，拓宽平台建设的资金来源渠道；充分发挥企业、技术机构等在人才方面的优势，吸纳更多的技术人才参与到建设过程中来，为平台建设添砖加瓦。

（三）建立绩效评估机制

绩效评估，是指按照一定的程序，运用一定方法和标准，对应急信息公开平台建设的表现和成绩给予评定的一项活动。通过绩效评估可以把握整个平台的建设与运行情况，判断其是否达到了预期目标，并总结平台建设的经验，剖析存在的问题，并依据评估结果提出改进措施。建立健全绩效评估机制，有助于提升应急信息公开平台建设的经济性、效率性，是实现应急信息公开平台长效发展的重要措施。

（1）明确绩效评估机制的构成要素。政府应急信息公开平台建设的绩效评估体系，也就是组织和实施评估活动的一套系统性、制度性的工作方法，是由评估活动过程中涉及的一系列相互影响、相互联系、相互作用的具体或抽象的要素所构成的一个有机统一体。一般而言，一套完整的绩效评估体系，要包含评估目标、评估对象、评估主体、评估指标、评估方法、评估程序六个基本要素。评估目标是评估所要达到的目标，解决的是"为何评估"的问题；评估内容是评估活动指向的客体，解决的是"评估什么"的问题；评估主体是评估活动的组织者和实施者，解决的是"谁来评估"的问题；评估指标是评估对象的具体化，解决的是"评估依据什么"的问题；评估方法是评估活动所采用的方法，解决的是"评估运用什么方法"的问题；评估程序是评估活动开展的流程，解决的是"如何评估"的问题。

（2）注重评估指标的设计。评估指标通常不是单一的，而是由一系列相关的因子构成的指标体系。评估指标的设计要坚持全面性与代表性相结合、定性与定量相结合、可操作性与可比性相结合、系统性与独立性相结合等原则，涵盖平台建设的各方面工作，充分反映政府应急信息公开工作的实际业绩和水平。应急信息公开平台建设的绩效评估指标可从信息采集与捕获、信息分析与加工、信息公开与利用、建设主体、公众满意度等方面进行设计。同时，科学设置各指标的权重，采用问卷调查、实地访问等方式收集数据，运用德尔菲法、层次分析法等定性与定量相结合的方法计算权重，保证指标设计和权重设置的科学性。具体内容见笔者在第六章的具体分析。

第六章
政府应急信息公开的绩效评估

诸多应急管理实践表明，政府应急信息公开中存在的一系列问题与绩效评估的缺失密切相关。在"全灾种、大应急"形势下，政府有关部门需要充分重视并抓好突发事件应急信息公开的绩效评估工作，加强绩效评估理论、方法与实践的研究，建立科学高效的评估模式，促进政府应急信息公开工作健康可持续发展。本章在借鉴学术界相关理论成果的基础上，以评估活动的基本要素为脉络，主要探讨政府应急信息公开绩效评估体系构建的相关问题。

第一节 政府应急信息公开绩效评估的基本认知

政府应急信息公开绩效评估的基本认知，是关于政府应急信息公开绩效评估的概念内涵、基本特征、价值取向和实施意义等方面的系统认识和说明，以期创新政府应急管理理论，拓展突发事件应急管理研究领域，丰富政府应急管理理论体系，形成政府应急信息公开绩效评估的正确理念和科学的价值取向，推进突发事件政府应急信息公开工作朝着科学化、现代化、规范化方向发展。

一、政府应急信息公开绩效评估的基本内涵

（一）政府应急信息公开绩效概念的理解

"绩效"一词来源于管理学，1995年巴勒把绩效定义为对成功完成目标的一种衡量，这是最早的关于绩效的定义。在我国，"绩效"这一词语是20世纪80年代才开始出现并逐渐流行起来的。绩效是一个繁义的概念，时间赋予了它更多的内涵，对于它的理解也是仁者见仁，智者见智，在不同的情境下，绩效也有不同的解释。绩效最早被应用于社会经济管理方面，后来又被

广泛应用于人力资源管理领域，应用于公共部门中的绩效，主要用来衡量政府活动或行为的效果，是一个包含多元目标在内的概念。

突发事件应急信息公开绩效是指政府部门及其人员在依法公开突发事件应急信息的过程中，通过信息投入所获得的成绩、效率和效果。不仅有量的规定，还有质的要求，它是政府应急信息公开能力的重要体现，也是政府应急管理绩效的一个组成部分，包含于政府绩效这个大概念中，一般包括社会绩效和政治绩效两个方面。

突发事件应急信息公开绩效通常呈现出以下四个特点：①多因性。绩效的影响因素是多方面的，包括制度规定、激励奖励以及工作人员的知识结构、信息素养等。②多维性。绩效要从多方面多角度进行分析，才能取得比较客观和公正的结果。③动态性。绩效不是一成不变的，它会随着时间、事件进展、公众观念的变化而变化。④周期性。应急信息公开绩效的形成有一定的周期，一般会经历"信息公开——获得中期结果、反馈——获得最终结果"的发展过程。

（二）政府应急信息公开绩效评估概念的内涵

从历史上看，绩效评估早已不是一个新鲜的词语，它最早被广泛应用于工商企业管理中，主要包含以下几个方面的内容：第一，以运筹学、数理统计等原理和方法的应用为基础；第二，建立统一的标准、特定的指标体系，制定科学严谨的评估程序；第三，以一定时期内的经营业绩和经营效益为对象；第四，是一种准确、客观、公正的综合评判。早在20世纪初，西方国家就开始了绩效评估的实践；20世纪50年代，绩效评估开始真正被运用到政府公共管理中。20世纪70年代，随着政府改革潮流的席卷，绩效评估作为一项政治活动逐渐蓬勃开展起来。到20世纪90年代，政府绩效评估在西方国家得到了广泛应用，亚太地区各国也积极引进和效仿西方的政府绩效评估制度、方法和工具。简单地说，政府绩效评估就是对政府的表现或成绩进行综合评价。绩效评估在政府部门中的广泛应用并不是偶然的，而是时代发展和社会进步的结果。

以绩效评估为基础进行政府应急管理是西方国家在应急管理工作中提出的一个崭新思路。政府应急管理工作的绩效评估，实际上是政府绩效评估方法在应急管理领域的具体运用。突发事件应急信息公开是政府应急管理工作的一个重要内容，同样离不开对政府绩效评估理论与方法的借鉴。所谓政府应急信息公开绩效评估，就是按照一定的程序，根据能力、效率、服务质量、公众满意度等方面的分析、评价与判断，对政府在突发事件应急信息公开过程中的表现和成绩进行评定，以剖析工作存在的问题，从而提升政府应急信息公开的能力与水平。它既是对政府应急信息公开成效的评估，又是制定应急信息公开工作未来发展规划的重要依据。

二、政府应急信息公开绩效评估的特征

绩效评估作为改良政府应急信息公开工作的重要举措，它所蕴含的理念是通过其性质特征和价值取向体现出来的。政府应急信息公开是一项以政府为主体，以满足公众知情权为基准，以社会需求为导向，公众、媒体、组织机构等广泛参与的一项工作。它需要长期投入、逐步细化，讲究效率与效果并重，追求社会利益与公众利益平衡。这就使得政府应急信息公开绩效评估呈现出评估目标的公益性、评估主体的多元性、评估内容的细化性、评估历程的长期性等特征。

（一）评估目标的公益性

政府是应急信息的拥有者和服务者，社会公众、组织机构、团体等则是应急信息公开服务的收受者、消费者。应急信息公开绩效评估作为一种制度设计和管理创新，所表达的是应急信息消费者对应急信息的直接获知、直接选择和对政府应急信息公开行为的直接监督，实际上是公众责任机制的直接体现。它并不以经济效益为目的，片面地追求高投入产出比，而是以公众利益为出发点，倾听公众的声音，按照公众的需求提供服务，以"公众至上"和"以人为本"为行政理念；以最大限度地满足消费者的应急信息需求作为绩效评估的第一标准；以服务水平、服务质量、服务标准、服务流程作为评估尺度；以提高政府应急信息公开能力和效率，规范应急信息公开行为，改善政府应急信息公开工作，提高公众满意度为评估目标。应急信息公开绩效评估强调政府对公众应急信息需求的回应力度，强调政府的应急信息公开服务职能，注重应急信息公开的产出、效率、服务水平与服务质量，注重对公众负责。这反映出应急信息公开绩效评估的目标具有鲜明的公益性特征。

（二）评估主体的多元性

政府的性质及其作为应急信息公开服务的提供者、有效服务的保证者和监管者的角色，要求应急信息公开绩效评估整个过程都充分体现消费者的利

益和意志，这里的消费者并不是单一性的，而是多元性的。应急信息公开绩效评估具有社会参与性，这就意味着评估主体必然来自社会的方方面面，具有多元性特征。

简单地说，应急信息公开绩效评估主体包括内部评估主体和外部评估主体。内部评估主体包括直属上级机构、应急信息公开部门本身及与应急信息公开相关联的其他部门等。作为应急信息公开行为的执行者与利益相关者，内部评估主体对公开工作情况比较了解，使得它们具有评估的天然优势，在评估中处于主导地位。外部评估主体包括公众、社会评估机构等。其中，公众作为纳税人和应急信息公开服务的接收者，有权对政府应急信息公开进行评估和判断，这决定了公众在绩效评估中的重要性；社会评估机构包括各种行业性、专业性的咨询公司、各类研究机构、专家学者委员会、有关学术团体等，从实际发展的趋势来看，这些社会性的评估机构与主客体双方的利益相关性较小，通常能得出更客观公正的评估结果，因而它们在应急信息公开绩效评估中发挥着重要作用。

（三）评估内容的细化性

应急信息公开是有效应对突发事件的"生命线"，是政府应急管理的重要环节之一，也是政府应急管理职能在信息公开工作中的具体体现。应急信息公开工作的重要作用和特殊地位决定了政府应急信息公开绩效评估不能"一刀切"，应注重内容的细化。

应急信息公开绩效评估的有效实施必须以科学合理的评估目标、评估标准和评估指标体系为基础，而确立评估目标和评估标准、构建评估指标体系与应急信息公开责任部门的具体职能和岗位职责密切相关，应急信息公开绩效评估直接指向相关责任部门的具体职能、具体工作内容和具体岗位职责。绩效评估是对责任部门在履行其具体职能和执行具体工作内容过程中所产生的绩效进行评估。具体来说，应急信息公开绩效评估的内容主要有以下两个方面的规定：

（1）量的规定，即责任部门在整个突发事件应急管理过程中公开了多少信息，是否坚持"公开是原则，不公开是例外"的规定，是否把能公开的应急信息都进行公开，是否在突发事件应急管理的每个阶段都公开。量的规定关注的是政府是否按照相关要求开展应急信息公开工作。

（2）质的规定，即应急信息公开的效果如何，应急信息发布是否及时、准确、完整，是否满足了公众对应急信息需求。质的规定关注的是应急信息的品质，公开的应急信息是否有价值，是否符合规定，是否达到了公众的要求。这些是职能具体化的体现，充分反映了评估内容的细化。

（四）评估历程的周期性

突发事件有一定的时间周期，通常可分为事前、事中、事后三个阶段，每个阶段都伴随着应急信息的公开。这意味着应急信息公开绩效评估并不是一时的、短暂的，是一项贯穿于突发事件应急管理过程始终，涉及应急管理各个环节的周期性工作。

应急信息公开绩效评估也不是简单的、表面的评估，它是一个公众与政府就应急信息所进行的交流和沟通的周期性过程。首先，由于事前预警、事中处置、事后恢复各个阶段公众对应急信息需求的侧重点各有不同，政府有关部门要时刻关注突发事件情境下公众变化的应急信息需求。其次，政府以公众需求为导向公开各类应急信息，提供有针对性的应急信息服务，包括突发事件预警信息、政府的应对措施、突发事件的进展情况，等等。再次，公众就公开的应急信息给予政府部门反馈，包括对应急信息数量和质量的要求、批评、建议和意见等。最后，政府对公众反馈的回应，包括对相关问题的解答、意见和建议的采纳情况、工作的调整等。这四个环节环环相扣，组成了一个完整的、动态的绩效评估的交流和沟通过程，这个周期性的过程是有效施行应急信息公开绩效评估所必需的，它蕴含在突发事件应急管理的各个阶段，随着突发事件应急管理的结束而结束。

三、政府应急信息公开绩效评估的意义

现阶段绩效评估活动在社会各领域开展得如火如荼，其理念也逐步向突发事件应急管理领域渗透。然而由于诸多因素的限制，绩效评估至今还未能向突发事件应急信息公开这一领域全面扩展。应急信息公开绩效评估作为一项行之有效的管理方式，对于改进突发事件应急信息公开工作、有效应对各种突发事件、塑造良好政府形象、构建社会主义和谐社会具有极其重要的意义。

（一）改进政府应急信息公开工作的关键手段

（1）政府应急信息公开绩效评估能有效增强政府部门的应急信息公开意识，转变应急信息公开理念。长期以来，一些政府部门的应急信息公开观念比较淡薄，突发事件发生后往往奉行"言多必失"的想法，强调应急信息的

保密，忽视公民的知情权和参与权，忽视公民的监督和制约。绩效评估作为一种应急信息管理和制约政府权力的手段，拓宽了公民参政议政的渠道，公众的参与和监督犹如一双隐在暗处的"眼睛"，能够刺激政府跳出原有陈旧桎梏的思维模式，鞭策政府部门反思传统应急信息公开理念的弊端，从强调应急信息的封锁保密转变为应急信息公开透明，从强调政府对应急信息的绝对拥有和控制权转变为注重满足公众的应急信息需求和保障公众知情权，从而有效增强政府部门的应急信息公开意识，转变应急信息公开理念。

（2）政府应急信息绩效评估能够有助于发现及解决应急信息公开工作中存在的问题。突发事件应急信息公开存在的问题主要可概括为三个方面：一是信息公开内容失当。主要表现为信息内容欠缺全面性和真实性，避实就虚、避重就轻的情况偶有发生。二是应急信息公开时间迟缓。主要表现为事发前预警信息公开的迟缓和事发后应急信息公开迟缓。三是应急信息公开渠道不畅。主要表现为微博、微信、政府网站等新兴渠道利用率低。绩效评估通过建立指标体系并进行逐项评估，提供了一种"反向推导"的新方法，根据结果找问题，使得应急信息公开工作中存在的问题无法藏身、无处隐匿，有利于政府认清应急信息公开工作的现状，接受社会公众的批评和建议，根据问题对症下药，不断改进完善，促进应急信息公开工作能力与水平整体得到提升。

（二）有效应对突发事件的重要保证

政府部门能否及时客观、实事求是地公开突发事件应急信息，直接影响着突发事件应急管理的成败。一些突发事件之所以事态恶化，某种程度上是由应急信息公开不当引起的。政府若不及时、主动、全面地将突发事件相关信息告知公众，公众很有可能会因信息匮乏而无法理解或配合政府实施各项应急管理措施，甚至产生抵触或对抗情绪，使得政府的应对之策难以顺利实施，这就会加大突发事件应对的难度。

应急信息公开绩效评估能够给政府相关部门及工作人员提供侧面警醒。若缺乏有效的应急信息公开绩效评估机制，在突发事件尤其是重大突发事件来临时，一些政府部门及官员可能因为缺乏责任意识，慌乱无措，下意识地依靠上级政府，产生向上级政府报告、寻求帮助、请求决策的心理，希望以此来逃避自身责任，以致在应急信息公开时畏首畏尾、瞻前顾后，贻误最佳时机，导致事态恶化。绩效评估的开展，为突发事件应急信息公开工作提供了良好的外部监督与内部驱动，政府若不作为、绩效低下，不仅会面临公众的谴责,还会受到上级政府的批评甚至惩罚,于社会于人民于自身都是有百害而无一利。因此,在外部压力与内部驱动力的共同作用下,工作人员的应急信息公开意识就会明显增强,进行应急信息公开工作时也会倍加谨慎,认真对待。

若缺乏有效的绩效评估,在突发事件应急管理过程中,部分政府部门及工作人员可能会出于自身利益考虑而瞒报、谎报灾情,或因害怕问责隐而不报、谎报数据,或因牟取私利而夸大灾情,以获取更多的财物支持,进而中饱私囊。应急信息公开绩效评估可以提供全方位的监督,减少不当行为的产生,动员公众积极参与,吸纳社会力量,从而提高应急管理效率,有效解决突发事件。

(三) 塑造良好政府形象的现实选择

阳光是杜绝腐败滋生的最佳方法,信息公开就是"阳光",而绩效评估则是为应急信息公开保驾护航,保证突发事件中应急信息的掌控权不被滥用和私用,促进政府的廉政建设,强化政府的公共信仰,塑造良好的政府形象。

(1) 应急信息公开绩效评估引入了社会参与机制,确保了公众在绩效评估中的主体地位,并强调评估过程的公开公正,注重对社会公众应急信息需求的感知,以公众的应急信息需求为导向,充分显示出政府应急信息公开服务于大众,自愿接受社会参与、监督的诚意,形成了政府与社会之间的良性互动;公众的意见和建议可通过绩效评估及时反映到政府相关部门,政府也可通过绩效评估这一方式了解应急信息公开工作及自身形象的好坏,把握公众的真正需要,显示出对公众及其权利的尊重,更容易赢得公众好感,增强公众对政府的信任,提高政府公信力。

(2) 绩效评估是政府向社会展示应急信息公开工作成果的手段,如果绩效评估的结果显示突发事件应急信息公开与公众要求相符合,与公众需求相契合,或者应急信息公开发挥了重大作用,得到社会的广泛认可,成效显著,那么政府理所应当会得到社会大众的理解、支持、信任和拥护,公众心目中良好的政府形象自然就树立起来。另一方面,政府应急信息公开不可能无懈可击,绩效评估结果也绝不可能只呈现正面或展示成功,不可避免地会暴露出缺点和不足,但是勇于呈现自身工作中的"短板"并展示于众,大方且不遮掩地承认不足、表明态度,一定程度上反而更好地诠释了绩效评估公开透明的特点,会得到意想不到的效果,更容易获得公众的谅解和支持。"晒成绩"并不难，敢于"晒不足"才难得，这正是阳光政府、责任政府建设的内在要求。

（四）构建社会主义和谐社会的客观要求

突发事件具有危害性与灾难性，往往会造成一定的人员伤亡或财产损失。实践证明，政府在突发事件应急信息公开中的不作为或作为不当往往会导致事态恶化，扩大事件本身的危害性，加剧公民对政府的不信任，甚至扰乱民心，破坏社会秩序，引发社会动荡，严重影响社会主义和谐社会的建设。绩效评估作为一种有效的管理手段，为政府应急信息公开提供了新的理念和思路，实际上也是社会主义和谐社会建设对突发事件应急信息公开工作提出的新要求和新挑战，是应急信息公开与时俱进的表现。

政府应急信息公开绩效评估引入了社会参与机制，树立了以公众需求为导向和以人为本的服务理念，以公众满意度作为评价标准，更新了应急信息公开的目标和职能，打破了过去政府对突发事件应急信息的控制和垄断，强调以人为本，更加注重公众对政府应急信息公开的导向性作用，注重公众对政府应急信息公开义务主体及其行为的监督和制约，注重政府与公众之间的对等性，注重政府与公众之间的和谐。评估的实施既是为了人民，也要依靠人民，其本身就是对社会主义和谐社会价值理念的倡导，是和谐社会理念的一种表现形式。绩效评估对政府应急信息公开行为具有明显的引导、激励和监督作用，能够充分发现和有效解决应急信息公开工作中的各种问题，引导其朝着正确的方向发展，同时形成对应急信息公开行为的监督，将权力运行中的一些"猫腻"或漏洞降低到最少，推动其不断改进完善。正因为如此，即便不能将突发事件扼杀在萌芽阶段，也可大大降低其破坏性和危害程度，稳定民心，维护社会的和谐与稳定，促进社会主义和谐社会建设。

第二节 政府应急信息公开绩效评估体系的构建

政府应急信息公开绩效评估是一项系统庞杂而又缜密精细的工程，科学的绩效评估体系是绩效评估活动得以顺利开展的重要保证，直接关系着突发事件应急信息公开绩效评估的"命脉"。评估体系的构建不仅有利于发展应急管理理论和应急信息管理理论，还能为评估活动的开展提供理论指导。学术界关于政府应急信息公开方面的理论成果为突发事件应急信息公开绩效评估体系的构建奠定了理论基础,而政府应急管理、信息公开绩效评估方面的理论成果,则为突发事件应急信息公开绩效评估体系的构建提供了参考借鉴。

一、绩效评估体系的构成要素

政府应急信息公开绩效评估体系,即为政府应急信息公开实践中组织和实施评估的一套规范性、系统性、制度性的工作方法,是由评估活动过程中涉及的一系列相互影响、相互联系、相互作用的具体或抽象的要素所构成的一个科学完备的、不可或缺的整体。具体而言,一套完整的绩效评估体系,应回答"为什么评估""评估什么""谁来评估""评估运用什么方法""如何评估""评估标准"六大问题,或者说包含评估目标、评估对象、评估主体、评估指标、评估方法以及评估流程六个基本要素。

(一)评估目标

评估目标这一要素回答的是"为何评估"的问题。评估目标是评估活动的出发点和落脚点,评估的初衷是什么,要实现一个什么样的目标,都是这一要素要解决的问题,也是评估的意义和价值所在。事实上,无论是何种类型的绩效评估,都是一种辅助性的管理活动,目的是服务于所评估的对象。总体来说,政府应急信息公开绩效评估以改善应急信息公开现状、提高政府应急信息公开能力和水平为主要目标,以加强应急信息公开工作为落脚点,通过组织应急信息公开的评估,查找工作过程中的问题与薄弱环节,提出相应的改进对策,使得每一次突发事件应急信息公开工作能为下一次突发事件的有效预防和应急处置提供有益借鉴。由于应急信息公开本身的特殊性和评估主体之间利益诉求的差异性,政府应急信息公开绩效评估的目标呈现出多样化的特点。评估的目标还包括其他两个方面:一是调查相关人员的责任与过失,并给予明确判断,实行奖惩与问责;二是通过评估,促进应急信息管理理念、方法和技术的创新,寻找新的发展机会。

(二)评估对象

评估对象这一要素回答的是"评估什么"的问题。评估对象是评估活动所指向的客体,绩效评估是对什么进行评估,应该关注哪几个方面等,都是这一要素要解决的问题。政府应急信息公开主要包括内容、时间、方式及途径等要素。具体而言,政府应急信息公开绩效评估的对象,是指整个突发事件发生发展全过程中的政府应急信息公开行为,包括应急信息公开的主体、应急信息公开的内容、时间、渠道、公众满意度等。同时，评估对象的各方面并不能直接进行评估，需要将其具体细化，设计出与评估对象各个方面相对应的评估指标，评估指标也并非一成不变，应当根据评估的具体目标和外部环境的变化不断调整更新。

（三）评估主体

评估主体这一要素回答的是"谁来评估"的问题。政府应急信息公开的绩效评估，需要评估主体去组织和推动，由谁负责组织评估，哪些部门或个人应当参加和执行评估，就是这一要素要解决的问题。政府应急信息公开绩效评估的主体，按其来源可分为内部评估主体与外部评估主体。[1]内部评估主体是指由事发所在地政府内部或政府系统内部成员担当评估者；外部评估主体是指由政府系统外部的组织或人员担当评估者。内部评估主体又可进一步分为突发事件所在地的政府部门、上级政府部门和下级政府部门，内部评估主体具有熟悉运作流程和实际情况、了解活动过程、易获取信息数据、评估结论与实际结合更紧密等优势，但容易受到既有视野和体制的限制，评估的客观性和公正性也容易受到质疑。外部评估主体可进一步分为社会公众、新闻媒体和第三方机构，外部评估主体对政府应急信息公开有着切身的感受和体会，开辟了更宽阔的评估视角，较为客观公正，但在信息获取方面存在一定困难，也可能会带来更大的成本消耗。

（四）评估指标

评估指标这一要素回答的是"评估按照什么标准"的问题。它是评估对象的分解和细化，关注评估对象的哪些方面，如何对其进行分解，是这一要素要解决的问题。简而言之，评估指标实际上就是一系列评估标准。政府应急信息公开评估指标的确立，有利于从事应急信息公开工作的人员深入理解其本职工作的重要性和意义。政府应急信息公开绩效评估是通过对指标进行考核来实现的，指标本质上就是将评估对象按照不同的切入面进行划分，详细列举应从哪些方面对评估对象进行评价，指标的合理性、科学性和全面性直接关系评估质量的好坏和评估结果的客观公正。政府应急信息公开绩效评估指标的设计并非随意而为，应遵循实用可行、系统全面等原则，要以评估目标、评估主体和评估对象的特征为依据。具体而言，其中包含公开的内容、

---

[1] 谢吉晨："政府绩效评估的'主体资格'探微"，载《理论导刊》2007年第3期，第49~51页。

公开的时间、公开的途径及方式、公众满意度四个一级指标，每个指标下设若干二级指标。同时，还应当明确指标的使用方法，即用什么方法设置指标权重，如何对其进行统计分析等。

（五）评估方法

评估方法这一要素回答的是"如何评估"的问题。它是评估顺利开展的方法论保证，采用哪些方法对政府应急信息公开进行评估，每种方法的含义及用法如何，都是这一要素要解决的问题。评估方法的合理性，直接影响评估结果的客观公正，也与评估结果的有效转化和运用紧密相关。绩效评估可运用的方法多种多样，但每种方法都有其自身的特点、适用对象和优缺点，并不是每种方法都适用于政府应急信息公开绩效评估，方法的选择是服务于政府应急信息公开绩效评估的目标，同时也受评估主体的限制。选择评估方法必须谨慎合理，要综合考虑多方面因素，以符合政府应急信息公开工作的特点和评估主体的水平为出发点，保证评估的顺利实施。具体而言，政府应急信息公开绩效评估可采用公众满意度测评法、专家咨询法、目标管理法等定性评估方法和层次分析法、平衡计分卡法、模糊综合评价法等定量评估方法。此外，还可采用电子邮件、调查问卷、电话访谈等方法收集和获取数据，为开展评估创造条件。

（六）评估流程

评估流程这一要素回答的是"如何评估"的问题。整个政府应急信息公开绩效评估包含哪些步骤，步骤之间的先后顺序如何，每个步骤应该完成哪些工作等，都是这一要素要解决的问题。评估流程的科学性直接关系评估结果的客观公正，也影响评估成果的有效运用。评估流程的设计应服务于评估目标，同时也受评估价值取向的限制。绩效评估活动的流程通常是由各项行为过程所组成的具有特定功能的系统，各行为过程之间相互联系、相互制约、相互作用，构成了一个复杂的有机整体，其中一个步骤或环节的缺失、不合理，有可能会影响评估整体作用的发挥，不容小觑。总体而言，政府应急信息公开绩效评估的流程可分为评估前期的准备阶段、评估的具体实施阶段和评估结果的公开与运用三大阶段，其中前期准备阶段主要包括成立评估小组、制定评估方案、收集绩效信息、培训评估人员等工作环节；具体实施阶段主要包括述职汇报、评估打分、确定等级等工作环节；第三阶段则是评估结果的公开与运用，根据评估结果，可以进一步改进应急信息公开工作，实施奖惩问责。

二、明确评估主体

由谁来对政府应急信息公开绩效进行评估，哪些部门或人员应当参与评估过程，直接关系绩效评估的有效性和公正性。甄选和确定合适的评估主体，是实施绩效评估的基本问题。政府应急信息公开绩效评估应当构建多元化的评估主体，统筹兼顾，内外并蓄，在充分分析各主体特点及优劣的基础上，保证评估主体的科学性。

（一）内部评估主体

内部评估主体是指由政府应急信息公开绩效评估活动开展部门及其相关部门组成的主体集合，主要包括突发事件事发所在地政府有关部门、上级政府有关部门和下级政府有关部门等。内部评估主体可以充分利用其制度安排以及较熟悉政府运行规则的优势，客观和全面地反映评价存在的问题与难点，提出有效解决评价对象问题的对策，制定出相对合理、具有实际操作性与可行性的评价标准，实现评价主体提出的评价目标。[1]内部评估主体具有其不可替代的特殊优势，但其缺陷也显而易见。

（1）就上级政府有关部门来说，其拥有对政府应急信息公开职能部门的直接领导权和监督管理权，拥有绝对的评估主体地位。因为上级政府有关部门对下级部门的组织架构、制度建设、设施配备、应急信息公开能力较为熟悉，并且上级部门参与了绩效评估目标、标准、指标等的确立，掌握了较为全面的评估信息。很多时候，下级部门往往是根据上级部门掌握并下传的突发事件应急信息进行公开工作，上级部门参与绩效评估能对下级职能部门产生一种强大的压力，能有效推动绩效评估落到实处，避免评估空有其表。但上级部门评估较为"生硬"，评估视角多局限于对应急信息公开"量"的评估，而忽视对其"质"的要求，关注的是下级部门应急信息公开工作是否符合有关规定、是否与上级部门的意图相契合，从而容易导致评估结果失真。

（2）就本级政府有关部门来说，本级职能部门作为评估主体，实际上是自评方式的体现。从某种程度上来说，将应急信息公开职能部门纳入评估主体能保证评估结果的客观性，这是因为本级职能部门更清楚自己的实际情况，

---

[1] 徐家良：《政府评价论》，中国社会科学出版社2006年版，第98页。

在评估时会立足实际,从部门的人、财、物等资源的实际情况出发,并全面考虑政府应急信息公开过程中受到的阻力、遇到的各种难题,以及其他隐藏因素,这是以本部门的应急信息公开能力为基础进行的评估,较为客观和公正。然而,将本级职能部门作为评估主体也有其缺陷,评估时可能会产生"抬高自身,突出自我"的心态,特别是当评估结果与部门利益、职务升迁、奖惩等紧密联系时,评估可能会带有一定的主观色彩,甚至会故意"放水",从而可能会降低评估结果的可信度,影响其真实性,可能致使绩效评估成为部门自我标榜的工具而流于形式。

(3) 就下级政府有关部门来说,我国的政治体制决定了突发事件应急信息要经历逐级上报或者逐级下传这一过程。从这个意义上来说,下级部门可以算作是上级部门突发事件应急信息公开服务的直接内部受众,对上级部门的应急信息公开工作具有较为直观的感受和独特的理解,将下级部门纳入评估主体范畴中来,从内部受众的角度对上级部门的应急信息公开绩效进行评估,能在一定程度上增强评估结果的客观性和公正性。同时,将下级部门纳入评估主体范围中来,对其给予充分尊重,能提高下级部门的责任意识和主人翁意识,从而调动其积极性。然而下级部门在很大程度上"受制"于上级部门,在绩效评估中常常处于被动地位。个别下级部门往往会出于自身利益的考虑,产生"讨好"上级部门、为本部门争取利益的心理,从而有可能会违背初心,弄虚作假,美化事实,最终有可能会呈现出"名不副实"的评估结果,难以保证评估的有效性和真实性。

(二) 外部评估主体

外部评估主体指的是独立于政府部门之外的评估主体。由于外部评估主体不隶属于政府某一部门,评估视角会更加广阔,更符合绩效评估客观、公平、公正的要求。但外部评估主体不可避免地也有诸多缺陷,存在权力被架空的危险,评估较为严苛,结果也较易理想化。

(1) 就新闻媒体来说,新闻媒体不仅是民意表达的渠道,也是传递政府意愿的窗口。突发事件一旦爆发,由于其本身的特性,总是能在极短的时间内迅速成为社会关注的焦点,新闻媒体成员深入事件前线,凭借其专业素养和敏锐的洞察力,能够快速捕捉公众的信息需求和政府的表达意愿,成为公众与政府部门之间信息传递的纽带。新闻媒体作为突发事件不可或缺的评估主体,有着自身的诸多优势:第一,新闻媒体工作人员具有良好的职业素养,追求真实、客观，这种负责的态度使得他们敢于说真话，有利于保证评估的真实性；第二，新闻媒体覆盖范围广、受众多，传播速度快，有助于绩效评估的宣传推广；第三，新闻媒体能形成舆论压力，有助于提高评估的透明度。但由于目前我国还没有出台关于新闻媒体监督的专门法律法规，再加上少数政府工作人员存在"鸵鸟"心态，不愿意向新闻媒体袒露心声，透漏真相，有可能使得新闻媒体的权力被架空。

（2）就社会公众来说，将社会公众纳入评估主体，不仅是为了保证绩效评估的准确性和有效性，更是政府应急信息公开绩效评估所坚持的"以公众需求为导向"基本理念的直接体现。作为政府应急信息公开服务最庞大、最直接的受众，公众关注的不仅是"量"的评估，更注重"质"的要求，强调的是应急信息的价值。公众满意度的高低，直接反映出政府应急信息公开服务水平的高低和应急信息公开工作的成效。政府有关部门吸收公众参与绩效评估，确立其评估主体地位，能促使其基于外部受众的角度做出最客观真实的评估，增强评估的公正性，还能有效增强公众的主人翁意识。由于公众实际上并不清楚政府部门的应急信息公开能力，对于评估对象相关信息的知悉极其有限，难免会受到其他评估主体或某些"小道消息"的影响，再加上每一个社会成员的生活经验、社会经历、知识技能等不尽相同，极有可能根据个人的喜好习惯和知识结构进行评估，使得评估带有一定的主观色彩，难以保证结果的客观性。

（3）对于第三方机构而言，第三方机构是指各种行业性、专业性的咨询公司、各类研究机构、专家学者委员会、有关的学术团体、志愿组织等。第三方机构具有相对独立性，与上述几类评估主体均无直接利益关联，既不属于政府的派生部门，也不偏向社会公众与媒体，还具有一定的专业性与权威性，在政府应急信息公开绩效评估活动中能够做到从专业、客观的角度出发，很难受外部或主观因素的影响，能充分考虑公众的利益诉求，从而得出客观可信的结果，能不加修饰地将评估结果如实公开。因此，许多学者把第三方机构视为"最优"评估主体。但第三方机构力量比较单薄，致使第三方机构评估对政府应急信息公开行为难以产生强大的约束力。第三方机构在突发事件应急信息公开绩效评估中能否长效化还有待考察和验证。

综上可知，每一个评估主体都有各自不同的立场和视角，具有自身独特优势，同时也存在各自的不足与缺陷，要对突发事件中的应急信息公开绩效作出准确的评估，需要构建多元化的评估主体，将各主体精心配置，合理设置各主体参与评估的权重，分清主次，处理好各主体之间的关系，并注重加强对各评估主体的理论指导和业务培训，使得各内部评估主体与外部评估充分基于自身的身份地位、利益需求、知识结构、生活经验，围绕政府应急信息公开工作畅所欲言，表达自己的观点，提出合理建议，彼此形成一种良性互动关系，从而实现优势互补，减少评估误差。

三、界定评估对象

评估对象，实际就是评估内容的概括化。政府应急信息公开是一个涉及多环节、多领域的复杂工作，而绩效评估作为一个客观见诸主观的过程，是对政府在突发事件中的应急信息公开服务进行评价，对其绩效进行衡量的一项活动，合理确定评估的具体方面，界定评估的具体内容，是构建政府应急信息公开绩效评估体系的基础。笔者认为，可以从应急信息公开的主体、法制、内容、时间、渠道、公众满意度等六个方面进行评估。

（一）应急信息公开的主体

政府作为公共信息的最大拥有者和管理者，一旦突发事件发生，就是权威的合法的应急信息公开主体，需要维护社会公共利益，进而维护与保障每个公民的利益。同时政府作为公共服务的责任主体，应急信息公开是政府在危机情境下履行的一项社会公共服务职能，突发事件应急信息的收集整理、组织加工、公开发布等工作，都是政府公共服务职能范畴。

我国应急管理坚持"统一指挥、综合协调、分类管理、分级负责、属地管理为主"的原则，应急信息公开的主体一般为履行统一领导职责和突发事件应对处置职责的人民政府，一定程度上适应了突发事件地域性和差异性的需要。但不少重大突发事件，其影响范围之广，非事发所在地一级政府所能控制，需要各级政府间的应急联动处理。随着应急管理主体的多元化，应急信息公开的主体也呈现出多元化趋势，各主体都能在职责范围内公开突发事件应急信息，但公开的口径与内容须保持一致。

对应急信息公开的主体进行评估，主要包括机构设置和人员配备两个方面。在机构设置上，评估政府部门是否内设了应急信息公开的专门机构；在人员配备上，评估政府部门是否配备了应急信息公开的专职或兼职人员。

(二) 应急信息公开的法规

为了加强对突发事件政府应急信息的公开工作，规范应急信息公开行为，提高应急信息公开服务的质量和效率，实现突发事件应急信息公开战略目标，政府需要从各方面为其提供一系列保障，实现突发事件应急信息公开的有效运作。应急信息公开法规，是指国家为应急信息工作的开展所制定的各项法律、法规等，以保障应急信息公开工作能够在一个相对有利的法治环境下顺利发展。具体而言，应急信息公开的法规建设主要包括应急信息公开的法规制定和法规执行情况两个方面。法规制定是指国家是否出台了应急信息公开相关的法律法规，条款规定是否明确具体；法规执行是指法律法规的可操作性与执行情况如何。应急信息公开的法规建设，是政府应急信息公开绩效评估内容的一个重要方面，不仅是衡量政府应急信息公开水平的重要标志，也是应急信息公开工作的重要组成部分。通过对应急信息公开法规的评估，能提高政府对应急信息公开法治建设的重视程度，营造良好的法治氛围，促进应急信息公开工作进入法治轨道。

(三) 应急信息公开的内容

应急信息公开的内容是政府应急信息公开工作的核心。具体而言，应急信息公开的内容，一方面要求其在数量上丰富、充足；另一方面则要求信息内容的真实、全面、准确、权威、易理解、实用性。应急信息内容的真实性，即所公开的应急信息是否真实可靠，是否实事求是地反映了突发事件的真实原貌及进展情况，是否存在故意美化或虚假公开现象；应急信息内容的全面性，即所公开的应急信息是否全面完整，是否存在避重就轻、断章取义选择性公开和隐瞒应急信息等现象，是否涵盖了事前预警信息、事中应对信息、事后恢复信息等各阶段内容，是否包含了正面信息和负面信息；应急信息内容的准确性，即所发布的应急信息是否权威准确，是通过何种渠道发布的，是否让人信服，是否存在信息错误现象；应急信息内容的易理解性，即以不同方式和渠道发布的应急信息内容是否一致，内容是否清晰，措辞是否恰当，是否易于理解和消化；应急信息内容的实用性，即指所公开的应急信息对于社会公众来说是否有用，是否公众真正需要的信息，能否帮助公众预防或应对突发事件。

通过对应急信息公开的内容进行评估，能够促使政府在进行应急信息公开工作时更加严谨细致，充分把握社会公众的应急信息需求，使应急信息公开更贴近群众，符合实际。

（四）应急信息公开的时间

由于突发事件的突然性和危害性，需要在第一时间迅速公开应急信息，作出响应，以便降低突发事件的危害，防止事态恶化。时效性是应急信息的基本特征之一。突发事件一旦发生，处于发展变化之中，包含于事件中的应急信息也会随之瞬息万变，表现出很强的动态性和时效性。时效性往往决定了应急信息的价值。应急信息有其生命周期，一旦超出周期范围，应急信息有可能会失效，应急信息公开越及时，时效性就越强，发挥的价值也就越大。应急信息公开在时间上是否及时，不仅是衡量政府应急信息公开工作是否有效的重要标志，也是突发事件中应急信息公开绩效评估内容的一个重要组成部分。

具体而言，对应急信息公开的时间进行评估，主要体现在应急信息公开的及时性、更新频率、连续性三个方面。应急信息公开的及时性，表现在突发事件发生之前或发生之后，政府是否在第一时间公开所掌握的应急信息，是否存在应急信息公开滞后，反应迟钝现象；应急信息公开的更新频率，表现在突发事件发生演变的过程中，政府是否随事态的发展变化注重应急信息的动态更新，将新掌握的情况及时告知公众，更新的频率如何；应急信息公开的延续性，表现在应急信息公开在时间上是否连续，在事件应对过程中是否及时更新应急信息，有无中断等现象。

通过对应急信息公开时间进行评估，能够促使政府更加理解和注重应急信息的时效性，在事前及时公开预警预报信息，为公众做好预防准备工作提供条件，事件处置过程中及时公开事件处理信息，充分满足公众知情权，更大程度发挥应急信息的价值，有助于突发事件的有效应对。

（五）应急信息公开的渠道

随着新媒体技术的发展，公众获取应急信息的渠道呈现出多样化的特点，政府应急信息公开也不再局限于报纸、电视、广播等传统渠道。继门户网站成为各级政府信息公开的第一平台之后，微博、微信等新兴渠道逐渐成为政府信息公开的"新宠"。应急信息公开渠道的广泛性与多样性，不仅体现着政府的电子政务建设水平和信息化水平，而且直接有利于公众快捷获取应急信息。

具体而言，对应急信息公开的渠道进行评估，主要包括渠道的多样性、传统渠道的利用程度、新兴渠道的利用程度、公开渠道的通畅性、公开渠道的便捷性等五个方面。应急信息公开渠道的多样性，即政府采用了哪些渠道公开了应急信息，是否与公众的信息获取方式相对应，是否满足多元化的要求；传统渠道的利用程度，即政府在应急信息公开过程中对报纸、电视、广播等传统信息公开渠道的利用是否充分、有效；新兴渠道的利用程度，即政府是否采用了微博、微信等新媒体渠道公开应急信息，利用情况如何；应急信息公开渠道的畅通性，即政府所采用的这些渠道是否畅通无阻，是否能和公众形成信息交流与反馈；应急信息公开渠道的便捷性，即公众能否方便快捷地通过政府所采用的渠道获取突发事件应急信息。

通过对应急信息公开渠道进行评估，能促使政府重视应急信息公开渠道的建设。在保证传统渠道畅通性和传播效力的同时，根据公众信息获取渠道的变化增加微博、微信等新兴方式，并重点关注应急信息公开渠道的畅通、便捷和经济。

（六）公众满意度

所谓公众满意度，是指公众对于政府应急信息公开表现的预期感知与体验之后实际感受之间差距的认知。若政府应急信息公开表现良好，与公众的预期感知一致，公众满意度就高；反之，若政府应急信息公开与公众期望不一致，公众的应急信息得不到满足，公众满意度就低。公众满意度作为衡量政府应急信息公开水平的标准之一，是检测政府应急信息公开工作的关键所在，对公众满意度进行评估是政府应急信息公开绩效评估的重要组成部分。

具体而言，对公众满意度进行评估，主要包括总体满意程度、内容满意程度、渠道满意程度等方面。总体满意程度，即政府的应急信息公开表现所能达到的让公众满意的程度；内容满意度，即公众对于所获应急信息在质量上的满意程度；渠道满意程度，即公众对于政府应急信息公开渠道的满意情况，政府所采取的渠道是否有助于公众方便快捷地获取信息。通过对公众满意度进行评估，有利于政府部门树立科学的评估理念，摆正评估方向，以满足公众的知情权为目的，充分体现政府应急信息公开绩效评估自始至终坚持以人为本的价值取向，同时也是评估目标的集中体现。

四、设计评估指标

政府应急信息公开绩效评估指标是一种以简明扼要、集中精炼的方式反映政府应急信息公开实际水平和绩效状况的手段。评估指标并不是单一的，它通常分类分级分层，以一个完整的、系统的形式出现，是分析评估政府应急信息公开发展状况的重要标识。评估指标的设计和选取关系整个评估工作的可操作性和有效性，反映着绩效评估的价值取向和价值选择，是整个绩效评估工作的核心组成部分和中心环节，是评估活动得以有效开展的前提和基础，也是评估工作的重点与难点所在。

（一）评估指标的确立原则

政府应急信息公开绩效评估指标的设计是一项科学精细的工作，要充分反映应急信息公开的具体职能和要求。指标的具体设计应立足于实际，结合当前应急信息公开的现状，既要体现出科学性和前瞻性，又要保证全面性、系统性和可操作性，遵循一定的基本原则。

（1）价值导向原则。价值导向原则，是指政府应急信息公开绩效评估指标设计要坚持以人为本的价值导向原则，着眼于现阶段应急信息公开与受众需求之间的供需矛盾和应急信息公开工作面临的问题，注重满足社会公众的应急信息需求，以最大限度地提高公众满意度为目标进行自身的设计和构建。指标的设计和确立与评估的价值取向紧密相关，价值取向能为指标构建提供指导，政府努力提高政府应急信息公开绩效的过程就是政府不断探索、追求目标、实现价值的过程。突发事件情境下，现实工作更为复杂多变，指标的设计应从整体上坚持和反映正确的价值取向，保证整个绩效评估工作不偏离方向。

（2）系统全面原则。系统全面原则，是指政府应急信息公开绩效评估指标体系的设计，要周密、详尽、合理，不能从单一角度出发去设计指标，而应当关注各项指标之间的关联性、层级性、系统性和整体性。单一的指标不仅无法全面描述和衡量其工作现状和业绩水平，还会使绩效评估失去有效性。政府应急信息公开绩效评估指标的设计要统筹兼顾，尽可能从整体和全面出发，综合考虑多种因素来充实评估指标，将所有指标按层级有序排列，并注意它们之间的相互联系和衔接，形成一个完整的有机整体。同时，指标的确立还要与政府部门的实际情况相结合，既对评估对象负责，又关心公众需求。

（3）实用可行原则。实用可行原则，是指政府应急信息公开绩效评估指标的构建要从应急信息公开工作的实际情况出发，充分考虑现有的物质、信息和技术等条件，每一项指标的选取都要有实际意义，尽量选择可量化的指标要素。既要充分体现指标的代表性和价值性，又要兼顾指标的实用性和可操作性；既要有一定的高度，又要切实可行，为顺利开展绩效评估创造有利条件。

评估指标的选取与绩效评估的可操作性紧密相关，指标设计得再完美，如果可操作性不强，只能是纸上谈兵。评估指标一定要严密筛选，有所扬弃，尽可能选择便于量化的指标，谨慎对待笼统抽象的指标，解决好理论与实际操作之间的矛盾，力求使评估指标简单明了，结构清晰，具体明确，实用可行。

（4）动态灵活原则。动态灵活原则，是指要以发展的眼光来设计评估指标，指标要具有相对灵活性，应当因时因地因事件因阶段作出适当调整和灵活变通。不同时期、不同类别的突发事件具有不同的特点，而同一突发事件在不同的发生发展阶段，其应急信息公开内容和方式也会有所侧重。事前注重预测预警信息的公开，事中注重事件应对信息的公开，事后则侧重恢复重建及相关问责信息的发布。由此可见，政府应急信息公开绩效评估指标需要遵循动态灵活原则，充分考虑危急状态下内外部环境的变化和事件发展情况，审时度势，适时适度地对绩效评估相关指标进行调整，使其随着环境和形势的变化而变化，客观精准地反映出政府应急信息公开的真实水平和能力。

（5）沟通参与原则。沟通参与原则，是指在评估指标体系构建过程中，要保持政府与受众之间、政府内部工作人员之间的充分沟通和信息交流顺畅，让更多的主体和工作人员参与到指标设计过程中来，促进社会公众和工作人员对指标的理解，广泛吸纳合理化建议，保证评估指标的科学性。实现充分的沟通参与是政府应急信息公开绩效评估指标体系顺利高效构建的保障。政府应急信息公开绩效评估指标设计不仅是政府单方面的事，政府作为应急信息公开这一公共服务的提供者，需要积极与相关民间机构、专家协会、新闻传媒、社会公众等各类受众群体沟通协商，扩大指标选取的视角和维度，拓宽受众参与的渠道，听取来自社会各界的意见和建议，争取得到他们的理解和支持，鼓励相关人员表达看法和意见，确保评估指标的科学性。

（二）评估指标的内容构成

有学者于2005年提出政府绩效评估的内容主要包括四方面：一是政府公共部门的工作效率、能力、服务质量及公众责任；二是公众满意度等方面的评价与分析；三是投入与产出体现的绩效管理过程的评估；四是收集数据、确定评估目标、划分评估项目、绩效策略及评价结果使用等组成的行为体系。[1]实际上，政府应急管理工作的绩效评估是政府绩效评估方法在应急管

---

[1] 郑官升："危机事件下的政府信息公开绩效评估研究"，黑龙江大学2012年硕士学位论文。

理领域的具体运用。

笔者在结合政府应急信息公开绩效评估的基本特征，以及借鉴政府绩效评估工作的已有成功经验的基础上，运用德尔菲法，多次征求多位政府应急管理领域专家的意见，并对多位专家的意见进行反复论证，认为应急信息公开的主体、法规、内容、时间、渠道、公众满意度这六个方面可以作为绩效评估的具体设计指标。①应急信息公开的主体。应急信息公开的主体是影响政府应急信息公开效果的因素之一，主要包括应急信息公开机构的设置、应急信息公开的人员配备。②应急信息公开的法规。应急信息公开的法规包括了应急信息公开法规的制定、执行。③应急信息公开的内容。内容是政府应急信息公开工作的核心。应急信息公开绩效评估的内容包括了量的规定和质的规定，这两方面的规定关乎应急信息公开的质量和效果，要求应急信息公开的内容要具备真实性、全面性、准确性、权威性与实用性等。④应急信息公开的时间。应急信息具有很强的时效性。应急信息有其生命周期，超出周期范围，应急信息就可能会失效；反之，应急信息使用越及时，时效性就越强。因而，时间是评估政府应急信息公开绩效的又一重要指标。⑤应急信息公开的渠道。在富媒体时代，政府应急信息公开的渠道不再局限于传统的公开渠道，官方微博、微信、手机短信等已逐渐成为政府应急信息公开的重要渠道。对应急信息公开渠道进行评估，能促使政府重视对应急信息公开渠道的建设。渠道是评估政府应急信息公开绩效一个不可或缺的指标。⑥应急信息公开的公众满意度。应急信息公开的公众满意度是衡量政府应急信息公开效果的重要指标。公众满意度主要包括总体满意度、内容满意度、渠道满意度。对公众满意度进行评估，利于政府端正评估理念、摆正评估方向，确保政府应急信息公开绩效评估坚持以人为本的价值取向。

总而言之，这六个方面构成的指标体系，适应多元化评估主体的需求，便于各个评估主体基于各自的评估视角对政府应急信息公开绩效进行全方位评估，尽量避免因评估责权不明造成交叉评估，最大限度地减少主观因素的影响，保证评估工作的科学性与合理性。以下是政府应急信息公开绩效的指标体系，如表6-1所示：

表 6-1 政府应急信息公开绩效评估的指标构成

	一级指标	二级指标
突发事件应急信息公开绩效评估	应急信息公开的主体 A_1	应急信息公开机构设置 A_{11}
		应急信息公开的人员配备 A_{12}
	应急信息公开的法规 A_2	应急信息公开法规的制定 A_{21}
		应急信息公开法规的执行 A_{22}
	应急信息公开的内容 A_3	应急信息内容的真实性 A_{31}
		应急信息内容的全面性 A_{32}
		应急信息内容的准确性 A_{33}
		应急信息内容的权威性 A_{34}
		应急信息内容的易理解性 A_{35}
		应急信息内容的实用性 A_{36}
	应急信息公开的时间 A_4	信息公开的及时性 A_{41}
		应急信息的更新频率 A_{42}
		信息公开时间的延续性 A_{43}
	应急信息公开的渠道 A_5	公开渠道的多元性 A_{51}
		新闻发布会等传统渠道的利用程度 A_{52}
		微博、微信等新兴渠道的利用程度 A_{53}
		公开渠道的通畅性 A_{54}
		公开渠道的便捷性 A_{55}
	应急信息公开的公众满意度 A_6	对应急信息公开的总体满意程度 A_{61}
		对应急信息内容的满意程度 A_{62}
		对应急信息公开渠道的满意程度 A_{63}

（三）评估指标的权重设计

本书采用层次分析法对政府应急信息公开绩效评估的指标进行量化分析。根据层次分析法（AHP）的原理，权重设置的基本步骤为：①建立递阶层次结构模型，将指标分清层次并构建模型；②构造判断矩阵，通过各指标两两比较得出相对重要性，以此构建判断矩阵；③层次单排序和一致性检验，对矩阵进行计算，得到各指标的权重并进行一致性检验；④层次总排序，分层将各指标的权重进行一一标识，列于表中。

1. 建立递阶层次结构模型

根据AHP的原理将评估体系分为三层：最高层（目标层）即应急信息公开绩效评估这一目标；中间层（准则层）包括应急信息公开的主体、法规、内容、时间、渠道、公众满意度等6项指标；最底层（方案层）共21个指标，见图6-2。

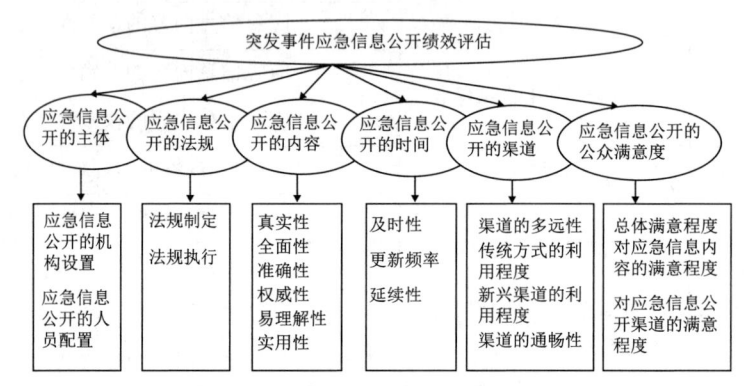

表6-2 指标递阶层次结构模型

2. 构造判断矩阵

课题组以调查问卷的形式，通过专家赋值法获取到了21位专家关于政府应急信息公开绩效评估的指标权重数据，再换算成指标两两比较的相对重要性数值，一一对应到判断矩阵的标度区间，分别构造判断矩阵。中间层各指标的重要性得到的判断矩阵如表6-3所示，判断矩阵标度说明如表6-4所示。

表6-3 A1-A6的六阶判断矩阵及其相对权重向量

A	A1	A2	A3	A4	A5	A6	W
A1	1	1	1/3	1/2	1/2	1/4	0.0710
A2	1	1	1/3	1/2	1/2	1/4	0.0710
A3	3	3	1	3	3	1/2	0.2501
A4	4	4	1/3	1	1	1/4	0.1128
A5	2	2	1/3	1	1	1/4	0.1128

续表

A	A1	A2	A3	A4	A5	A6	W
A6	4	4	2	4	4	1	0.3823

表6-4 判断矩阵标度说明

标度	含义
1	指标 A_i 与 A_j 具有同等重要性
3	指标 A_i 与 A_j 较为重要
5	指标 A_i 与 A_j 极为重要
2、4	以上两相邻判断的中值
倒数	指标 A_j 与 A_i 相比的标度

3. 层次单排序和一致性检验

由于现实问题的复杂性，定性判断并不能总是保持完全一致，因此层次分析法引入了随机一致性比例 CR 来衡量判断矩阵的一致性，其中：

$$CR = \frac{CI}{RI}, \quad CR = \frac{\lambda max - n}{n-1}$$

当 CR<0.1 时认为矩阵具有满意的一致性，否则需要对矩阵进行修正。CI 为矩阵的一致性指标，λmax 为矩阵的最大特征值，RI 为平均随机一致性指标。对于各阶矩阵，其对应的平均随机一致性指标 RI 如表 6-5 所示。

表6-5 平均随机一致性指标

阶数	1	2	3	4	5	6	7	8	9
RI	0	0	0.58	0.90	1.12	1.24	1.32	1.41	1.45

$\sum_{i=1}^{n} \frac{(AW)_i}{nW_j}$ λmax = 先求 AW，即矩阵 A 与权重 W 的乘积，分别为：0.4337、0.4337、1.5440、0.6885、0.6885、2.3529，带入公式计算可得 λmax = 6.125，CI=0.025，RI=1.24，CR=0.0201<0.1，此矩阵具有满意的一致性。

按照以上步骤得到其余方案层矩阵的计算结果如表6-6、表6-7、表6-8、表6-9、表6-10、表6-11 所示。

表6-6 A11-A12的二阶判断矩阵及其相对权重向量

A_1	A_{11}	A_{12}	W
A_{11}	1	2	0.6667
A_{12}	1/2	1	0.3333

$\lambda max=2$，CI=0，RI=0，CR=0<0.1，此矩阵具有满意的一致性。

表6-7 A21-A22的二阶判断矩阵及其相对权重向量

A_2	A_{21}	A_{22}	W
A_{21}	1	1	0.5
A_{22}	1	1	0.5

$\lambda max=2$，CI=0，RI=0，CR=0<0.1，此矩阵具有满意的一致性。

表6-8 A31-A36的六阶判断矩阵及其相对权重向量

A_3	A_{31}	A_{32}	A_{33}	A_{34}	A_{35}	A_{36}	W
A_{31}	1	1	1	1	3	3	0.2138
A_{32}	1	1	1	1	3	3	0.2138
A_{33}	1	1	1	1	3	3	0.2138
A_{34}	1	1	1	1	3	3	0.2138
A_{35}	1/3	1/3	1/3	1/3	1	3	0.0855
A_{36}	1/3	1/3	1/3	1/3	1/3	1	0.0593

$\lambda max=6.1414$，CI=0.0282，RI=1.24，CR=0.0228<0.1，此矩阵具有满意的一致性。

表6-9 A41-A43的三阶判断矩阵及其相对权重向量

A_4	A_{41}	A_{42}	A_{43}	W
A_{41}	1	4	4	0.6608
A_{42}	1/4	1	2	0.2081
A_{43}	1/4	1/2	1	0.1311

λmax＝3.0536，CI＝0.0268，RI＝0.58，CR＝0.0462<0.1，此矩阵具有满意的一致性。

表6-10　A51-A55的五阶判断矩阵及其相对权重向量

A_5	A_{51}	A_{52}	A_{53}	A_{54}	A_{55}	W
A_{51}	1	1	1	1	1	0.2
A_{52}	1	1	1	1	1	0.2
A_{53}	1	1	1	1	1	0.2
A_{54}	1	1	1	1	1	0.2
A_{55}	1	1	1	1	1	0.2

λmax＝5，CI＝0，RI＝1.12，CR＝0<0.1，此矩阵具有满意的一致性。

表6-11　A61-A63的三阶判断矩阵及其相对权重向量

A_5	A_{61}	A_{62}	A_{63}	W
A_{61}	1	4	4	0.6666
A_{62}	1/4	1	1	0.1667
A_{63}	1/4	1	1	0.1667

λmax＝3，CI＝0，RI＝0.58，CR＝0<0.1，此矩阵具有满意的一致性。

4. 层次总排序和一致性检验

应用层次分析法时，还需要进行组合一致性和总体一致性检验。设 a_j 为各层次因素的总排序权重，$CI^{(k)}$ 为第 k 层各矩阵的一致性指标，$RI^{(k)}$ 为第 k 层各矩阵的平均随机一致性指标。则第 k 层的组合一致性比率为：

$$CR^{(K)} = \sum_{j=1}^{t} a_j CI_j^{(k)} / \sum_{j=1}^{t} a_j RI_j^{(k)}, \quad k = 3, 4, \ldots, s$$

总体一致性比率定义为：

$$CR^* = \sum_{k=2}^{s} CR^{(K)}$$

根据公式将各矩阵的数值进行计算求得：

$CR^{(2)} = 0.0201 < 0.1$，$CR^{(3)} = 0.0139 < 0.1$，$CR* = CR^{(2)} + CR^{(3)} = 0.034 < 0.1$

组合一致性检验和总体一致性检验通过，层次总排序结果具有满意的一致性。各指标对于总目标的权重具体结果见表 6-12。

表 6-12 政府应急信息公开绩效评估指标权重分配表

	一级指标及其对于目标层的权重	二级指标及其对于目标层的权重	
政府应急信息公开绩效评估	应急信息公开的主体 A_1 权重：0.0710	应急信息公开机构设置 A_{11}	0.0473
		应急信息公开的人员配备 A_{12}	0.0237
	应急信息公开的法规 A_2 权重：0.0710	应急信息公开法规的制定 A_{21}	0.0355
		应急信息公开法规的执行 A_{22}	0.0355
	应急信息公开的内容 A_3 权重：0.2501	应急信息内容的真实性 A_{31}	0.0535
		应急信息内容的全面性 A_{32}	0.0535
		应急信息内容的准确性 A_{33}	0.0535
		应急信息内容的权威性 A_{34}	0.0535
		应急信息内容的易理解性 A_{35}	0.0213
		应急信息内容的实用性 A_{36}	0.0148
	应急信息公开的时间 A_4 权重：0.1128	信息公开的及时性 A_{41}	0.0745
		应急信息的更新频率 A_{42}	0.0235
		信息公开时间的延续性 A_{43}	0.0148
	应急信息公开的渠道 A_5 权重：0.1128	公开渠道的多元性 A_{51}	0.02256
		传统方式的利用程度 A_{52}	0.02256
		新兴渠道的利用程度 A_{53}	0.02256
		公开渠道的通畅性 A_{54}	0.02256
		公开渠道的便捷性 A_{55}	0.02256
	应急信息公开的公众满意度 A6 权重：0.3823	总体满意程度 A_{61}	0.2549
		对内容满意程度 A_{62}	0.0637
		对公开渠道的满意程度 A_{63}	0.0637

五、选择评估方法

为了科学地评估政府应急信息公开的绩效,提高评估结果的信度和效度,需要选择定性与定量相结合的评估方法,并应尽量选取较易实施的评估方法,以便减少评估误差,降低评估成本和实施难度。一般说来,政府绩效评估的定性分析方法主要有专家咨询法、公众评议法等;定量分析方法主要有层次分析法、标杆管理法等,但这几种方法都有着各自的评估视角和优缺点,具体应用时还应当综合考虑多方面的因素,具体问题具体分析。

(一)定量评估法

定量评估法一般需要较多的数学知识,是通过建立数学模型,运用数学方法对评估指标的权重进行计算,进而得出评估结果的一类评估方法。绩效评估的定量方法有很多种,结合政府应急信息公开绩效评估的特点,笔者主要对标杆管理法和层次分析法这两种定量方法进行介绍。

(1)标杆管理法。就是根据既定的绩效评估标准,引入评估客体同领域内表现最佳、绩效卓越的组织或部门作为标杆,通过比较自身与标杆组织之间的绩效差距,具体分析绩效差距产生的原因,明晰标杆组织卓越绩效产生的过程,借鉴其成功的做法和经验,以改进、优化工作流程或程序的方式来提高绩效,以达到与标杆组织并驾齐驱,甚至超越标杆组织的目的。标杆管理实际上就是一个追求最佳、不断学习、持续改进的过程。需要注意的是,标杆管理是一个不断变化的动态过程。由于评估指标的多样性,标杆的选择并不是唯一的,可以是一个或多个,在不同的评估阶段也可以选择不同的标杆。标杆管理法使得绩效评估跳出了以往固定的内部视野。这种从外部入手开辟视角的方法令人眼前一亮,能够有效转变绩效评估的理念与模式。此外,标杆管理法的指标体系设置注重长期性,比较灵活、全面。但是标杆管理法也存在明显的局限性。首先,标杆管理强调相互学习与效仿,可能会导致盲目引进标杆或忽视本部门具体实际情况等问题的出现;其次,标杆管理法的指标设置存在较大的主观性,可能导致指标体系烦冗庞大,加大绩效评估的成本。[1]

---

[1] 薛菁:"浅析标杆管理法在政府绩效评估中的应用",载《辽宁行政学院学报》2007年第7期,第10~11页。

（2）层次分析法。又称层级分析法，简称 AHP，是指将复杂问题分解成有序层次，再进行定性和定量分析，将人的主观判断和数学计算相结合，最终得出结论的一种评估方法。层次分析法的核心思想是把复杂的评估问题层次化，其基本思路是：首先，将评估对象的各个方面划分成相互联系的有序层次，使之条理化，上一层级的元素对下一层级的元素起支配作用；其次，根据文献调研、专家咨询等方法对每一层级元素的相对重要性给予定量表示；再次，利用数学方法确定表达每一层次的全部元素的相对重要性次序的权值；最后，通过对排序结果的分析，得出最终数据，解决问题。[1]政府应急信息公开绩效评估的指标是一个层次性的多指标系统，而各一级指标、二级指标的相对重要性互有差异，根据层次分析法理论，建立层次结构模型，构造判断矩阵，采用计算的方法确定各指标权重，[2]具有较强的可操作性，有利于提高权重的科学性、信度和效度，但也存在计算过程较为复杂、统计量大等缺点。

（二）定性评估法

政府应急信息公开的某些评估指标不易被量化，定性分析方法则可以用来弥补指标无法定量的缺陷。定性评估方法一般依赖于人的主观直觉、实践经验和知识积累，以此来解决许多无法量化的复杂问题。绩效评估的定性方法多种多样，笔者主要对专家意见法和公众意见征询法进行简单介绍。

（1）专家意见法。专家意见法又称德尔菲法，是指在明确评估对象和评估指标之后，集结该领域内具有较大影响力的专家，充分利用其既有的专业知识和实践经验作出判断或预测，进而对专家的意见加以汇总、整理，最终得出结果的一种定性分析方法。专家意见法是一种著名的基于主观经验的群体性决策方法，基本步骤包括：①根据评估需要，确定专家，组成专家小组，一般不超过 20 人；②向专家作出解释，提出要求，提供所需资料并根据专家的要求进行补充完善；③以问卷调查、文献梳理、会议座谈等方式轮番征询专家的主观判断，说明判断依据；④将所有的专家意见进行收集整理，进行对比，得出首轮结果；⑤将结果进行反馈，要求专家慎重考虑，作出调整和修改，直到意见渐进趋于一致。专家意见法经过多番求证，一定程度上保证

---

[1] 范柏乃、段忠贤编著：《政府绩效评估》，中国人民大学出版社 2012 年版，第 232~233 页。
[2] 陈颖梅："临床护理路径评估体系中护理结果评价的研究"，第三军医大学 2009 年硕士学位论文。

了结论的客观性。在实际的绩效评估中,专家意见法可用于指标的设计、指标权重的设置和绩效判分等环节。其优点是较易操作,所得结论具有较大的权威性,容易使人信服;缺点是专家的组成结构较难把握,且容易受主观因素的影响。

(2) 公众意见征询法。公众意见征询法是指将公众作为政府应急信息公开绩效评估的主体或参与者,基于其应急信息公开服务的接受者这一身份,利用其本身的切身体会、利益诉求和知识水平,全面参与评估活动的各环节,充分表达其关于应急信息公开工作与绩效评估工作的意见和建议,并最终得出评估结果的一种评估方法。实际工作中,公众意见征询法主要用于指标的设计和对绩效进行打分判定两个环节,是评估政府应急信息公开绩效的一种重要方法,也是以人为本价值取向的体现。公众意见征询法实施的基本步骤包括:①确定要参与的公众范围,可以是全体公众,也可以是某领域内的公众代表,一般选择公众代表;②向公众提供所需资料,作出解释说明,提出要求和目的;③以电话访谈、电子邮件、街头问卷、会议座谈等形式征询公众意见;④将所有的公众意见进行汇总,加以整理和计算,得出结论。公众意见法往往与政府形象相联系,有利于拉近政府与公众之间的距离,给予公众充分的尊重,树立良好的政府形象,但也存在操作起来工作量大、不易进行指导和监督等缺点。

六、规范评估流程

政府应急信息公开绩效评估是一个持续的动态过程,是一种有目的、有组织、有计划、按步骤有序进行的管理活动。其流程是否规范合理直接关系绩效评估的质量和有效性。绩效评估的流程是绩效评估的严密组织与具体实施的过程,应慎重对待,合理安排,确保其规范性和可操作性。政府应急信息公开绩效评估的流程主要包括前期准备阶段、具体实施阶段、结果公开与运用阶段三大环节,环环相扣,相互影响,共同影响着绩效评估的实施。

(一) 评估前期准备

前期准备阶段,是在政府应急信息公开绩效评估实施之前,相关主体为确保评估活动的顺利开展所进行的一系列准备工作,以明确评估重点,抓住评估关键,是保证绩效评估卓有成效的关键。具体而言,前期准备应完成以下四个任务:

（1）成立评估小组。评估小组是绩效评估活动的组织者和管理者，是保证评估有序开展的组织保证。虽然评估小组的某些成员可能同时也充当评估主体的角色，但评估小组并不等同于评估主体，它由绩效评估的利益相关者组成。一般而言，评估小组的组长通常由突发事件事发地政府应急管理办公室的领导或资深工作人员担任，也可以是应急信息公开领域或政府绩效评估领域的专家。组员应包括事发地政府或相关单位的领导和工作人员，领域内研究者或实践专家，公益性组织代表和群众代表等人员。评估小组主要担负两个职责：①制定评估方案和计划。在全面细致的调查研究的基础上，制定具体详细的评估方案和计划，确定评估的工作周期和人员分工，明确评估的各环节工作要求和操作规则。②指导评估工作开展。推动评估工作的具体实施，确保将评估方案和计划传递至每个工作人员，监督评估工作环节的具体进展情况，及时发现并纠正偏差。

（2）制定评估方案。评估方案是政府应急信息公开绩效评估的指南针和行动纲领，是政府部门与各相关主体就绩效评估的实施目标和环节所达成的共识。评估方案的制定需建立在全面调研的基础之上，并保证公众、媒体及其他相关者的充分参与，广泛征求和吸纳社会各界的意见和建议，确保方案的可行性和可操作性。具体而言，评估方案应包括六个方面的内容：①评估活动的性质及要求，即明确将要开展的活动是什么，有什么要求；②评估活动的目的及原因，即明确评估所要达到的目的，解释原因，以获得各方支持；③评估活动的起止时间，即什么时候开始，什么时候结束；④评估活动的地点，即评估实施的地点和场所；⑤构建评估体系，即明确评估主体、评估内容、评估指标、评估标准、评估方法等各项具体内容；⑥评估人员调配，对评估资源进行合理分配和使用，明确职责。

（3）收集绩效信息。客观全面的绩效信息是开展政府应急信息公开绩效评估的主要依据，也是一项基础性工作。信息的收集是较为费力耗时的工作，应调动各方力量共同参与。一方面，事发地政府应急管理部门承担着应急信息公开的职责，其在事件发生发展过程中公开了哪些信息都是有迹可循的，应承担绩效信息收集的主要任务，将所公开的信息内容、时间、数量等制作成详细的表格，供评估主体使用；另一方面，媒体作为应急信息公开的补充者，在一定程度上也承担着应急信息公开的职责，媒体也可以统计其所公开的应急信息，注意其与政府所公开的应急信息的出入，并收集有关专家、群众等关于应急信息所发表的评论,汇总成册,供评估主体使用。公众则主要起辅助作用,查漏补缺,补充和完善政府与媒体在绩效信息收集方面的不足。

(4) 培训评估人员。政府应急信息公开绩效评估的主体较为广泛,具有多元性特征,各主体的知识结构、经验积累、评估能力等参差不齐,一定程度上影响着绩效评估的信度和效度。因此,有必要对评估人员进行培训。培训内容包括评估信息收集方法的培训、减少评估误差的培训、评估指标和评估方法培训等,通常可采用组织培训班、制作培训视频、召开座谈会等方式进行。通过培训,一方面使各个评估主体认识到绩效评估对于政府应急信息公开工作的重要作用,认识到自身在整个评估活动中的重要地位和作用,正确理解评估目标;另一方面使各个评估主体加深对评估指标、评估标准的理解,掌握正确的评估方式方法,减少评估误差。

(二) 评估具体实施

评估具体实施阶段是整个绩效评估活动的核心环节,是指各个评估主体按照评估体系,根据评估指标,参照已收集到的评估信息和资料,运用评估方法,对政府部门在突发事件应急管理过程中的应急信息公开整体表现进行考察和评价,并做出评估结论的一个关键阶段。这一过程主要包括述职评议、评估打分、信息汇总三个环节。

(1) 述职汇报。召开政府应急信息公开绩效评估会议,组织各评估主体和相关人员参加。由事发地政府应急管理部门进行述职汇报,陈述自身在突发事件发生发展过程中的应急信息公开履职情况,向各评估主体汇报工作实际绩效。述职汇报应突出重点,抓住关键,有理有据,详细充实,具体内容应包括是否制定了应急信息公开制度或岗位职责、公开了哪些信息、具体的信息数量、采用了哪些渠道和方式、信息公开的时间和更新频率如何、是否完成了预定目标、对应急管理起到了什么作用、有什么贡献等,都要真实无误地反映出来。述职汇报可采取书面述职或口头述职两种方式,口头述职宜结合 PPT 等形式进行,力求形象直观。无论采用哪种方式,最后都应形成书面报告,印发给各评估主体,作为了解应急信息公开工作情况并进行评估打分的重要依据。

(2) 评估打分。评估打分是各评估主体按照政府应急信息公开绩效评估的指标体系,逐项对照,对每一项指标给出分数的过程。一般而言,主要分为自评打分与他评打分两种方式。自评打分,是指事发地政府应急管理部门根据应急信息公开的绩效目标和岗位职责，对自身的应急信息公开实际工作情况进行自我鉴定、自我评价。自评时须秉持严肃认真的态度，摒弃主观影响，一切从实际出发，根据所叙述的事实合理引出评价，按照评估指标逐项打分，不可因追求自身利益夸大成绩，也不可过分谦虚缩小成绩，并正确处理好问题与成绩之间的关系。他评打分，是指除事发地政府应急管理部门之外的其他主体，即上下级政府、公众、媒体、第三方机构等，根据已掌握的评估信息，按照评估指标，对应急信息公开的表现进行评分。他评打分的主体具有多元性，评估视角不一，须坚持实事求是的原则，不能凭借个人的主观好恶打分，也不应受其他评估主体的影响，要以自己的实际感受和评估资料为基础，作出客观公正的评价。

（3）确定等级。将各评估主体的打分表进行回收，汇总后提交给评估小组，由评估小组指定专门人员对打分数据做出统计，运用数学方法计算出最后的总分，确定等级。具体而言，绩效评估的等级确定应包括三个基本步骤：①根据评估指标和评估标准，对各评估主体的打分逐一统计，并计算出各指标的分数；②根据各指标所设定的权重，将各指标的得分进行加权计算，形成绩效评估的总分；③对评估结果进行审计与复核，确定结果的准确性，确定绩效等级。

（三）评估结果公开与运用

评估结果的运用是政府应急信息公开绩效评估整个程序中至关重要的一环，也是突发事件应急信息公开绩效评估的动力来源。评估结果的及时公开和有效转化，对于充分发挥绩效评估的功能及作用，促进绩效评估体系的完善具有极为重要的作用。如果只是关注评估行为，忽视评估结果的有效运用，评估活动结束后就将其抛诸脑后，那绩效评估也就毫无意义可言。

（1）评估结果的内容与公开。政府应急信息公开绩效评估的结果主要是通过评估报告的形式体现出来，评估是一个知识发现和探索的过程，为了提高其规范性，需要对评估报告的格式和内容作出一定的规定和要求。政府应急信息公开绩效评估报告的内容结构可分为三大部分：第一部分为导言。首先，对突发事件的基本情况进行描述。包括事件发生的时间、地点、危害程度、伤亡情况、波及范围、政府所采取的措施等内容。其次，对此次评估的过程进行介绍和描述。包括评估的基本流程、评估所采取的方法，所得到的结论。第二部分为评估的具体内容。这一部分是评估报告的主体。首先，描述突发事件应急信息公开绩效评估的各项指标进行详细评价和打分的过程，呈现最终得到的总分及结果，是对整体绩效进行判断和评价的具体说明；其次，对评估过程中发现的问题和有争议的内容进行论述和说明，要求详细具体，条理清晰，有理有据。第三部分为提高绩效的建议和措施。主要是针对评估的结果，总结突发事件应急信息公开的经验，同时提出问题，吸取教训，并对症下药，提出改进措施和解决方案。

评估报告撰写完毕后，应提交给评估的组织者——事发所在地人民政府，进行存储和备案。评估的组织者应将报告递交上级人民政府进行核查和验收，同时选择适当的时机将评估报告以公告栏或网上发布的形式向社会进行公开，接受社会公众的检验，并及时注意公众对评估报告的评论和反馈，倾听公众的意见和建议，不断提高政府应急信息公开绩效评估的能力与水平。

（2）评估结果的有效运用。评估结果是政府应急信息公开绩效评估活动的成果体现，其是否得到有效利用直接影响绩效评估的成效。

第一，评估结果是优化应急信息公开工作的重要依据。依据评估报告，逐项逐条分析突发事件应急信息公开工作的现状，判断政府在突发事件情境下的信息公开工作是否完成了预期目标，与预期目标相比尚存在多大差距；进而对绩效评估的各个程序和环节进行深入剖析，总结成功的经验，找寻问题及漏洞，分析问题成因，并提出有针对性的具体对策措施和建议，为制定下一轮的政府应急信息公开工作计划提供必要的依据，推动应急信息公开工作和应急信息公开绩效评估工作不断改进，整体优化。

第二，评估结果是实施奖惩和问责的重要依据。一方面，根据绩效评估结果，按照绩效等级高低奖优罚劣。对于表现优秀，绩效显著的单位，经核查批准，由主管上级进行嘉奖或表扬，并给予一定的物质奖励；对于那些绩效不佳、应急信息公开不力的部门，要给予相应的惩罚措施，责令整改。另一方面，评估结果可与行政问责相挂钩。对于工作人员在职责范围内，由于种种原因，不正确履行应急信息公开职责，贻误突发事件应急管理工作，损害公众的知情权等合法权益，造成重大不良影响和后果的行为，要依法进行责任认定和追究，以此作为警示。

第三，评估结果是公众监督政府应急信息公开工作的重要媒介。一方面，公众可将评估结果与其直接感受到的政府应急信息公开的服务态度、服务内容和服务质量进行客观比对，监督评估结果的客观性和可信度，防止结果造假;另一方面,公众将现阶段的评估结果与以往情况进行对比,以此来判断政府应急信息公开绩效是否有所提高、是否达到了预定标准,是否满足了公众的应急信息需求,以此对政府应急信息公开的权力加以监督,促使政府行政更为公开透明,科学合理。

第三节 加强政府应急信息公开绩效评估的几点思考

客观公正的绩效评估能有效改进政府应急信息公开工作,塑造良好的政府形象,缩短政府与公众之间的距离,帮助政府共同应对突发事件。由于诸多因素的影响,政府应急信息公开绩效评估的实施还面临着一系列的困难和挑战。为了提升政府应急信息公开绩效评估的能力与水平,政府有关部门还需要加强以下几个方面的工作。

一、加强配套制度建设,为政府应急信息公开绩效评估工作提供制度保障

鉴于政府应急信息公开的重要作用,对其开展专项绩效评估已成为既定事实和发展趋势。然而目前我国政府应急信息公开绩效评估尚处于起步阶段,政策制度的缺失是制约其发展的主要障碍。加强绩效评估配套制度的建设迫在眉睫。完善配套制度,是树立绩效评估权威性的重要步骤,不仅能从制度层面解决评估权问题,还能优化评估主体,规范参与者的评估行为,是政府应急信息公开绩效评估有序发展的依据和保障。

(一) 健全绩效评估工作制度

英国、美国等西方发达国家极其重视绩效评估。早在20世纪90年代就颁布了相关的政府绩效评估制度,规定政府各部门每年都要开展绩效评估工作,并要求有专门的评估机构、人员和固定的评估流程。近些年来,绩效评估也逐渐为我国理论界和实务界所接受,但我国政府的绩效评估是依据上级政府的文件要求和上级领导的重视程度启动和开展的,缺乏绩效评估工作制度的指导和保障。为此,有必要建立政府应急信息公开绩效评估工作制度,将评估的目标、主体、范围、程序和方法等以制度的形式固定下来,实现政府应急信息公开绩效评估工作的规范化与科学化。

实际上,绩效评估在很大程度上具有通用性,工作制度的规定范围也可

适当扩大化，可在信息公开绩效评估工作制度当中体现，或在突发事件应急信息公开绩效评估工作制度中体现。但无论以何种形式体现，都应当包括两部分内容：一是明确政府应急信息公开绩效评估的目的和意义。这要求一旦发生了突发事件，政府就应当在事后进行绩效评估，并将评估结果作为评判政府应急管理能力与效果的重要指标，以此来促进突发事件应急信息公开绩效评估的常态化。二是明确突发事件应急信息公开绩效评估的活动要素。多元化的评估主体、科学合理的评估指标、规范的评估程序、评估方法的选用、评估报告的撰写，等等，都需要以制度的形式固化下来，方便评估工作的开展，促进其有序发展。

(二) 建立反馈与申诉制度

突发事件应急信息公开绩效评估是一个双向互动的过程。"以人为本"是其基本的价值取向，建立绩效评估反馈与申诉制度，不仅能促进评估各相关主体之间的相互交流，保证评估的公正性和有效性，还能提高评估主体与评估对象参与的积极性，促进评估权力的合理使用，保证评估的科学性和客观性。

突发事件应急信息公开绩效评估反馈制度，是指评估主体将参与过程中存在的疑问、发现的问题、政府应急信息公开工作存在的不足及漏洞，对评估工作或应急信息公开工作的意见建议以及其他一些有价值的信息等进行归纳汇总，通过一定的方式反馈给评估对象。这正是评估主体和评估对象两者之间双向沟通的具体表现，直接影响着评估目标的实现和评估结果的公正性。然而一个完整的反馈过程并不单是评估主体的"给予"，还要包括评估对象的"接收"，政府有关部门需要接收和理解评估主体的反馈信息，并作出回应。认真对待评估主体提出的各项问题和意见，具体问题具体分析，对意见认真采纳，根据公众及其他评估主体的意志对工作进行调整和改进，从而调动评估主体的积极性，促进评估目标的实现。

政府应急信息公开绩效评估申诉制度，是指评估对象（政府应急信息公开部门）认为评估主体行为不当，滥用评估权力，或者对评估结果有异议、认为其不符合实际情况时，可对评估或有关部门提出申诉，要求进行处理，纠正偏差，给出答复，以维护评估结果的公正性和有效性。[1] 政府应急信息

---

[1] 陈娟："地方政府应急管理绩效评估制度环境培育路径"，载《科技创业月刊》2015年第3期，第42~44页。

公开绩效评估工作是一项系统工程，评估主体的多元化性质造成了评估视角的多样化，不同的领域和背景可能会带来各种矛盾，出现各种问题。如果缺乏相应的纠错制度，势必会影响评估结果的客观性。而评估结果得到合理运用的基本前提条件是保证其客观公正性，并能为评估对象所接受。绩效评估申诉制度，实际是评估对象对于评估主体不当行为的救济权，纠正评估过程中的错误和偏差行为，防止评估权力滥用，维护评估对象的正当权益，保证评估活动的公正性，促进评估结果的合理运用。

(三) 完善问责与激励制度

政府应急信息公开绩效评估结果具有问责与激励的双重作用。一方面，它就像悬于政府应急信息公开工作人员头上的利剑，督促他们提高民本意识和责任意识，心存敬畏，真正做到依法行政，为民做实事；另一方面，它也像置于政府应急信息公开工作人员面前的"甜点"，能有效激发他们的积极性，引导他们树立正确的行政理念，促进应急信息公开能力与水平的提高。

所谓政府应急信息公开绩效评估问责制度，是指在保证评估结果客观公正的前提下，根据评估结果所反映出来的问题，对政府部门及其工作人员的失职失责行为进行责任追究，迫使其接受并作出相应的调整。从某种意义上而言，绩效评估是突发事件应急信息公开失责行为的发现工具。突发事件应急信息应公开而未公开、公开不及时不全面、未对公众的信息公开申请作出及时处理、因应急信息公开不力而给公众或应急管理造成危害的情形，都属于失职行为，应当承担相应的责任。问责制度应当明确突发事件应急信息公开的违规情形，并对情节严重等级和具体问责的方式作出规定。情节轻微的，进行通报批评并责令整改；情节较为严重的，进行诫勉并承担行政责任；情节极其严重，构成犯罪的，承担刑事责任。

所谓政府应急信息公开绩效评估激励制度，是指在保证评估结果客观公正的前提下，根据评估结果的优劣等级，对绩效显著、表现优秀或者进步较大的政府部门及其公务人员进行嘉奖，对政府应急信息公开工作取得的成绩给予肯定和支持。绩效评估是衡量政府在突发事件应急信息公开工作中实际表现的工具，既能暴露问题，也能发现优点、体现成绩。政府应急信息公开积极主动、客观全面，能够满足社会对应急信息公开的需求，有效地降低突发事件的危害和损失等，都是应急信息公开工作做得好的表现，应当进行激励。激励制度必须建立在公平公正的基础之上，明确突发事件应急信息公开的激励条件,并对具体的激励措施进行规定,如设置工作优秀奖、通报表扬、以资鼓励等,以增强政府部门应急信息公开工作的积极性。

(四)构建绩效评估监督制度

政府应急信息公开绩效评估工作的开展,如果缺少严密的监督与管控,有可能出现操作方面的漏洞,加大评估误差,影响绩效评估的有效开展和评估结果的客观性。因此,政府部门及相关主体要深化对绩效评估监督与管控的认识,强调其重要性,并着手构建绩效评估监督机制,对评估权力和评估活动加以监督制约,防止权力腐败,减少误差,保障绩效评估的公平公正公开,促进绩效评估工作健康有序发展。

(1)内部监督与外部监督相结合。根据我国政府应急信息公开绩效评估的价值取向和特点,结合应急信息公开的现状,绩效评估监督可采用多种方式进行,既要有内部监督,也要有外部监督。内外结合,需要科学界定与合理配置各监督主体的职责与功能,以取长补短,达到防止监管缺位,形成强有力的全方位监督网络,规范评估活动的目的。

内部监督的主体存在于政府内部,实际上就是政府应急信息公开职能部门的自我监督,也包括上级部门和下级部门的监督,是自律形式的体现,内部监督的方式更为方便灵活,监督范围也更宽广。自我监督,是指政府就应急信息公开绩效评估这一活动的开展进行自我约束,严格按照规定行事,不投机取巧,不敷衍了事,督促自己认真对待。鉴于自我监督具有自发性和随意性,但也更为及时,可迅速对不当行为作出纠正;上级政府监督实际就是主管监督,上级政府参与了本级政府应急信息公开绩效评估体系的构建,也对其实际情况了如指掌,监督起来自然更加得心应手,这种监督更为有力,对于违规操作的人员,上级政府也有权对其进行惩罚。外部监督的主体是在政府应急信息公开职能部门外部,是他律的体现。相对于政府应急信息公开绩效评估内部监督而言,外部监督也是一种重要而有效的监督方式,主要包括权力机关监督和社会监督。权力机关监督是最主要和最有力的监管方式,通常由本级人民代表大会等权力机关通过设立突发事件应急信息公开绩效评估监管小组来具体执行。权力机关具有监督管控的权力,能够对绩效评估过程中的违法违纪、操作不当等行为进行及时处理和纠正,营造公平公正的评估氛围,建设公平公正的评估环境。社会监督是一种包括公民、媒体、社会团体等在内的民主监督形式,它的出现是由突发事件应急信息公开服务的特殊性和评估主体的多元性决定的。公民、媒体等参与评估监督，能及时发现损害公民利益的评估行为，形成对绩效评估的外部压力，充分保障公民合法权益，形成开放、民主的评估环境。此外，还可充分运用电视、网络、微博多种等渠道来加大宣传力度，营造良好的评估工作氛围。

（2）过程监督与日常监督相结合。根据监督的内容，政府应急信息公开绩效评估监督按又可分为过程监管和日常监管，监督的对象主要包括评估主体与评估对象两个方面。一般而言，过程监督需要与日常监督相结合，共同发力，方能最大限度发挥对政府应急信息公开绩效评估的监督管控作用。

过程监督，即要对政府应急信息公开绩效评估开展过程的各个环节和程序实施全过程监督，包括制定评估计划、构建评估体系、开展评估活动、评估结果的产生和运用等，也就是对评估前的准备工作、评估实施中的过程行为、评估结束后结果的公开和运用三个大环节进行监督。过程监督关注的是评估主体和被评估者的行为，包括评估主体的评估行为是否规范适当，是否存在弄虚作假、投机取巧的嫌疑；被评估者是否积极主动配合评估，是否存在抵触对抗情绪；评估流程是否合理完整，是否过于简单或过于复杂；评估结果是否真实有效，是否对外公开，是否得到充分运用，运用情况如何，等等，确保政府应急信息公开绩效评估整个过程的合法性与规范性。

日常监督则深入到日常的具体性、事务性层面，主要包括评估主体资质监督、评估信息监督、内部管理监督三个方面的内容。评估主体资质监督主要是判断各评估主体是否具有评估资格，包括评估主体的组成结构、专业水平、能力经验、诚信名誉等，如果评估主体是机构性的，还应当对其内部管理是否规范，制度是否健全，设施设备是否齐全，技术资金是否供应充足，软件系统和数据库是否完备等方面进行鉴别。评估信息监督则是对获取的评估信息的真实可靠性，以及信息加工、处理和传递的正确性和合理性进行监督，通过控制评估信息的真实可靠来保证评估结果的真实有效。内部管理监督关注的是评估对象内部的制度建设、评估环境是否到位等，确保营造良好的政府应急信息公开绩效评估环境。

二、推进公众参与，夯实绩效评估群众基础

公众是突发事件应急信息公开最庞大、最直接的服务对象。绩效评估的开展归根结底是为了公众，但也要依靠公众，需要鼓励公众充分参与其中，

使得社会公众在意识上接受、行为上参与到实施过程中来，进而壮大评估力量，保证评估的客观性和有效性，促进其健康发展。这就要求在政府应急信息公开绩效评估中，考虑将公众纳入评估体系，正确选择公众参与评估的方式，并创造条件，通过增强公众的参与意识、提升公众的参与能力等方式来保障其知情权和参与权。

（一）转变观念，正确选择公众参与方式

一般而言，公众基于突发事件应急信息公开服务的接受者或应急信息的需求者角度，对政府在突发事件应急信息公开的服务质量和水平有着最为直观的感受，能够对突发事件应急信息公开的实际表现和工作情况作出更为客观地评估。而且公众作为纳税人参与绩效评估，能够增强政府的责任意识，促使政府作出有利于公众的举动。但也需要对公众参与绩效评估保持清醒和正确的认识，理性对待其在评估中的地位和作用，以免过犹不及。

首先，更新观念，加深认识。长期以来，受官本位思想的影响，一些政府官员忽视了公众参与的重要作用。实际上，政府应更新观念，加深对公众参与绩效评估的认识，政府应急信息公开若能使大多数公众受益，就可获得大多数公众的积极评价；而另一小部分的消极评价能充分反映出应急信息公开存在的问题，从而促使政府认清现实，对症下药，改进工作。其次，正确选择公众参与方式。公众参与绩效评估是必然的，但却不能随意和盲目，只有选择恰当的公众参与方式，才能充分发挥其作用。具体而言，对于自发参加评估的公众，即在政府有关部门的倡导下自愿加入的公众，人数较多，一般采取信件、电子邮件、电话或其他网络途径参与；对于政府经过调查指定的部分公众，或政府随机抽取的公众，则一般采取召开评估座谈会、发放调查问卷等方式参与；对于包括公众在内的综合评估主体，则需要集中起来，与其他评估主体一起，共同参与。

（二）开展宣传与教育，增强公众参与意识

近年来，随着突发事件的频繁发生和经济社会的发展，公众的权利意识不断增强，但对于大多数公众，尤其是处于社会中下层、受教育水平不高的群众而言，由于传统保守观念的束缚，大部分公众认为"多一事不如少一事"，参与绩效评估的意识仍然十分淡薄，积极性不高，严重影响其在评估中作用的发挥。在这种情况下，开展宣传教育，增强公众的参与意识势在必行。

首先，拓宽途径，广泛宣传。信息技术的日新月异极大地丰富了政府应急信息公开绩效评估的宣传方式,为增强公众的参与意识提供了多种途径。政府可充分利用报纸、杂志、广播、电视、网络等传播媒介,结合发放公众参与手册、设置公告栏等传统方式对公众参与的地位和作用、公众在评估享有的权利、应当履行的义务等进行广泛宣传,以此来营造一个良好的公众参与环境,给公众以明确表示,使他们觉得自己是被需要的,被重视的,促进公众理性心理的培养,引导公众树立主人翁理念,增强参政议政意识,进而提高公众参与政府应急信息公开绩效评估的积极性和主动性。其次,大力加强各种形式的培训教育。社会公众的受教育水平和媒介素养直接影响公众参与意识的强弱,正规的学校教育、参加工作后的继续教育,都是提高公众参与意识的重要途径。教育的目的是增加知识积累,培养主体意识和强化社会责任,[1]教育过程中可通过实际案例将公众参与评估和实现自身合法权益相联系,使公众认识到参政议政是维护自身利益的重要途径,从而增强他们的参与意识。

(三) 加强培养与训练,提升公众参与能力

公众的信息素养和能力是其参与绩效评估的基础,是保证政府应急信息公开绩效评估顺利开展和评估结果客观公正的基础。我国的绩效评估实践起步较晚,公众参与无论是在理论知识上还是实践经验上,都存在明显的不足,公众的参与能力普遍较低,缺乏绩效评估的专业知识和技能是公众参与评估的主要障碍。这就要求政府有关部门采取适当措施,加强培训,提升公众的参与能力。

首先,关于政府应急信息公开绩效评估知识的培训。一方面,政府部门可将评估的相关知识以专题形式通过网络、电视新闻、评估手册的方式传递给公众,这种方法一般适用于参评公众数量较为庞大,或参评公众尚未确定的情况。另一方面,在确定参评公众之后,政府聘请绩效评估学者或专家定期或不定期地举办评估讲座或培训班。培训内容应根据参评公众的实际情况灵活设置,力求通俗易懂,使公众认识到应急信息公开绩效评估的重要作用,认识到自身参与评估的重要作用,并掌握相关的评估方法和基本的沟通技能,熟悉评估流程。其次,关于减少评估误差的培训。对公众进行培训的另一个重要的目的是告知他们评估可能会产生的各种误差,并要求掌握减少误差发

---

[1] 张玉水:"地方政府绩效评估公众参与研究",东北大学2009年硕士学位论文,第24页。

生的方法。在培训课程中，培训者可提供一些反映政府应急信息公开实际工作情况的数据资料，如以视频或文字方式呈现，要求公众对其进行模拟评估，然后培训者将公众的评估结果进行展示和分析，对其中出现的问题和误差——进行分析和解释，加深公众对评估误差的印象，尽可能避免评估误差的发生。

三、吸纳各方力量，加大绩效评估支持力度

政府应急信息公开绩效评估同其他许多公共管理活动一样，需要强大的支持力量和充足的资源保障，才能可持续发展。事实上，许多第三方评估机构就由于制度缺失和资金人才缺乏等原因而面临发展困境。要想营造良好的绩效评估环境，创造良好的评估条件，促使政府应急信息公开绩效评估可持续发展，不仅要强化政府支持，给予必要的资源保障，还要充分吸纳学术界的力量，为其发展提供理论指导，同时积极争取新闻媒体的支持，加大宣传力度。

（一）强化政府支持

政府应急信息公开绩效评估是一项专业性强，并具有一定规模性与周期性的专项活动，应急信息公开基础设施建设、聘请专家培训讲座或研讨制定评估方案、评估指标体系的设立和权重设定计算、培育支持第三方评估机构等，都离不开政府的投入。政府应转变观念，充分认识和理解政府应急信息公开绩效评估的重要作用和意义，克服传统陈旧观念束缚，以积极开明的态度接受并为应急信息公开绩效评估的开展做好各项准备，对政府应急信息公开绩效评估予以鼓励和支持。首先，加大资金投入。政府除了在财政预算中保证突发事件应急信息公开绩效评估的资金供应之外，还可以充分利用社会力量，聚集社会资金，免除资金短缺之忧。此外，注意资金的管理和使用效率，确保"每一分钱都花在刀刃上"。其次，满足人才需求。政府有关部门可充分借助公务员制度这一平台，明确用人要求，招收具有学科背景的专业人才，也可聘请评估专家举办培训班，丰富相关人员的专业知识和素养，掌握评估技能。最后，鼓励技术研发与应用。政府有关部门应积极关注绩效评估技术，学习借鉴国外先进经验或其他领域的评估技术知识；同时鼓励内部人员利用丰富的信息资源加强技术研究，并积极与科研机构或高校合作，优势互补，不断探索政府应急信息公开绩效评估的新技术、新方法。

（二）吸纳学界力量

就学术层面而言，主要是加强政府应急信息公开绩效评估理论研究，形成系统科学的理论知识，为实践提供必要的智力支持。虽然有越来越多的专家学者加入了政府绩效评估和应急管理绩效评估研究的队伍，却缺乏对政府应急信息公开绩效评估的专门或系统研究，具有中国特色的突发事件应急信息公开理论体系尚未形成，导致绩效评估实践缺乏必要的理论指导。基于此，学术界应开辟新视角，积极主动进行政府应急信息公开绩效评估理论研究。为了避免理论研究与实践工作脱节，学者们需要深入一线，广泛调研，实地考察，在了解实际情况掌握大量可靠数据的基础上进行深入研究，提出适用于我国应急信息公开具体实际的评估程序、评估方法，并构建完善的评估体系。政府应急信息公开绩效评估体系应着重解决以下几个方面的问题：一是概念内涵等基本理论问题，评估的开展首先必然要对其基本理论方面的知识进行全面正确地了解，这是要解决的首要问题；二是评估主体构建和指标设计问题，评估主体和评估对象是整个评估体系中最重要的组成部分，尤其是指标设计和权重设置，更是研究的重中之重；三是公众参与问题，以人为本、公众参与是政府应急信息公开绩效评估的价值取向和基本特征，更是决定绩效评估客观性和有效性的关键因素，需要提出切实可行的参与方法和途径。

（三）争取媒体参与

在政府应急信息公开绩效评估过程中，媒体就是政府内部与社会公众之间的"传声筒"，作用不容小觑。绩效评估，尤其是政府应急信息公开绩效评估，要积极争取媒体力量的加入，并将这股力量贯穿至整个评估活动，促进其顺利实施。首先，媒体可为政府应急信息公开绩效评估"造势"。新闻媒体是信息的主要发布者和传播者，具有传播范围广、传播速度快等优势，在绩效评估开展之前，政府可通过召开新闻发布会等形式吸纳媒体的参与，充分利用它们的优势，对政府应急信息公开绩效评估进行宣传和报道，向公众传播绩效评估的目的和意义，告知公众参与评估的渠道，营造良好的舆论环境和氛围，展示政府愿意与公众亲近及改进自身工作的决心和诚意，激发公众的主人翁意识，调动其参与的积极性。其次，媒体可监督政府应急信息公开绩效评估实施过程。在评估过程中，媒体可进行全程播报，便于公众了解评估活动的进展，协调政府与公众的关系，引导社会舆论，促进双方信息交流，发动公众配合评估活动的开展。媒体能监督评估主体的行为正确与否，及时纠错，促进政府评估工作不断改进。最后，媒体可公开评估结果，并监督其运用。评估结束后，媒体可以督促政府将评估结果向社会公开，便于公众衡量比对，并辨别结果是否客观真实。此外，对于评估结果的运用情况，媒体也可以进行监督和报道，充分促进评估的公开化和透明化，增强评估结果的信度和效度。

四、加强技术运用，强化绩效评估技术支撑

政府应急信息公开绩效评估这一过程，实际上也是评估主体对政府应急信息公开工作绩效信息进行观察、收集、整理、存储、组织、加工、评价及反馈的过程。加强技术运用，强化绩效评估技术支撑，不仅可以为评估主体提供评估所必需的信息数据，提高绩效评估信息处理的效率，还有助于实现评估的公开透明，便于社会各界对其进行监督与评价，保证评估结果公正有效。

（一）建立信息收集处理网络

评估资料和绩效信息的质和量在很大程度上决定着政府应急信息公开绩效评估的质量，而绩效信息的全面性、真实性，以及信息收集处理的效率则影响着绩效评估的信度和效度。在传统的行政管理体制下，政府部门掌握着绝大部分的绩效评估信息，并控制着信息的传递和流向，绩效信息难以实现充分的共享，外部评估主体与内部评估主体之间存在着信息不对称现象。为了克服这种信息差，实现绩效信息的高效收集、处理和传递，政府部门应当充分借助先进的信息网络技术，建立信息收集处理网络。

（1）建设绩效管理数据库。政府应急信息公开绩效评估只属于政府绩效评估工作中的一小部分，可以考虑将其作为全国性的绩效管理数据库当中的子库。政府相关部门可以考虑组建一支绩效评估专门团队，借助现代化通信技术和信息网络技术，拓宽绩效信息收集的方式和渠道，将所获取的绩效信息进行统计汇总，建立评估信息数据库，由专人负责管理和维护，方便社会各界查询利用，实现绩效信息的快速收集、有序存储和高效传递。

（2）加强信息的分析和处理。评估主体需要对评估资料和绩效信息进行分析，辨别真伪，分清主次。信息分析包括两个方面：一是分析哪些信息是开展绩效评估所必需的，哪些是无关紧要的，无用信息可直接剔除；二是分析哪些信息是真实的，哪些是虚假的，工作人员可通过查询记录，或者与自

己的直接感受比对，或者询问信息提供者等方法来进行辨别。关于信息处理，则可利用计算机网络技术或信息处理软件将政府应急信息公开绩效评估所需要的一些计算量大、分析过程复杂的数据信息进行技术处理，如权重设置，评分计算等，以节省绩效评估时间成本，减少人为处理带来的误差，提高信息处理效率。

（二）建立评估信息沟通平台

政府应急信息公开绩效评估是一项需要多方参与的活动，信息顺畅和有效沟通是绩效评估顺利开展的关键所在。加强相关主体在评估体系构建、评估开展实施、评估反馈改进等各环节的信息交流与沟通，有助于合理把握评估目标，增强绩效评估的客观性，减少评估过程中的偏差和失误，及时处理评估过程中出现的问题，推进评估进程。因此，政府应不断更新观念，推陈出新，构建有效的绩效评估信息沟通平台，实现绩效信息的充分共享和常态化沟通。

首先，绩效评估信息沟通平台可与电子政务平台接轨，充分把握电子政务建设这一契机，以其为依托，纳入电子政务大网络环境。换言之，政府可在其门户网站上开辟政府应急信息公开绩效评估专题版块，将评估相关的事项、环节、信息等公布于众，并设置沟通反馈渠道，实时关注动态，让更多的利益相关者参与绩效评估沟通环节，为评估的实施提供宝贵的建议，促进政府与社会公众、其他组织团体之间的双向互动，增进相互之间的了解。其次，政府也可通过发布会、听证会、座谈会以及调查走访的形式拓宽公众等评估主体参与的渠道，促进信息的协调沟通，充分听取和广泛收集来自社会各界的意见。最后，还应注重政府内部的信息沟通，做好相关工作人员的思想工作，防止出现抵触排斥情绪，并争取得到他们的理解、支持和参与。评估结束后，将绩效评估结果予以公开，并详细说明其运用情况，接受社会的监督和反馈，政府内部可就评估结果召开工作会议，交流心得体会，使工作人员充分认识目前政府应急信息公开工作现状及存在的不足，并据此制定绩效改进计划，以促进绩效评估工作长效发展。

第七章 结论与展望

本书是国家社科基金一般项目"重大突发公共事件的政府应急信息公开研究"的最终成果。自 2011 年立项以来，课题组运用文献调查、网络调查、问卷调查等方法，获得了一定数量的相关文献与现实数据，并先后赴湖南省人民政府应急管理办公室，长沙市、湘潭市、永州市、岳阳市等各级有关政府部门进行实地调研，获得了不少宝贵的一手素材。在此基础上，综合运用比较研究、系统研究等方法，围绕政府应急信息公开的理论依据、价值取向、原则要求、基本现状、主体与方式、平台构建、绩效评估等问题展开研究，完成了课题规划的基本任务，达到了预期目标。本章主要对项目研究进行简要总结，并对未来进一步的研究方向进行展望。

第一节 基本研究结论

结论一：政府应急信息公开，要追求及时、准确、全面、经济、高效等价值取向。

政府应急信息公开工作的开展，要追求及时、准确、全面、经济、高效等价值取向。追求及时价值取向，即要使政府应急信息在第一时间为有关社会公众所获知，不错失良机，以便推进服务型政府建设；追求准确价值取向，即要保障信息的权威性与真实性，体现政府的公信力，以便推进责任型政府建设；追求全面价值取向，即要使政府应急信息在法律法规的范围内尽可能全部公开，最大限度地为公众所知晓，以便推进阳光型政府建设；追求经济价值取向，即要保障有关部门及人员以最小的成本获取所需政府应急信息，以便推进节约型政府建设；追求高效性价值取向，就是要积极利用现代信息技术，保障政府部门能够高效发布信息，有关机构及人员能够高效接收信息，以利于推进效能型政府建设。

结论二：政府应急信息公开影响因素的分析，需要从政府、媒体、公众、突发事件及其处理等不同维度进行考量。

从政府、媒体、公众等角度看，不同应急主体影响着信息公开的行为、手段、方式、能力、质量以及策略选择等。从突发事件本身看，不同类型、级别的突发事件对政府应急信息公开的内容范围、时间要求、方式选择等构成直接影响；从突发事件的处理过程看，政府有关部门应对突发事件的整个过程可以分为预警、响应、善后等不同应急管理阶段，每一阶段的应急管理均离不开信息公开工作，不同应急管理环节所采取的不同措施也是影响政府应急信息公开的一个重要因素。

结论三：政府应急信息公开，媒体是桥梁。

媒体在政府与公众之间扮演着"传声筒"的角色，作用不言而喻。在防范与处置突发事件过程中，作为维系政府和公众桥梁的媒体，某种程度上扮演着政府"代言人"角色，通过传递信息、疏导情绪，发挥积极的引导与动员作用等。在政府应急信息公开工作中，要建立健全政府与媒体的良性互动与合作机制，既要充分发挥媒体在政府应急信息公开中的积极作用，又要采取措施遏制媒体的消极作用，树立起政府权威和媒体的公信力，保证传播链条的畅通无阻，最终实现政府、媒体与公众之间的良性互动。

结论四：政府应急信息公开，平台是保证。

科技是第一生产力。在"互联网+"时代，随着应急管理工作的不断深化，政府应急信息公开工作要积极应用各种现代信息技术手段赋能，充分发挥技术优势，加快政府应急信息公开平台建设，建立起统一高效的应急信息公开平台，形成政府应急信息公开的科技支撑体系，提升应急信息公开平台的价值创造力，从而增强应急信息公开效能。

结论五：政府应急信息公开，机制是根本。

要在坚持和完善《总体预案》《政府信息公开条例》《突发事件应对法》的基础上，不断建立健全政府应急信息公开机制，对应急信息公开的来源、内容、形式、程序、时限、考核、奖惩等方面进行明确规定，严格按制度办事，依法追究信息公开中各种不当行为，确保应急信息公开工作的制度化、规范化和常态化，增强政府应急信息公开工作的主动性、及时性、准确性、权威性、科学性和有效性。

第二节 主要对策建议

根据本课题的调查研究以及理论分析,笔者认为,政府应急信息公开工作的开展,任重而道远,未来需要重点做好以下几个方面的工作:

(1) 切实加强政府应急信息公开工作的组织体系建设,实现政府应急信息公开工作的常态化,为政府应急信息公开工作提供强有力的组织保证。

政府应急管理工作的开展,需要专门的应急管理机构进行组织与管理,政府应急信息公开工作的开展,同样离不开专门的应急信息管理机构。为了实现应急信息公开工作的常态化,保证应急信息公开工作有组织、有计划、有步骤地进行,需要从中央、至省、市、县,建立起四级应急信息管理组织体系,建立健全政府应急信息管理组织机构,并加强应急信息管理人员队伍建设,包括专家队伍、专业队伍、志愿者队伍等,为政府应急信息公开工作提供坚实的组织保证。

(2) 建立健全政府应急信息公开工作的法律制度体系,实现政府应急信息公开工作的规范化、法制化,保证政府应急信息公开工作健康、合法、有序进行。

依法行政的深入推进,客观上也要求依法进行应急信息公开。以法规制度的形式来规范政府应急信息公开行为,从而确保突发事件发生后做到有法可依、有据可循,规范政府应急活动的开展,增强政府的责任感,提高政府应急信息公开的规范化与法制化水平,保障应急工作顺利进行;并且充分保障公民的知情权,实现其对政府应急管理工作的充分参与和对权力的有效监督,防止权力滥用致使公众利益受损,实现依法进行应急信息公开,以此提高突发事件的应对效率。因此,需要明确应急信息公开制度的立法依据,加强应急信息公开的立法工作,进一步完善现有应急信息公开的法规制度,加强应急信息公开的救济制度与监督制度等制度建设,为政府应急信息公开工作的开展提供强有力的法律保障,保证政府应急信息公开工作健康、合法、有序进行。

(3) 要坚持政府在应急信息公开工作中主导地位,确保政府应急信息公开工作的主动性与权威性。

突发事件具有突发性、危害性、影响广泛性等特点。只有坚持政府的主导地位，发挥政府的主导作用，才能动员广大社会力量，众志成城，有效应对各种突发事件。在政府应急信息公开工作中，也只有坚持政府的主导地位，才能充分调动各种媒体的积极性，遏制媒体在突发事件报道中的各种消极作用，防止小道消息蔓延，并保障公民的知情权与参与权等。为此，需要成立专门的应急信息管理机构，配备高素质的应急信息管理人员，加强对突发事件应急信息的采集、分析、加工以及公开等工作，并通过各种权威的渠道对外进行信息发布，实现政府、媒体与公众的良性互动，确保政府应急信息公开工作的主动性与权威性。

（4）不断拓展政府应急信息公开方式，确保公众能够便捷地接收到突发事件应急信息。

政府应急信息公开工作的开展，需要提供形式多样、功能丰富的信息公开方式或渠道，才能使应急信息快捷、方便地被公众所接收。因此，要认真分析每一种公开方式的作用特点、发挥条件，并充分考虑有关公众的信息接收条件与接收能力。要根据事态发生发展的需要，因地制宜采用各种科学有效的信息公开方式。要考虑公众的实际情况，综合运用各种新技术手段，与传统方式相结合，打通应急信息公开与接收的"最后一公里"，满足有关公众对突发事件应急信息的需要。

（5）进一步完善政府应急信息公开平台建设，提升政府应急信息公开的效能。

在"互联网+"时代背景下，如何提升政府应急信息公开的效能，平台是关键。政府有关部门需要根据突发事件应急管理工作的需要，建立起功能完善、技术先进的平台体系。政府有关部门应进一步加强平台建设的统筹规划，做好顶层设计，统一标准，实现平台的标准化、规范化；进一步整合应急信息，实现资源共享，避免应急信息孤岛的出现以及各自为政现象的发生；进一步强化技术应用，积极应用各种现代信息技术，提高平台的技术含量，为应急信息公开工作的开展提供强有力的技术支撑；要进一步规范工作机制，加强平台的日常组织管理与运营维护，通过各种管理制度的建设，使平台切实担负起应急信息流转的枢纽作用。

（6）进一步加强政府应急信息公开的绩效评估工作，增强应急信息公开工作的科学性与有效性。

政府应急信息公开绩效评估是提升政府应急信息公开能力与水平的内在

要求，是公众维护自身知情权、参与权、监督权等合法权益的重要途径。绩效评估能有效改进政府应急信息公开工作，塑造良好的政府形象，缩短政府与公众之间的距离，帮助政府有效应对各类突发事件。为此，要进一步加强政府应急信息公开绩效评估工作的制度体系建设，重点要建立健全绩效评估工作制度、立反馈与申诉制度、问责与激励制度、绩效评估监督制度等。正确选择适合公众参与评估的方式，并创造条件，通过增强公众的参与意识、提升公众的参与能力等方式来保障其知情权和参与权，促进公众的全面参与。吸纳各方力量，加大绩效评估支持力度。要想营造良好的绩效评估环境，创造良好的评估条件，促使政府应急信息公开绩效评估可持续发展，不仅要强化政府支持，给予必要的资源保障，还要充分吸纳学术界的力量，为其发展提供理论指导，同时积极争取新闻媒体的支持，加大宣传力度。此外，还要加强技术运用，强化绩效评估技术支撑。通过建立信息收集处理网络，建立评估信息沟通平台，不仅为评估主体提供评估所必需的相关信息，提高绩效评估信息处理的效率，还有助于实现评估评估的公开透明，便于社会各界对其进行监督与评价，保证评估结果公正有效。

第三节　成果的学术价值和应用价值

本书对政府应急信息公开的研究，有着重要的学术价值和应用价值。一方面，通过围绕政府应急信息公开工作展开专门研究，所取得的研究成果，可以为信息资源管理、公共管理、新闻传播等学科的发展提供智力支持与有益参考，有利于拓展学科研究视阈，有助于丰富与发展政府应急信息公开理论体系。另一方面，通过深入研究政府应急信息公开工作的几个关键问题，针对性地提出一系列对策建议，可以为政府应急信息公开工作提供方法支持与可行性借鉴，从而有助于提升政府应急管理工作的能力与水平，也有利于政府应急信息公开工作的开展。

第四节　研究的不足之处

由于政府应急信息公开工作是一项比较复杂的系统工程，涉及众多的部门与利益，需要解决包括管理问题、技术问题、法律问题以及绩效评估在内的众多问题。研究任务重，压力大。课题组虽然对本课题规划的研究内容展开了专门研究，取得了一定的研究成果，但理论研究的深度与广度还有待进一步挖掘。

虽然课题组运用了各种常见的研究方法，获取了大量数据资料，但是由于事件的敏感性、危害性以及事发现场调研的受局限性，课题组主要在湖南省范围内的政府有关部门开展实地调研，所获取的数据资料，其全面性以及代表性不够，并且由于有些调研数据获得的时间比较早，不一定符合最新的发展变化情况。因此，课题的调研工作也需要进一步加强。

第五节 进一步研究的方向

后续研究可从以下几个方面进行深入：

（1）进一步加强政府应急信息公开基础理论的研究。

正常情况下行政权力的行使与行政职能的发挥，需要信息透明。紧急状态下行政权利的行使与行政职能的发挥，更需要信息公开透明。政府应急信息公开工作的开展，不仅有坚实的理论依据，包括人民主权理论、知情权理论、危机沟通理论、新公共服务理论等，也有强大的法理依据，更是有效应对各种突发事件的客观需要。目前政府信息公开工作的理论研究，取得了长足发展，但总体上还处于起步与探索阶段，标志性成果不多，代表性理论比较缺乏，理论研究的深度与广度有待进一步拓展，亟待加强政府应急信息公开基础理论的研究，为工作的开展提供丰富的理论依据与智力支持。

（2）进一步加强政府应急信息公开工作逻辑架构体系的研究。

政府应急信息公开工作是一项比较复杂的系统工程，所包括的内容非常繁杂，既离不开专门的组织机构统筹规划，也离不开技术的支撑以提高效能，更离不开法制的保障以保证其健康有序进行。本研究基于我国政府应急信息公开的基本现状，在借鉴国外应急信息公开成功经验的基础上，对政府应急信息公开工作的主体、方式、平台、绩效评估等几个关键问题进行了思考，提出了一系列对策建议。但总体看来，这些对策建议比较粗线条，不够深入。随着政府应急管理实践的发展以及政府应急信息公开工作的深入推进，相关理论研究需要进一步丰富完善，并且对政府应急信息公开相关问题的研究应更深入更具体。根据大数据时代发展的客观要求，还需要进一步加强政府应急信息公开工作的逻辑架构体系的研究。

（3）进一步加强基层政府应急信息公开工作的研究。

从政府应急管理的组织体系来看，县一级的政府应急管理机构处在"金字塔"的底层，也是数量最多的基层政府应急管理组织机构。从应对突发事件的实际情况来看，县级政府部门处于各种突发事件应急管理的最前沿，事发所在的地方政府应急管理机构，往往需要肩负起应急管理工作的直接责任，政府应急信息公开亦如此。从应急信息公开的实际现状来看，基层政府应急信息公开工作还存在诸多不足，包括机构的不健全、人员队伍素质不高、物资准备不充分、技术力量薄弱等。迫切需要进一步加强对基层政府应急信息公开工作的研究。

（4）进一步加强国外政府应急信息公开工作的研究。

"他山之石，可以攻玉。"整体看来，国外政府在突发事件应急信息公开过程中，积累了比较丰富的成功经验，应急信息公开的管理机构比较健全，应急信息公开的法律制度比较完善，应急信息公开的技术手段比较先进。为了提升我国政府应急信息公开工作的能力与水平，除了自身的不断创新以外，通过借鉴他国的成功经验，博采众长，为我所用，也不失为一种行之有效的策略。未来可以进一步加强对国外政府应急信息公开工作的研究，结合我国政府应急信息公开的实际，积极借鉴国外的成功经验，进一步提升我国政府应急信息公开工作的能力与水平。

参考文献

一、著作

[1] Nicholson, William C., *Emergency Response and Emergency Management Law: Cases and Materials*, Charles C. Thomas Publisher, 2013.

[2] Michael J. Fagel, *Crisis Management and Emergency Planning: Preparing for Today's Challenges*, CRC Press, 2013.

[3] Paolo Gasparini, Gaetano Manfredi, Domenico Asprone, *Resilience and Sustainability in Relation to Natural Disasters: A Challenge for Future Cities*, Springer International Publishing, 2014.

[4] Scott Madry, *Space Systems for Disaster Warning, Response, and Recovery*, Springer, 2015.

[5] 王宏伟:《重大突发事件应急机制研究》,中国人民大学出版社 2010 年版。

[6] 钟开斌:《风险治理与政府应急管理流程优化》,北京大学出版社 2011 年版。

[7] 林毓铭:《应急管理定量分析方法》,暨南大学出版社 2011 年版。

[8] 陈世瑞:《公共危机管理中的沟通研究》,上海人民出版社 2011 年版。

[9] 沈惠璋:《突发危机事件应急序贯群决策与支持系统》,科学出版社 2011 年版。

[10] 钟开斌:《风险治理与政府应急管理流程优化》,北京大学出版社 2011 年版。

[11] 黄芙蓉:《危机管理与媒体应对》,知识产权出版社 2012 年版。

[12] [美] 乔治·D.哈岛、琼·A.布洛克、达蒙·P.科波拉:《应急管理概论》,龚晶等译,知识产权出版社 2012 年版。

[13] 唐钧:《应急管理与危机公关——突发事件处置、媒体舆情应对和信任危机管理》,中国人民大学出版社 2012 年版。

[14] [美] 托马斯·D.费伦:《应急管理操作实务》,林毓铭等译,知识产权出版社 2012 年版。

[15] 张学栋:《政府应急管理体制与机制创新》,社会科学文献出版社 2012 年版。

[16] 林毓铭等:《常态与非常态风险视域的应急管理》,知识产权出版社 2012 年版。

［17］段尧清：《政府信息公开：价值、公平与满意度》，中国社会科学出版社 2012 年版。
［18］向立文：《电子政务环境下政府应急管理机制研究》，世界图书出版公司 2012 年版。
［19］肖群鹰、朱正威：《公共危机管理与社会风险评价》，社会科学文献出版社 2013 年版。
［20］王德迅：《日本危机管理体制研究》，中国社会科学出版社 2013 年版。
［21］张磊：《德国应急管理体系研究》，国家行政学院出版社 2013 年版。
［22］梅文慧：《信息发布与危机公关》，清华大学出版社 2013 年版。
［23］鞠彦兵：《模糊环境下应急管理评价方法及应用》，北京理工大学出版社 2013 年版。
［24］方盛举：《西南省域地震应急管理》，云南大学出版社 2013 年版。
［25］王万华：《知情权与政府信息公开制度研究》，中国政法大学出版社 2013 年版。
［26］杨伟东：《政府信息公开主要问题研究》，法律出版社 2013 年版。
［27］滕五晓：《应急管理能力评估：基于案例分析的研究》，社会科学文献出版社 2014 年版。
［28］郭子雪：《突发事件应急物流系统决策方法及应用研究》，人民出版社 2014 年版。
［29］滕五晓：《应急管理能力评估——基于案例分析的研究》，社会科学文献出版社 2014 年版。
［30］胡轶俊：《中国社区灾害应急管理》，中国社会出版社 2014 年版。
［31］杨小军：《政府信息公开实证问题研究》，国家行政学院出版社 2014 年版。
［32］段尧清、汪银霞：《政府信息公开机制研究》，高等教育出版社 2014 年版。
［33］杨建生：《美国政府信息公开司法审查研究》，法律出版社 2014 年版。
［34］沙勇忠：《公共危机信息管理》，中国社会科学出版社 2014 年版。
［35］何振：《地方政府应对重大自然灾害的实践思考》，人民出版社 2014 年版。
［36］马怀德：《非常规突发事件应急管理的法律问题研究》，中国法制出版社 2015 年版。
［37］杨颖：《中国应急管理核心要素研究》，人民日报出版社 2015 年版。
［38］蒋宗彩：《城市群公共危机管理应急决策理论与应对机制研究》，经济管理出版社 2015 年版。
［39］林鸿潮：《中国公共应急体制改革研究》，中国法制出版社 2015 年版。
［40］唐钧：《社会稳定风险评估与管理》，北京大学出版社 2015 年版。
［41］霍良安：《突发事件发生后不实信息的传播问题研究》，企业管理出版社 2015 年版。
［42］庞宇：《网络突发事件预防与应对》，中国法制出版社 2015 年版。
［43］朱国圣：《突发事件网络舆情应对策略》，新华出版社 2015 年版。
［44］杨正鸣、苗伟明主编：《突发事件应急处置前沿问题研究》，上海人民出版社 2015 年版。
［45］崔珂、沈文伟：《基层政府自然灾害应急管理与社会工作介入》，社会科学文献出版

社 2015 年版。

［46］朱红灿：《政府信息公开公众满意度测评与管理创新研究》，国家图书馆出版社 2015 年版。

［47］滕朋：《中国突发事件传播模式研究》，中国社会科学出版社 2016 年版。

［48］赵来军、赵筱莉、王佳佳等：《谣言传播规律与突发事件应对策略研究》，科学出版社 2016 年版。

［49］刘小月、赵秋红、鞠彦兵：《非常规突发事件应急管理系统评估方法》，科学出版社 2016 年版。

［50］夏志杰、王冰冰：《基于社会化媒体的非常规突发事件应急信息共享研究》，同济大学出版社 2016 年版。

［51］郭雪松、朱正威：《中国应急管理中的组织协调与联动机制研究》，中国社会科学出版社 2016 年版。

［52］齐佳音、张一文：《突发性公共危机事件与网络舆情作用机制研究》，科学出版社 2016 年版。

二、论文

［1］Kyujin Jung, Han Woo Park, "Tracing Interorganizational Information Networks During Emergency Response Period: A Webometric Approach to the 2012 Gumi Chemical Spill in South Korea", *Government Information Quarterly*, Vol. 33 Issue 1, 2015.

［2］Geum-Young Min, Hyoung-Seop Shim, "Design & Implementation for Emergency Broadcasting Using Agencies' Disaster Information", *Advances in Computer Science and Ubiquitous Computing*, Vol. 373 Issue 12, 2015.

［3］St. Denis, Lise Ann, "Emergency Responders as Inventors: An Action Research Examination of Public Information Work", Ph. D. University of Colorado at Boulder, 2015.

［4］Cooks, Tiffany, "Factors Affecting Emergency Manager, First Responder, and Citizen Disaster Preparedness", Ph. D. Walden University, 2015.

［5］Kumar Shamanth, "Social Media Analytics for Crisis Response", Ph. D. Arizona State University, 2015.

［6］Panos Panagiotopoulos, Julie Barnett, Alinaghi Ziaee Bigdeli, etc, "Social media in emergency management: Twitter as a tool for communicating risks to the public", *Technological Forecasting and Social Change*, Vol. 111, 2016.

［7］Asif Qumer Gill, Nathan Phennel, Dean Lane, etc, "IoT-enabled emergency information supply chain architecture for elderly people: The Australian context", *Information Systems*, Vol. 58, 2016.

[8] 张小明、麻名更:"突发事件应急管理科技支撑体系建设",载《行政管理改革》2013年第5期。

[9] 高萍、于汐:"中美日地震应急管理现状分析与研究",载《自然灾害学报》2013年第4期。

[10] 李伟权:"政府应急管理中网络舆论受众逆反心理预警机制研究",载《中国行政管理》2013年第11期。

[11] 曹露、计卫舸:"省级政府应急管理网站功能建设分析",载《中国安全生产科学技术》2013年第5期。

[12] 夏志杰、吴忠:"基于在线社会网络的应急信息共享平台研究",载《情报杂志》2013年第3期。

[13] 夏志杰、吴忠、栾东庆:"基于社会化媒体的突发事件应急信息共享研究综述",载《情报杂志》2013年第10期。

[14] 向立文、欧阳华:"政府应急管理中信息孤岛问题及对策研究",载《现代情报》2013年第10期。

[15] 向立文、陈敏:"应急信息管理中政府的媒体战略研究",载《情报杂志》2013年第12期。

[16] 陈艳红、陈靖:"政务微博在应急信息管理中的应用研究综述",载《成都理工大学学报(社会科学版)》2014年第2期。

[17] 李纲、叶光辉:"网络视角下的应急情报体系'智慧'建设主题探讨",载《情报理论与实践》2014年第8期。

[18] 张玮晶:"震应急信息流程与宣传体系构建的初步思考",载《中国应急救援》2014年第5期。

[19] 田军、邹沁、王应洛:"政府应急管理能力成熟度评估研究",载《管理科学学报》2014年第11期。

[20] 姚乐野、范炜:"突发事件应急管理中的情报本征机理研究",载《图书情报工作》2014年第23期。

[21] 林曦、姚乐野:"我国突发事件应急管理的情报工作现状与问题分析",载《图书情报工作》2014年第23期。

[22] 袁莉、姚乐野:"应急管理中的'数据-资源-应用'情报融合模式探索",载《图书情报工作》2014年第23期。

[23] 朱建奇等:"基于社交媒体的应急信息系统设计与实现",载《测绘与空间地理信息》2015年第1期。

[24] 王冰冰、夏志杰、于丽萍:"在线社会网络中应急信息共享的系统动力学仿真研究",载《现代情报》2015年第1期。

[25] 张宁熙:"面向大数据应用的政府应急信息系统架构研究",载《保密科学技术》2014年第11期。

[26] 陈艳红、刘娟娟:"手机在政府应急信息发布中的应用研究综述",载《情报杂志》2015年第5期。

[27] 张方浩、李永强、余庆坤等:"省级地震应急信息公共服务平台设计探讨",载《震灾防御技术》2015年第3期。

[28] 游志斌、薛澜:"美国应急管理体系重构新趋向:全国准备与核心能力",载《国家行政学院学报》2015年第3期。

[29] 陈玉梅、赵颖:"数据开放在应急管理中的应用探析",载《电子政务》2015年第9期。

[30] 李尧远、曹蓉:"我国应急管理研究十年(2004—2013):成绩、问题与未来取向",载《中国行政管理》2015年第1期。

[31] 卢文刚、蔡裕岚:"城市大型群众性活动应急管理研究——以上海外滩'12·31'特大踩踏事件为例",载《城市发展研究》2015年第5期。

[32] 张海波、童星:"中国应急管理结构变化及其理论概化",载《中国社会科学》2015年第3期。

[33] 陈璐、陈安:"提高应急管理的临机决策效率——基于天津危化品爆炸事件的分析",载《理论探索》2016年第1期。

[34] 郭骅、苏新宁、邓三鸿:"'智慧城市'背景下的城市应急管理情报体系研究",载《图书情报工作》2016年第15期。

[35] 张政、王林、孙晨等:"基于服务的应急信息'一张图'共享框架研究",载《测绘工程》2016年第2期。

[36] 陈欣:"云计算及Android系统中的地震应急信息获取探讨",载《信息系统工程》2016年第3期。

[37] 梁小艳、庄亚明:"基于贝叶斯网络的突发事件信息生命阶段研判方法",载《情报科学》2016年第4期。

[38] 郭路生、刘春年、李瑞楠:"面向公众服务的应急信息资源目录体系的构建研究",载《图书馆学研究》2016年第7期。

[39] 覃艳丽:"重大突发事件政府应急信息发布内容研究",湘潭大学2015年硕士学位论文。

[40] 伍夏:"大部制环境下完善湖南省应急管理体制对策研究",湘潭大学2015年硕士学位论文。

[41] 刘娟娟:"手机在政府应急信息发布中的应用研究",湘潭大学2015年硕士学位论文。

[42] 陈靖:"政务微博在应急信息管理中的应用研究",湘潭大学 2014 年硕士学位论文。
[43] 丁瑶:"地方政府应急信息公开存在的问题与对策研究",湘潭大学 2014 年硕士学位论文。
[44] 吕冰玉:"地方政府应对突发事件的信息公开研究",湘潭大学 2014 年硕士学位论文。
[45] 杨凤平:"北京市应急管理能力评价指标体系研究",首都经济贸易大学 2014 年硕士学位论文。
[46] 彭雅愉:"重大突发事件应急信息公开的问题及对策研究",湘潭大学 2013 年硕士学位论文。
[47] 黄佳慧:"政府应急信息发布中政府、媒体与公众关系的失衡与重构",湘潭大学 2013 年硕士学位论文。
[48] 院芳:"中国应急管理中政府的主体作用研究",内蒙古大学 2013 年硕士学位论文。

附录 1
政府应急信息公开调查问卷

您好！欢迎参加"政府应急信息公开"的调查工作！此次调查是为了完成国家社科基金一般项目"重大突发公共事件的政府应急信息公开研究"而设计的。旨在了解重大突发公共事件的政府应急信息公开现状，公众对政府应急信息公开工作的满意度。该问卷调查采用匿名形式，我们将严格对您的信息保密，请您放心填写。您的真实看法和宝贵建议对于我们来说十分重要，请您抽出一点宝贵的时间参与这次问卷调查，非常感谢！

1. 您的性别是

A. 女

B. 男

2. 您的年龄是

A. 0-18 岁

B. 19-29 岁

C. 30-39 岁

D. 40-49 岁

E. 50-59 岁

F. 60 岁以上

3. 您的文化程度是

A. 博士

B. 硕士

C. 本科

D. 大专

E. 中专及以下

4. 您的职业是

A. 在职

B. 非在职

C. 学生

5. 近年来，我国各种重大突发事件频繁发生（如以"5·12"汶川地震为例的重大自然灾害、以 H1N1 为例的突发公共卫生事件、以天津港"8·12"瑞海公司危险品仓库特别重大火灾爆炸事故为例的重大生产事故、以广东茂名 PX 项目群体聚集事件为例的重大群体性事件，等等）。政府有关部门在应对各种重大突发事件时，会产生大量关于事件本身的应急信息以及事件处置的应急信息，您认为这些应急信息面要公开吗

A. 需要

B. 无所谓

C. 不需要

6. 您是否了解政府应急信息公开的具体内容

A. 清楚了解

B. 基本了解

C. 了解一点点

D. 完全不了解

7. 您认为重大突发事件的应急信息公开对公众有下列哪些好处（可多选）

A. 有利于了解事件真相

B. 有利于保障公众知情权

C. 有利于降低公众心理恐慌程度

D. 有利于及时开展自救、互救

E. 有利于积极参与事件的防范应对

F. 有利于对政府应急管理工作进行舆论监督

G. 其它（请注明）_____

8. 您认为重大突发事件的应急信息公开对政府部门有下列哪些好处（可多选）

A. 占领新闻、舆论和媒体的制高点，阻止谣言蔓延

B. 有利于获得公众理解与支持

C. 有利于应急管理工作的开展

D. 有利于维护社会稳定

E. 有利于维护政府形象和公信力

F. 其它（请注明）_____

9. 请您对目前政府应急信息公开工作以下方面予以打分评价（总分为5分）

项目名称	1分	2分	3分	4分	5分
总体满意程度					
制度完善程度					
内容真实程度					
内容充分程度					
公开及时程度					
公开主动程度					
公开透明程度					
手段平台程度					

10. 您认为目前政府公开哪类重大突发事件的应急信息时存在的问题比较严重

A. 重大自然灾害

B. 重大事故灾难

C. 重大公共卫生事件

D. 重大社会安全事件

11. 您认为目前政府应急信息公开工作存在的问题主要有哪些（可多选）

A. 信息公开主体的责任意识不明确，危机意识不强

B. 信息谎报、虚报、延报、瞒报、不报等现象普遍

C. 信息孤岛现象严重，获取的信息不完整

D. 政府主流媒体不作为，小道消息泛滥，谣言四起

E. 应急信息公开途径不广，渠道不畅通

F. 应急信息公开平台落后，效能不高

G. 其它（请注明）_____

12. 您认为影响重大突发事件应急信息公开工作的因素主要有哪些（可多选）

A. 观念陈旧

B. 体制束缚

C. 事件本身

D. 技术难题

E. 其它（请注明）_____

13. 您对重大突发事件应急信息公开的关注度如何

A. 非常关注

B. 一般

C. 不关注

14. 您主要通过以下哪些渠道获取政府公开应急信息（可多选）

A. 新闻发布会

B. 政府公报、公告

C. 广播电视

D. 报纸杂志

E. 电话

F. 手机短信

G. 政务微博、微信

H. 互联网：政府门户网站；综合性商业门户网站；论坛网站等

I. 道听途说

J. 其它（请注明）_____

15. 您在获取政府应急信息时是否遇到过困难

A. 没有遇到困难

B. 有困难（请注明）

16. 您认为公众对政府应急信息的获取，基本要求有哪些（可多选）

A. 在时间上，能在第一时间知晓事情真相

B. 在内容上，能全面知道事情真相

C. 在程序上，能简化程序，以公众为中心

D. 在渠道上，能有更多的、方便快捷的渠道获取政府应急信息

E. 在成本上，能以很小的投入或付出获取更多的政府应急信息

F. 其它（请注明）

17. 您认为重大突发事件应急信息公开工作中新闻媒体的重要性如何

A. 重要

B. 一般

C. 不重要

18. 您认为目前我国新闻媒体在多大程度上报道了重大突发事件应急管理的真实面貌

A. 完全报道

B. 大部分报道

C. 报道了一半左右

D. 报道了小部分

E. 完全不报道

19. 您认为在重大突发事件的应急信息公开工作中,政府应该如何处理好与媒体的关系

A. 严格管制

B. 积极引导

C. 放任自流

D. 其它（请注明）

20. 为了增强政府应急信息公开工作的效能,您认为有必要建立统一的政府应急信息平台吗

A. 有必要

B. 无所谓

C. 没必要

21. 您认为我国现有的《中华人民共和国政府信息公开条例》是否有修订完善的必要

A. 有必要

B. 无所谓

C. 没必要

22. 为了加强政府应急信息公开工作,您认为有无必要出台一部门专门的《政府应急信息公开法》

A. 有必要

B. 无所谓

C. 没必要

23. 您认为当前政府应急信息公开应该加强以下哪些方面的建设（可多选）

    A. 完善相关法律制度

    B. 处理好与社交媒体的关系，积极引导舆论

    C. 拓宽公开渠道，增加公开方式

    D. 简化获取程序或条件

    E. 完善监管机制

    F. 建设反馈机制

    G. 加强机构和队伍的建设

    H. 加强现代信息技术的应用

    I. 其它（请注明）

24. 对于加强政府应急信息公开工作，您有什么宝贵建议？

_____

_____

_____

再一次感谢您的支持与合作！谢谢！

附录2
政府应急信息公开绩效评估指标权重的调查问卷

尊敬的专家：

您好！非常感谢您在百忙之中抽出宝贵的时间来填写这份调查问卷。本问卷主要是想获得您对于政府应急信息公开绩效评估指标权重的一些看法，纯粹以学术研究为目的，因此您的回答对此次研究有着重要意义。本次调查的所有信息只作为研究参考，对您的个人信息严格保密，请放心作答！

再次对您的大力支持表示衷心感谢！祝您身体健康，工作愉快！

（一）您的基本信息：

1. 您的姓名：
2. 您的性别为：（ ）   A、男   B、女
3. 您的年龄范围：（ ）
A、18-25岁 B、25-30岁   C、31-45岁   D、46-55岁 E、55岁以上
4. 请问您的教育程度为：（ ）
A、大学本科   B、硕士研究生   C、博士及以上
5. 请问您的工作单位：（   ）

（二）指标权重的问卷调查：

1. 填表说明：

编制本问卷的目的在于获得关于应急信息公开绩效评估指标权重设置的一些看法，请您依据自己的知识和经验给定各指标的权重（权重，即各指标在整体评级中的相对重要程度）。指标权重评分实行百分制，各表格里指标的权重评分之和等于100。如，设权重为P，一级指标的权重之和，$P_{A1} + P_{A2} + P_{A3} + P_{A4} + P_{A5} + P_{A6} = 100$。如$A_1$的权重$P_{A1}$标识为40。

附录2：政府应急信息公开绩效评估指标权重的调查问卷

1. 政府应急信息公开的绩效评估指标体系如下表所示：

	一级指标	二级指标
突发事件应急信息公开绩效评估	应急信息公开的主体 A_1	应急信息公开机构设置 A_{11}
		应急信息公开的人员配备 A_{12}
	应急信息公开的法规 A_2	应急信息公开法规的制定 A_{21}
		应急信息公开法规的执行 A_{22}
	应急信息公开的内容 A_3	应急信息内容的真实性 A_{31}
		应急信息内容的全面性 A_{32}
		应急信息内容的准确性 A_{33}
		应急信息内容的权威性 A_{34}
		应急信息内容的易理解性 A_{35}
		应急信息内容的实用性 A_{36}
	应急信息公开的时间 A_4	信息公开的及时性 A_{41}
		应急信息的更新频率 A_{42}
		信息公开时间的延续性 A_{43}
	应急信息公开的渠道 A_5	公开渠道的多元性 A_{51}
		新闻发布会等传统方式的利用程度 A_{52}
		微博、微信等新兴渠道的利用程度 A_{53}
		公开渠道的通畅性 A_{54}
		公开渠道的便捷性 A_{55}
	应急信息公开的公众满意度 A_6	对应急信息公开的总体满意程度 A_{61}
		对应急信息内容的满意程度 A_{62}
		对应急信息公开渠道的满意程度 A_{63}

2. 指标权重评分：

（1）一级指标权重评分：

指标	权重	
应急信息公开的主体 A_1		设权重为 P，各指标的权重之和，即 $P_{A1} + P_{A2} + P_{A3} + P_{A4} + P_{A5} + P_{A6} = 100$
应急信息公开的法规 A_2		
应急信息公开的内容 A_3		
应急信息公开的时间 A_4		
应急信息公开的渠道 A_5		
应急信息公开的公众满意度 A_6		

（2）二级指标——应急信息公开的主体指标权重评分：

	指标	权重	
应急信息公开的主体 A_1	机构设置 A_{11}		设权重为 P，各指标的权重之和，即 $P_{A11} + P_{A12} = 100$
	人员配备 A_{12}		

（3）二级指标——应急信息公开的法规指标权重评分：

	指标	权重	
应急信息公开的法规 A_2	应急信息公开法规的制定 A_{21}		设权重为 P，各指标的权重之和，即 $P_{A21} + P_{A22} = 100$
	应急信息公开法规的执行 A_{22}		

（4）二级指标——应急信息公开的内容指标权重评分：

	指标	权重	
应急信息公开的内容 A_3	应急信息内容的真实性 A_{31}		设权重为 P，各指标的权重之和，即 $P_{A31} + P_{A32} + P_{A33} + P_{A34} + P_{A35} + P_{A36} = 100$
	应急信息内容的全面性 A_{32}		
	应急信息内容的准确性 A_{33}		
	应急信息内容的权威性 A_{34}		
	应急信息内容的易理解性 A_{35}		
	应急信息内容的实用性 A_{36}		

(5) 二级指标——应急信息公开的时间指标权重评分：

应急信息公开的时间 A_4	指标	权重	设权重为P，各指标的权重之和，即 $P_{A41} + P_{A42} + P_{A43} = 100$
	信息公开的及时性 A_{41}		
	应急信息的更新频率 A_{42}		
	信息公开时间的延续性 A_{43}		

(6) 二级指标——应急信息公开的渠道指标权重评分：

应急信息公开的渠道 A_5	指标	权重	设权重为P，各指标的权重之和，即 $P_{A51} + P_{A52} + P_{A53} + P_{A54} + P_{A55} = 100$
	公开渠道的多元性 A_{51}		
	新闻发布会等传统方式的利用程度 A_{52}		
	微博、微信等新兴渠道的利用程度 A_{53}		
	公开渠道的通畅性 A_{54}		
	公开渠道的便捷性 A_{55}		

(7) 二级指标——应急信息公开的公众满意度指标权重评分：

应急信息公开的公众满意度 A_6	指标	权重	设权重为P，各指标的权重之和，即 $P_{A61} + P_{A62} + P_{A63} = 100$
	对应急信息公开的总体满意程度 A_{61}		
	对应急信息内容的满意程度 A_{62}		
	对应急信息公开渠道的满意程度 A_{63}		

附录3
湖南省应急管理办公室访谈提纲

1. 湖南省应急管理办公室的机构设置及编制是怎么样的？
2. 湖南省应急管理办公室的主要职责是什么？
3. 湖南省应急管理办公室的主要业务是什么？
4. 湖南省范围内的各级综合应急平台建设概况怎么样？
5. 湖南省应急管理办公室的主要业务是什么？
6. 能否全面介绍一下省级应急平台的建设情况？
7. 省级应急平台的功能及特点有哪些？
8. 请介绍省级应急平台的系统架构。
9. 省级应急平台建成后在全省应急管理工作中发挥的作用如何？还存在哪些不足？
10. 十三五期间，湖南省应急管理工作的发展规划重点是什么？

后 记

政府应急信息公开是政府应急管理与信息公开交叉融合而成的一个研究领域，已成为国内外广泛关注的一个热点问题。政府应急管理过程中，产生了大量有关突发事件及其应对的信息，这些信息的公开与否以及如何公开等问题，关系着公众知情权的保障，影响着政府应急管理工作的开展，也关乎政府的形象与公信力。

本书是国家社科基金一般项目"重大突发公共事件的政府应急信息公开研究（批号：11BTQ033）"的最终研究成果，围绕政府应急信息公开的相关理论和实践问题，选取政府应急信息公开的主体、方式、平台、评价等问题展开专门研究。研究成果可以为信息资源管理、公共管理、新闻传播等学科的发展提供有益参考，有利于拓展学科研究视阈，有助于丰富与发展政府应急信息公开理论体系，也可以为政府应急信息公开工作提供智力支持与有益借鉴，从而有利于提升政府应急管理工作能力与水平，改善政府形象与公信力，保障公众知情权与参与权等。

本书是一个研究团队集体智慧的结晶，本人所指导的部分硕士研究生参与了本项目的研究以及书稿的写作，其中彭雅愉参与了书稿第三章的写作，欧阳华参与了书稿第六章的写作，还有不少研究生参与了课题的调研与资料搜集，在此一并致以诚挚的谢意。

本项目调查研究得到了一些政府应急管理部门的支持，也获得了湘潭大学何振教授、王协舟教授、陈艳红教授、中国政法大学刘知涵博士等专家学者的宝贵建议，在此一并致以诚挚的谢意。在书稿写作过程中，我们查阅并引用了大量文献资料，他们的研究成果为本研究提供了重要的智力支撑与数据支持，在此向引用、参考过的文献作者表示诚挚的谢意。

中国政法大学出版社丁春晖主任为本书的出版付出了大量心血，在此致以诚挚的谢意。

  政府应急信息公开工作是一项比较复杂的系统工程，涉及众多的部门与利益，需要解决包括管理问题、技术问题、法律问题以及绩效评估在内的众多问题。根据课题规划，作者只选取政府应急信息公开工作中的几个问题展开研究，由于能力与学识有限，再加上本人的懒散，课题结题以后没有及时将书稿出版。随着时间的推移，政府应急信息公开工作的内外部环境也发生了深刻变化，书中难免有疏漏或谬误之处，尚祈专家和读者指正。

向立文
2023 年 10 月 6 日于韩山师范学院研究生公寓